HOMENS EM
TEMPOS SOMBRIOS

HANNAH ARENDT

HOMENS EM TEMPOS SOMBRIOS

Tradução
Denise Bottmann

Posfácio
Celso Lafer

9ª reimpressão

Copyright © 1968, 1967, 1965, 1955 by Hannah Arendt
Copyright © renewed 1996, 1995, 1994, 1993 by Lotte Kohler
Copyright renewed 1983 by Mary McCarthy West
Published by special arrangement with Houghton Mifflin Harcourt Publishing Company.

Título original
Men in dark times

Capa
Jeff Fisher

Revisão
Renato Potenza Rodrigues
Diana Passy

Dados Internacionais de Catalogação na Publicação (CIP)
(Câmara Brasileira do Livro, SP, Brasil)

Arendt, Hannah, 1906-1975
 Homens em tempos sombrios / Hannah Arendt ; tradução Denise Bottmann ; posfácio Celso Lafer — São Paulo : Companhia das Letras, 2008.

 Título original: Men in dark times.
 ISBN 978-85-359-1329-3

 1. Biografias — Século 20 I. Título.

08-08989   CDD-920.02

Índice para catálogo sistemático:
1. Século 20 : Biografias 920.02

2020

Todos os direitos desta edição reservados à
EDITORA SCHWARCZ S.A.
Rua Bandeira Paulista, 702, cj. 32
04532-002 — São Paulo — SP
Telefone: (11) 3707-3500
www.companhiadasletras.com.br
www.blogdacompanhia.com.br

SUMÁRIO

Prefácio 7

Sobre a humanidade em tempos sombrios:
    reflexões sobre Lessing *10*
Rosa Luxemburgo (1871-1919) *41*
Angelo Giuseppe Roncalli: um cristão no trono de
    São Pedro de 1958 a 1963 *67*
Karl Jaspers: uma *laudatio* *80*
Karl Jaspers: cidadão do mundo? *90*
Isak Dinesen (1885-1963) *105*
Hermann Broch (1886-1951) *121*
Walter Benjamin (1892-1940) *165*
Bertolt Brecht (1898-1956) *223*
Randall Jarrell (1914-1965) *272*
Martin Heidegger faz oitenta anos *277*

Posfácio — Hannah Arendt: vida e obra —
    Celso Lafer *291*
Indicações bibliográficas *313*
Sobre a autora *315*

PREFÁCIO

Escrita ao longo de um período de doze anos, no impulso do momento ou da oportunidade, esta coletânea de ensaios e artigos se refere basicamente a pessoas — como viveram suas vidas, como se moveram no mundo e como foram afetadas pelo tempo histórico. As pessoas aqui reunidas dificilmente poderiam diferir mais entre si, e não é difícil imaginar como poderiam protestar, se tivessem voz na questão, por serem reunidas, por assim dizer, numa mesma sala. Pois não têm em comum dons ou convicções, profissões ou ambientes; com uma única exceção, nem se conheciam. Mas foram contemporâneas, embora pertencendo a gerações diferentes — exceto Lessing, evidentemente, que, no entanto, é tratado no ensaio introdutório como se fosse um contemporâneo. Assim partilham entre si a época em que decorreram suas vidas, o mundo na primeira metade do século XX, com suas catástrofes políticas, seus desastres morais e seu surpreendente desenvolvimento das artes e ciências. E embora essa era tenha matado alguns deles e determinado a vida e a obra de outros, poucos foram duramente atingidos e nenhum deles pode dizer que foi condicionado por ela. Os que buscam representantes de uma época, porta-vozes do *Zeitgeist*, expoentes da História (com H maiúsculo), aqui procurarão em vão.

Contudo, creio que o tempo histórico, os "tempos sombrios" mencionados no título, estão visivelmente presentes em todo o livro. Empresto o termo do famoso poema de Brecht, "À posteridade", que cita a desordem e a fome, os massacres e os carniceiros, o ultraje pela injustiça e o desespero "quando havia apenas erro e não ultraje", o ódio legítimo que no entanto conduz à fealdade, a ira fundada que torna a voz rouca. Tudo era suficientemente real na medida em que ocorreu publicamente; nada havia de secreto ou misterioso sobre isso. E no entanto não era em absoluto visível para todos, nem foi tão fácil percebê-lo; pois, no momento mesmo em que a catástrofe surpreendeu a tudo e a todos, foi recoberta, não por realidades, mas pela fala e pela algaravia de duplo sentido, muitíssimo eficiente, de praticamente todos os representantes oficiais que, sem interrupção e em muitas variantes engenhosas, explicavam os fatos desagradáveis e justificavam as preocupações. Quando pensamos nos tempos sombrios e nas pessoas que neles viveram e se moveram, temos de levar em consideração também essa camuflagem que emanava e se difundia a partir do *establishment* — ou do "sistema", como então se chamava. Se a função do âmbito público é iluminar os assuntos dos homens, proporcionando um espaço de aparições onde podem mostrar, por atos e palavras, pelo melhor e pelo pior, quem são e o que podem fazer, as sombras chegam quando essa luz se extingue por "fossos de credibilidade" e "governos invisíveis", pelo discurso que não revela o que é, mas o varre para sob o tapete, com exortações, morais ou não, que, sob o pretexto de sustentar antigas verdades, degradam toda a verdade a uma trivialidade sem sentido.

Nada disso é novo. São as condições que, há trinta anos, foram descritas por Sartre em *A náusea* (que julgo ainda ser seu melhor livro) em termos de má-fé e *l'esprit de sérieux*, um mundo onde todos os que são publicamente reconhecidos são *salauds*, e tudo o que é existe numa presença opaca e sem sentido que espalha o ofuscamento e provoca mal-estar. E são as mesmas condições que, há quarenta anos (embora por razões totalmente diferentes), Heidegger descreveu com uma precisão excepcional nos parágrafos de *O ser e o tempo* que tratam de "os eles", sua "simples fala" e, genericamente, de tudo o que, não oculto e não protegido pela privacidade do eu, aparece em público. Em sua descrição da existência humana, tudo o que é real ou autêntico é assaltado pelo poder esmagador da "simples fala" que irresistivelmente surge do âmbito público, determinando todos os aspectos da existência cotidiana, antecipando e aniquilando o sentido ou o sem-sentido de tudo que o futuro pode trazer. Segundo Heidegger, não há escapatória a essa "trivialidade incompreensível" desse mundo cotidiano comum, a não ser pela retirada para aquela solidão que os filósofos, desde Parmênides e Platão, sempre contrapuseram ao âmbito político. Aqui não estamos interessados na relevância filosófica das análises de Heidegger (que, na minha opinião, é inegável), nem na tradição do pensamento filosófico que as respalda, mas exclusivamente em certas experiências subjacentes do tempo e sua descrição conceitual. Em nosso contexto, o ponto importante é que a afirmação sarcástica, que soa perversa, *Das Licht der Öffentlichkeit verdunkelt alles* ("A luz do público obscurece tudo") atingiu o centro da questão e realmente não foi senão o resumo mais sucinto das condições existentes.

Os "tempos sombrios", no sentido mais amplo que aqui proponho, não são em si idênticos às monstruosidades desse século, que de fato constituem uma horrível novidade. Os tempos sombrios, pelo contrário, não só não são novos, como não constituem uma raridade na história, embora talvez fossem desconhecidos na história americana, que por outro lado tem a sua bela parcela, passada e presente, de crimes e catástrofes. Que mesmo no tempo mais sombrio temos o direito de esperar alguma iluminação, e que tal iluminação pode bem provir, menos das teorias e conceitos, e mais da luz incerta, bruxuleante e freqüentemente fraca que alguns homens e mulheres, nas suas vidas e obras, farão brilhar em quase todas as circunstâncias e irradiarão pelo tempo que lhes foi dado na Terra — essa convicção constitui o pano de fundo implícito contra o qual se delinearam esses perfis. Olhos tão habituados às sombras, como os nossos, dificilmente conseguirão dizer se sua luz era a luz de uma vela ou a de um sol resplandecente. Mas tal avaliação objetiva me parece uma questão de importância secundária que pode ser seguramente legada à posteridade.

Janeiro de 1968

SOBRE A HUMANIDADE EM TEMPOS SOMBRIOS: REFLEXÕES SOBRE LESSING[1]

I

A distinção conferida por uma cidade livre e um prêmio que traz o nome de Lessing constituem uma grande homenagem. Reconheço que não sei como vim a recebê-la e, ainda, não me foi inteiramente fácil chegar a um acordo sobre ela. Ao dizê-lo, posso ignorar totalmente a delicada questão de mérito. Quanto a isso, as homenagens nos dão uma convincente lição de modéstia, pois pressupõem que não nos cabe julgar nossos próprios méritos da mesma forma como julgamos os méritos e realizações de outras pessoas. Em relação a prêmios, o mundo fala abertamente, e se aceitamos o prêmio e expressamos nossos agradecimentos, só podemos fazê-lo ignorando-nos a nós mesmos e agindo totalmente dentro do quadro de nossa atitude em relação ao mundo, em relação a um mundo e a um público a quem devemos o espaço onde falamos e somos ouvidos.

Mas a homenagem não só nos lembra enfaticamente a gratidão que devemos ao mundo; também nos obriga a isso num grau altíssimo. Visto sempre podermos recusar a homenagem, ao aceitá-la não só nos fortalecemos em nossa posição no mundo, como também aceitamos uma espécie de compromisso em relação a ele. O fato de uma pessoa aparecer em público, e ser por ele recebida e confirmada, não é em absoluto assente. Apenas o gênio é levado à vida pública por seus dons pessoais e é dispensado desse tipo de decisão. É somente em seu caso que as homenagens continuam a concordar com o mundo, a ressoar uma harmonia existente em pleno domínio público, surgida in-

---

[1] Discurso por ocasião da aceitação do Prêmio Lessing da Cidade Livre de Hamburgo.

dependentemente de quaisquer considerações e decisões, independentemente também de quaisquer obrigações, como se fosse um fenômeno natural a irromper na sociedade humana. De fato, podemos aplicar a esse fenômeno o que Lessing certa vez disse sobre o homem de gênio, em dois dos seus mais belos versos:

> *Was ihn bewegt, bewegt. Was ihn gefällt, gefällt.*
> *Sein glücklicher Geschmack ist der Geschmack der Welt.*
>
> [O que o move, move. O que o agrada, agrada.
> Seu gosto acertado é o gosto do mundo.]

Em nossa época, parece-me, nada é mais dúbio do que nossa atitude em relação ao mundo, nada menos assente que a concordância com o que aparece em público, imposta a nós pela homenagem, a qual confirma sua existência. Em nosso século, mesmo o gênio só pôde se desenvolver em conflito com o mundo e o âmbito público, embora, como sempre, encontre naturalmente sua concordância própria particular com sua platéia. Mas o mundo e as pessoas que nele habitam não são a mesma coisa. O mundo está entre as pessoas, e esse espaço intermediário — muito mais do que os homens, ou mesmo o homem (como geralmente se pensa) — é hoje o objeto de maior interesse e revolta de mais evidência em quase todos os países do planeta. Mesmo onde o mundo está, ou é mantido, mais ou menos em ordem, o âmbito público perdeu o poder iluminador que originalmente fazia parte de sua natureza. Um número cada vez maior de pessoas nos países do mundo ocidental, o qual encarou desde o declínio do mundo antigo a liberdade em relação à política como uma das liberdades básicas, utiliza tal liberdade e se retira do mundo e de suas obrigações junto a ele. Essa retirada do mundo não prejudica necessariamente o indivíduo; ele pode inclusive cultivar grandes talentos ao ponto da genialidade e assim, através de um rodeio, ser novamente útil ao mundo. Mas, a cada uma dessas retiradas, ocorre uma perda quase demonstrável para o mundo; o que se perde é o espaço intermediário específico e geralmente insubstituível que teria se formado entre esse indivíduo e seus companheiros homens.

Assim, quando consideramos o significado real de homenagens e prêmios públicos sob as atuais condições, podemos julgar que o Senado de Hamburgo, ao decidir vincular o prêmio da cidade ao nome de Lessing, encontrou uma solução para o problema, uma espécie de ovo de Colombo. Já que Lessing nunca se sentiu à vontade, e provavelmente nunca o quis, no mundo tal como então existia, e mesmo assim sempre se manteve comprometido com ele à sua própria maneira. Circunstâncias únicas e especiais regeram essa relação. O público alemão não estava preparado para ele e, pelo que sei, nunca o homenageou em vida. Segundo sua própria opinião, não contava com aquela concordância natural e feliz com o mundo, combinação de mérito e boa sorte, que considerava, juntamente com Goethe, a marca do gênio. Lessing acreditava dever à crítica algo que "se aproxima muito do gênio", porém sem nunca alcançar plenamente aquela harmonização natural com o mundo, onde a Fortuna sorri ao surgir a Virtude. Tudo isso pode ter sido muito importante, mas não decisivo. É quase como se, em algum momento, ele tivesse decidido render homenagem ao gênio, ao homem de "gosto acertado", e seguir aqueles a quem uma vez chamou, um tanto ironicamente, de "os homens sábios", que "fazem tremer os pilares das verdades mais bem conhecidas, onde quer que pousem os olhos". Sua atitude em relação ao mundo não era positiva nem negativa, mas radicalmente crítica e, quanto ao âmbito público de sua época, totalmente revolucionária. Mas era também uma atitude que permanecia em dívida para com o mundo, sem nunca abandonar o sólido terreno do mundo, e jamais chegar ao extremo do utopismo sentimental. Em Lessing, a têmpera revolucionária se associava a uma espécie curiosa de parcialidade que se apegava a detalhes concretos com um zelo exagerado, quase pedante, e fazia surgir muitos mal-entendidos. Um componente da grandeza de Lessing foi o fato de nunca permitir que a suposta objetividade o levasse a perder de vista a relação real com o mundo e o estatuto real das coisas ou homens no mundo que atacava ou elogiava. Isso não o ajudou a ter maior crédito na Alemanha, país onde a verdadeira natureza da crítica é menos entendida do que em qualquer outro lugar. Para os alemães, era difícil perceber que a justiça pouco tem a ver com a objetividade em sentido habitual.

Lessing nunca se reconciliou com o mundo em que viveu. Comprazia-se em "desafiar preconceitos" e "contar a verdade aos apaniguados da corte". Por mais caro que pagasse por esses prazeres, eram literalmente prazeres. Uma vez, quando tentava explicar a si mesmo a fonte do "prazer trágico", disse que "todas as paixões, mesmo as mais desagradáveis, são, como paixões, agradáveis", pois "nos tornam [...] mais conscientes de nossa existência, fazem-nos sentir mais reais". Essa frase lembra extraordinariamente a doutrina grega das paixões, que incluía a cólera, por exemplo, entre as emoções agradáveis, mas situava a esperança, juntamente com o medo, entre os males. Essa avaliação, exatamente como em Lessing, baseia-se em diferenças de realidade; não, porém, no sentido de que a realidade é medida pela força com que a paixão afeta a alma, mas antes pelo tanto de realidade que a paixão a ela transmite. Na esperança, a alma ultrapassa a realidade, tal como no medo ela se encolhe e recua. Mas a cólera, e sobretudo o tipo de cólera de Lessing, revela e expõe o mundo, tal como o tipo de riso de Lessing em *Minna von Barnhelm* tenta realizar a reconciliação com o mundo. Tal riso ajuda a pessoa a encontrar um lugar no mundo, mas ironicamente, isto é, sem vender a alma a ele. O prazer, que é basicamente a consciência intensificada da realidade, surge de uma abertura apaixonada ao mundo e do amor por ele. Nem mesmo o conhecimento de que o homem pode ser destruído pelo mundo diminui o "prazer trágico".

Se a estética de Lessing, em contraste com a de Aristóteles, considera até o medo como uma variante da piedade, a piedade que sentimos por nós mesmos, isso talvez ocorra porque Lessing está tentando despir o medo do seu aspecto escapista, a fim de salvá-lo como paixão, isto é, como uma afecção em que somos afetados por nós mesmos, tal como somos comumente afetados no mundo por outras pessoas. Intimamente ligado a isso está o fato de que, para Lessing, a essência da poesia era a ação e não, como para Herder, uma força — "a força mágica que afeta minha alma" —, nem, como para Goethe, a natureza dotada de forma. Lessing não estava minimamente preocupado com "a perfeição da obra de arte em si", coisa que Goethe considerava "o requisito eterno, indispensável". Antes — e aqui está de acordo com Aristóteles — preocupava-se com o efeito sobre o espectador que, por assim dizer, representa o mundo, ou melhor, aquele espaço mundano que surgiu entre o artista ou o escritor e seus companheiros humanos, como um mundo comum a eles.

Lessing experimentou o mundo em cólera e em riso, e a cólera e o riso são, por natureza, tendenciosos. Portanto, ele não podia ou não queria julgar uma obra de arte "em si", independente de seus efeitos no mundo, e assim podia partir para o ataque ou a defesa em suas discussões, conforme o assunto em questão estivesse sendo julgado pelo público, de modo totalmente independente do seu grau de verdade ou de falsidade. Não era apenas uma forma de gentileza dizer que iria "deixar em paz aqueles que todos vêm atacando"; era também uma preocupação, que se tornara instintiva nele, pela correção relativa de opiniões que, por boas razões, levam a pior. Assim, mesmo na polêmica sobre o cristianismo, ele não assumiu uma posição definida. Antes, como disse uma vez com um autoconhecimento magnífico, por instinto passava a duvidar do cristianismo "quanto mais convincentemente algumas pessoas tentavam prová-lo para mim", e por instinto tentava "preservá-lo no [seu] coração" quanto mais "injustificada e triunfantemente outros tentavam espezinhá-lo sob os pés". Mas isso significa que, onde qualquer outra pessoa debatesse sobre a "verdade" do cristianismo, ele defendia principalmente sua posição no mundo, ora receando que o cristianismo pudesse novamente impor suas pretensões de domínio, ora temendo que pudesse desaparecer por completo. Lessing mostrou uma notável visão de longo alcance ao dizer que a teologia esclarecida de sua época, "sob o pretexto de nos tornar cristãos racionais, está nos tornando filósofos extremamente irracionais". Essa percepção não derivava apenas de um partidarismo a favor da razão. A preocupação fundamental de Lessing em todo esse debate era a liberdade, muito mais ameaçada por aqueles que pretendiam "obrigar à fé por demonstrações" do que por aqueles que viam a fé como um presente da graça divina. Mas havia, ademais, sua preocupação pelo mundo, onde achava que deveriam caber, em lugares separados, tanto a religião como a filosofia, de modo que, após a "partilha [...] cada uma possa seguir seu próprio caminho, sem atrapalhar a outra".

A crítica, na acepção de Lessing, sempre toma partido em prol da segurança do mundo, entendendo e julgando tudo em termos de sua posição no mundo num determinado momento. Tal mentalidade nunca pode dar origem a uma visão definida do mundo que, uma vez assumida, seja imune a experiências posteriores no mundo, por se agarrar solidamente a uma perspectiva possível. Precisamos muitíssimo de Lessing para nos ensinar esse estado mental, e o que nos dificulta tanto aprendê-lo não é nossa desconfiança em relação ao Iluminismo ou à crença do século XVIII na humanidade. Entre Lessing e nós está, não o século XVIII, mas o século XIX. A obsessão do século XIX com a história e o compromisso com a ideologia ainda se manifestam tão amplamente no pensamento político de nossos tempos que somos inclinados a considerar o pensamento inteiramente livre, não utilizando como muleta nem a história nem a lógica coercitiva, como desprovido de qualquer autoridade sobre nós. Certamente ainda somos conscientes de que o pensamento requer não só inteligência e profundidade, mas sobretudo coragem. Mas nos pasmamos que o partidarismo de Lessing pelo mundo chegue a tal ponto que possa sacrificar-lhe o axioma da não-contradição, a pretensão de coerência própria, que assumimos como obrigatórios para todos os que escrevem e falam. Pois ele declarou com toda a seriedade: "Não tenho a obrigação de resolver as dificuldades que crio. Talvez minhas idéias sejam sempre um tanto díspares, ou até pareçam se contradizer entre si, basta que sejam idéias onde os leitores encontrem material que os incite a pensar por eles mesmos". Ele não só desejava não ser coagido por ninguém, como também desejava não coagir ninguém, pela força ou por demonstrações. Considerava a tirania dos que tentam dominar o pensamento pelo raciocínio e sofismas, obrigando à argumentação, como algo mais perigoso para a liberdade do que a ortodoxia. Ele sobretudo não coagia a si próprio e, ao invés de definir sua identidade na história com um sistema perfeitamente coerente, disseminou pelo mundo, como ele mesmo sabia, "nada além de *fermenta cognitionis*".

Assim, o famoso *Selbstdenken* — pensamento independente para a própria pessoa — não é de forma alguma uma atividade pertencente a um indivíduo fechado, integrado, organicamente crescido e cultivado que então, por assim dizer, olha em torno para ver onde se encontra no mundo o lugar mais favorável para seu desenvolvimento, a fim de se encontrar em harmonia com o mundo, através do rodeio pelo pensamento. Para Lessing, o pensamento não brota do indivíduo e não é a manifestação de um eu. Antes, o indivíduo — que Lessing diria criado para a ação, não para o raciocínio — escolhe tal pensamento porque descobre no pensar um outro modo de se mover em liberdade no mundo. De todas as liberdades específicas que podem ocorrer em nossas mentes quando ouvimos a palavra "liberdade", a liberdade de movimento é historicamente a mais antiga e também a mais elementar. Sermos capazes de partir para onde quisermos é o sinal prototípico de sermos livres, assim como a limitação da liberdade de movimento, desde tempos imemoriais, tem sido a pré-condição da escravização. A liberdade de movimento é também a condição indispensável para a ação, e é na ação que os homens primeiramente experimentam a liberdade no mundo. Quando os homens são privados do espaço público — que é constituído pela ação conjunta e a seguir se preenche, de acordo consigo mesmo, com os acontecimentos e estórias que se desenvolvem em história —, recolhem-se para sua liberdade de pensamento. Evidentemente, esta é uma experiência muito antiga. E um pouco desse recolhimento parece ter sido imposto a Lessing. Quando ouvimos sobre esse recuo da escravização no mundo para a liberdade de pensamento, naturalmente lembramos o modelo estóico, pois foi historicamente o mais efetivo. Mas, para sermos precisos, o estoicismo representa não tanto uma retirada da ação para o pensamento, mas uma fuga do mundo para o eu que, espera-se, será capaz de se manter em soberana independência em relação ao mundo exterior. Nada disso havia no caso de Lessing. Lessing recolheu-se no pensamento, mas de forma alguma em seu próprio eu; e se para ele existia um elo secreto entre ação e pensamento (eu acredito que sim, embora não possa prová-lo por citações), o elo consistia no fato de que tanto a ação como o pensamento ocorrem em forma de movimento e, portanto, a liberdade subjaz a ambos: a liberdade de movimento.

Lessing provavelmente nunca acreditou que o agir pudesse ser substituído pelo pensar, ou que a liberdade de pensamento pudesse ser um substituto para a liberdade inerente à ação. Ele sabia muito bem que vivia no que então era o "país mais despótico da Europa", embora lhe fosse permitido "oferecer ao público tantas tolices contra a religião" quanto quisesse. Pois era impossível levantar "uma voz pelos direitos de vassalos [...] contra a extorsão e o despotismo", em outras palavras, impossível agir. A relação secreta entre seu "autopensar" e a ação estava em nunca vincular seu pensamento a resultados. De fato, ele renunciou explicitamente ao desejo de resultados, na medida em que podiam significar a solução final de problemas que seu pensamento se colocara; seu pensar não era uma busca da verdade, visto que toda verdade que resulta de um processo de pensamento necessariamente põe um fim ao movimento do pensar. Os *fermenta cognitionis* que Lessing disseminou pelo mundo não pretendiam comunicar conclusões, mas estimular outras pessoas ao pensamento independente, e isso sem nenhum outro propósito senão o de suscitar um discurso entre pensadores. O pensamento de Lessing não é o diálogo silencioso (platônico) entre mim e mim mesmo, mas um diálogo antecipado com outros, e é essa a razão de ser essencialmente polêmico. Mas mesmo que tivesse conseguido realizar seu discurso com outros pensadores independentes e assim escapar a uma solidão que, para ele em particular, paralisava todas as faculdades, dificilmente se persuadiria de que isso resolvia tudo. Pois o que estava errado, e que nenhum diálogo nem pensamento independente jamais poderia resolver, era o mundo — a saber, a coisa que surge entre as pessoas e na qual tudo o que os indivíduos trazem inatamente consigo pode se tornar visível e audível. Nos duzentos anos que nos separam da vida de Lessing, muita coisa mudou a esse respeito, mas pouco mudou para melhor. Os "pilares das verdades mais bem conhecidas" (para manter sua metáfora), que naquela época tremiam, hoje estão despedaçados; não mais precisamos da crítica nem de homens sábios que as façam tremer. Precisamos apenas olhar em torno para ver que nos encontramos em meio a um verdadeiro monte de entulhos daqueles pilares.

Agora, num certo sentido, isso poderia ser uma vantagem, promovendo um novo tipo de pensamento que não necessita de pilares ou arrimos, padrões ou tradições, para se mover livre e sem muletas por terrenos desconhecidos. Mas com o mundo tal como está fica difícil aproveitar essa vantagem. Pois há muito tempo se tornou evidente que os pilares das verdades também eram os pilares da ordem política, e que o mundo (em oposição às pessoas que nele habitam e se movem livremente) precisa de tais pilares para garantir a continuidade e permanência, sem as quais não pode oferecer aos homens mortais o lar relativamente seguro, relativamente imperecível de que necessitam. Certamente, a própria humanidade do homem perde sua vitalidade na medida em que ele se abstém de pensar e deposita sua confiança em velhas ou mesmo novas verdades, lançando-as como se fossem moedas com que se avaliassem todas as experiências. E, no entanto, se isso é verdadeiro para o homem, não é verdadeiro para o mundo. O mundo se torna inumano, inóspito para as necessidades humanas — que são as necessidades de mortais —, quando violentamente lançado num movimento onde não existe mais nenhuma espécie de permanência. É por isso que, desde o grande fracasso da Revolução Francesa, as pessoas repetidamente vêm reerguendo os velhos pilares que haviam sido então derrubados, apenas para novamente vê-los de início oscilar e a seguir ruir outra vez mais. Os erros mais terríveis substituíram as "verdades mais bem conhecidas", e o erro dessas doutrinas não constitui nenhuma prova, nenhum novo pilar para as velhas verdades. No âmbito político, a restauração nunca é um substituto para uma nova fundação, mas será, no máximo, uma medida de emergência que se torna inevitável quando o ato de fundação, chamado revolução, fracassa. Mas é igualmente inevitável que, numa tal constelação, principalmente quando se estende por períodos tão longos de tempo, a desconfiança das pessoas em relação ao mundo e a todos os aspectos do âmbito público deva crescer constantemente. Pois a fragilidade desses esteios repetidamente restaurados da ordem pública está fadada a se tornar cada vez mais evidente após cada colapso, de modo que, ao final, a ordem pública se baseia na sustentação pelas pessoas da auto-evidência justamente daquelas "verdades mais bem conhecidas" em que, intimamente, quase ninguém mais acredita.

II

A história conhece muitos períodos de tempos sombrios, em que o âmbito público se obscureceu e o mundo se tornou tão dúbio que as pessoas deixaram de pedir qualquer coisa à política além de que mostre a devida consideração pelos seus interesses vitais e liberdade pessoal. Os que viveram em tempos tais, e neles se formaram, provavelmente sempre se inclinaram a desprezar o mundo e o âmbito público, a ignorá-los o máximo possível ou mesmo a ultrapassá-los e, por assim dizer, procurar por trás deles — como se o mundo fosse apenas uma fachada por trás da qual as pessoas pudessem se esconder —, chegar a entendimentos mútuos com seus companheiros humanos, sem consideração pelo mundo que se encontra entre eles. Em tais tempos, se as coisas vão bem, desenvolve-se um tipo específico de humanidade. Para avaliar adequadamente suas possibilidades, pensemos apenas em *Nathan, o Sábio*, cujo verdadeiro tema — "Basta ser um homem" — permeia a peça. A esse tema corresponde o apelo "Seja meu amigo", que percorre como um *leitmotiv* toda a peça. Poderíamos pensar igualmente em *A flauta mágica*, que, de modo similar, tem como tema essa humanidade, mais profunda do que geralmente pensamos quando consideramos apenas as teorias usuais do século XVIII sobre uma natureza humana básica subjacente à multiplicidade de nações, povos, raças e religiões em que se divide a espécie humana. Se existisse tal natureza humana, seria um fenômeno natural, e, ao se chamar o comportamento de acordo com ela de "humano", estar-se-ia afirmando que o comportamento humano e o comportamento natural são um único e mesmo comportamento. No século XVIII, o maior e historicamente mais efetivo defensor desse tipo de humanidade foi Rousseau, para quem a natureza humana comum a todos os homens se manifestava não na razão, mas na compaixão, numa aversão inata, conforme colocou, a ver um companheiro humano suportando sofrimentos. Em consonância notável, Lessing também declarou que a melhor pessoa é a mais compassiva. Mas Lessing se perturbava com o caráter igualitário da compaixão — o fato de que, como ressaltou, sentimos "algo próximo à compaixão" também pelo malfeitor. Isso não incomodou Rousseau. No espírito da Revolução Francesa, que se apoiou em suas idéias, ele via a *fraternité* como a realização plena da humanidade. Lessing, por outro lado, considerava a amizade — tão seletiva quanto a compaixão é igualitária — como o fenômeno central em que, somente aí, a verdadeira humanidade pode provar a si mesma.

Antes de nos voltarmos para o conceito de amizade de Lessing e sua relevância política, devemos nos deter por um momento sobre a fraternidade, tal como a entendia o século XVIII. Lessing também estava bem familiarizado com ela; ele falou dos "sentimentos filantrópicos", de um apego fraternal a outros seres humanos que brota do ódio ao mundo onde os homens são tratados "inumanamente". Para nossos propósitos, porém, é importante o fato de a humanidade se manifestar mais freqüentemente nessa fraternidade em "tempos sombrios". Esse tipo de humanidade realmente se torna inevitável quando os tempos se tornam tão extremamente sombrios para certos grupos de pessoas que não mais lhes cabe, à sua percepção ou à sua escolha, retirar-se do mundo. A humanidade sob a forma de fraternidade, de modo invariável, aparece historicamente entre povos perseguidos e grupos escravizados; e, na Europa do século XVIII, deve ter sido absolutamente natural detectá-la entre os judeus, que eram então recém-chegados nos círculos literários. Esse tipo de humanidade é o grande privilégio de povos párias; é a vantagem que os párias deste mundo, sempre e em todas as circunstâncias, podem ter sobre os outros. O privilégio é obtido a alto preço; freqüentemente vem acompanhado de uma perda tão radical do mundo, por uma atrofia tão imensa de todos os órgãos com que reagimos a ele — começando desde o senso comum com que nos orientamos num mundo comum a nós e outros, e indo até o senso de beleza ou gosto estético com que amamos o mundo —, que em casos extremos, onde o caráter pária persiste durante séculos, podemos falar de uma real ausência de mundanidade. E a ausência de mundanidade — ai! — é sempre uma forma de barbarismo.

Nessa humanidade por assim dizer organicamente evoluída, é como se, sob a pressão da perseguição, os perseguidos tivessem se aproximado tanto entre si que o espaço intermediário que chamamos mundo (e que, evidentemente, *existia*, antes da perseguição, mantendo uma distância entre eles) simplesmente desapareceu. Isso provoca um calor nas relações humanas que pode surpreender como um fenômeno quase físico quem teve alguma experiência com esses grupos. É claro que não pretendo sugerir que esse calor dos povos perseguidos não seja uma grande coisa. Em seu pleno desenvolvimento, pode nutrir uma generosidade e uma pura bondade de que os seres humanos, de outra forma, dificilmente são capazes. Muitas vezes, é também a fonte de uma vitalidade e alegria pelo simples fato de estarem vivos, antes sugerindo que a vida só se realiza plenamente entre os que, em termos mundanos, são os insultados e injuriados. Mas, ao dizer isso, não podemos esquecer que o encanto e a intensidade da atmosfera que se desenvolve devem-se também ao fato de que os párias deste mundo desfrutam do grande privilégio de não arcarem com a preocupação pelo mundo.

A fraternidade, que a Revolução Francesa acrescentou à liberdade e à igualdade que sempre foram categorias da esfera política do homem — essa fraternidade tem seu lugar natural entre os reprimidos e perseguidos, os explorados e humilhados, que o século XVIII chamava de infelizes, *les malheureux*, e o século XIX de miseráveis, *les misérables*. A compaixão, pela qual tanto Lessing como Rousseau (embora em contextos muito diferentes) desempenharam um papel tão extraordinário com a descoberta e demonstração de uma natureza humana comum a todos os homens, tornou-se pela primeira vez o motivo central dos revolucionários com Robespierre. Desde então, a compaixão persistiu como parte inseparável e inequívoca da história das revoluções européias. Ora, a compaixão é inquestionavelmente um afeto material natural que toca, de forma involuntária, qualquer pessoa normal à vista do sofrimento, por mais estranho que possa ser o sofredor, e portanto poderia ser considerada como base ideal para um sentimento que, ao atingir toda a humanidade, estabeleceria uma sociedade onde os homens realmente poderiam se tornar irmãos. Através da compaixão, o humanitário com idéias revolucionárias do século XVIII almejava a solidariedade com os infelizes e miseráveis — um esforço que equivalia a penetrar no próprio domínio da fraternidade. Mas logo se tornou evidente que esse tipo de humanitarismo, cuja forma mais pura é privilégio dos párias, não é transmissível e não pode ser facilmente adquirido por aqueles que não pertencem aos grupos párias. Não bastam nem a compaixão nem a efetiva participação no sofrimento. Não podemos discutir aqui o dano que a compaixão introduziu nas revoluções modernas, com as tentativas de melhorar o quinhão dos infelizes, ao invés de estabelecer justiça para todos. Mas, para conseguirmos um pouco de perspectiva sobre nós mesmos e sobre o modo de sentimento moderno, podemos rapidamente lembrar como o mundo antigo, mais experimentado que nós em todos os assuntos políticos, encarava a compaixão e o humanitarismo da fraternidade.

Os tempos modernos e a antiguidade concordam num ponto: ambos encaram a compaixão como algo totalmente natural, tão inevitável para o homem quanto, digamos, o medo. Portanto, é ainda mais surpreendente que a antiguidade tenha assumido uma posição totalmente diferente do grande apreço pela compaixão nos tempos modernos. Por reconhecerem tão claramente a natureza afetiva da compaixão, que pode nos dominar como o medo, sem que possamos resistir a ela, os antigos consideravam a pessoa mais compassiva não mais autorizada a ser tida como a melhor do que a mais medrosa. Ambas as emoções, por serem puramente passivas, impossibilitam a ação. É por isso que Aristóteles tratava a compaixão e o medo juntos. No entanto, seria totalmente equivocado reduzir a compaixão ao medo — como se os sofrimentos de outros suscitassem em nós medo por nós mesmos — ou o medo à compaixão — como se, no medo, sentíssemos apenas compaixão por nós próprios. Surpreendemo-nos ainda mais quando ouvimos (de Cícero em *Tusculanae disputationes*, III, 21) que os estóicos consideravam a paixão e a inveja nos mesmos termos: "Pois o homem que sofre com a infelicidade de outro sofre também com a prosperidade de outro". O próprio Cícero se aproxima consideravelmente do núcleo da questão quando indaga (ibid., IV, 56): "Por que a piedade ao invés de dar assistência, se possível? Ou somos incapazes de ser generosos sem piedade?". Em outras palavras, seriam os seres humanos tão mesquinhos a ponto de serem incapazes de agir humanamente, a menos que se sintam instigados e por assim dizer compelidos pela sua própria dor, ao ver outros sofrerem?

Ao avaliar esses afetos, de pouco adianta levantarmos a questão do desprendimento pessoal, ou antes a questão da abertura aos outros, que é de fato a precondição para a "humanidade", em qualquer acepção do termo. Parece evidente que, a esse respeito, partilhar a alegria é absolutamente superior a partilhar o sofrimento. A alegria, não a tristeza, é loquaz, e o diálogo verdadeiramente humano difere da simples conversa, ou mesmo da discussão, por ser inteiramente permeado pelo prazer com a outra pessoa e o que diz. Poderíamos dizer que é ajustado à chave da alegria. O obstáculo para essa alegria é a inveja, que na esfera da humanidade é o pior vício; mas a antítese da compaixão não é a inveja, e sim a crueldade, que, como a compaixão, é um afeto, pois é uma perversão, um sentimento de prazer ali onde naturalmente se sentiria dor. O fato decisivo é que o prazer e a dor, como tudo que é instintivo, tendem à mudez e, embora possam produzir sons, não produzem fala e, certamente, tampouco diálogo.

Tudo isso é apenas uma forma de dizer que o humanitarismo da fraternidade dificilmente condiz com os que não pertencem aos insultados e injuriados e que só podem dela partilhar através de sua compaixão. A cordialidade dos povos párias não pode legitimamente se estender àqueles cuja posição diferente no mundo lhes impõe uma responsabilidade pelo mundo e não lhes permite partilhar da alegre despreocupação dos párias. Mas é verdade que, em "tempos sombrios", a cordialidade, que é o substituto da luz para os párias, exerce um grande fascínio sobre todos os que se sentem tão envergonhados pelo mundo tal como é que gostariam de se refugiar na invisibilidade. E na invisibilidade, nessa obscuridade onde um homem que aí se escondeu não precisa mais ver o mundo visível, somente a cordialidade e a fraternidade de seres humanos estreitamente comprimidos podem compensar a estranha irrealidade que assumem as relações humanas, onde quer que se desenvolvam em ausência absoluta de mundanidade, desligadas de um mundo comum a todas as pessoas. Em tal estado de ausência de mundanidade e realidade, é fácil concluir que o elemento comum a todos os homens não é o mundo, mas a "natureza humana" de tal e tal tipo. O que seja o tipo depende do intérprete; pouco importa que se ressalte a razão como propriedade de todos os homens ou um sentimento comum a todos, como a capacidade de compaixão. O racionalismo e o sentimentalismo do século XVIII são apenas dois aspectos da mesma coisa; ambos podiam igualmente conduzir àquele excesso entusiástico em que os indivíduos sentem laços de fraternidade com todos os homens. Em qualquer caso, essa racionalidade e essa sentimentalidade eram apenas substitutos psicológicos, situados no âmbito da invisibilidade, para a perda do mundo visível e comum.

Ora, essa "natureza humana" e os sentimentos de fraternidade que a acompanham manifestam-se apenas na obscuridade, e portanto não podem ser identificados no mundo. E mais, em condições de visibilidade, dissolvem-se no nada como fantasmas. A humanidade dos insultados e injuriados nunca sobreviveu ainda sequer um minuto à hora da libertação. Isso não quer dizer que ela seja insignificante, pois na verdade torna suportáveis o insulto e a injúria; mas sim que em termos políticos é absolutamente irrelevante.

III

É evidente que essas e outras questões semelhantes acerca da atitude apropriada em "tempos sombrios" são especialmente familiares à geração e ao grupo a que pertenço. Se a concordância com o mundo, parte e parcela do recebimento de homenagens, nunca foi fácil em nossos tempos e nas circunstâncias do nosso mundo, é-o ainda menos para nós. Certamente as homenagens não estavam incluídas em nosso direito de nascimento, e não seria surpreendente que não fôssemos mais capazes da abertura e da confiança necessárias simplesmente para se aceitar com gratidão o que o mundo oferece de boa fé. Mesmo aqueles entre nós que se aventuraram, pela palavra escrita ou falada, na vida pública, não o fizeram por nenhum prazer original pela cena pública, e dificilmente esperaram ou aspiraram a receber o selo da aprovação pública. Mesmo em público, tendiam a se dirigir apenas a seus amigos ou a falar àqueles leitores e ouvintes dispersos e desconhecidos a quem todos os que falam e escrevem não podem absolutamente deixar de se sentir unidos por uma certa fraternidade um tanto obscura. Temo que, em seu empenho, sentissem pouquíssima responsabilidade para com o mundo; esse empenho era antes guiado pela sua esperança de preservar um mínimo de humanidade num mundo que se tornara inumano, resistindo o máximo possível, simultaneamente, à estranha irrealidade dessa ausência de mundanidade — cada um à sua maneira, e uns poucos, dentro de sua capacidade, tentando entender até mesmo a inumanidade e as monstruosidades intelectuais e políticas de uma época desarticulada.

Ressalto tão explicitamente meu pertencimento ao grupo de judeus expulsos da Alemanha, numa época relativamente inicial, pois pretendo evitar alguns mal-entendidos que podem surgir com excessiva facilidade quando se fala de humanidade. A esse respeito, não posso atenuar o fato de que, por muitos anos, considerei que a única resposta adequada à pergunta "quem é você?" era: "um judeu". A única resposta que levava em conta a realidade da perseguição. Quanto à afirmação com que Nathan, o Sábio (de fato, embora não na frase efetiva) se contrapõe à ordem: "Aproxime-se, judeu" — a afirmação: "Sou um homem" —, eu a teria considerado como nada além de uma evasão grotesca e perigosa da realidade.

Quero também esclarecer rapidamente um outro mal-entendido semelhante. Quando emprego a palavra "judeu", não pretendo sugerir nenhum tipo especial de ser humano, como se o destino judaico fosse representativo ou exemplar para o destino da humanidade. (Tal tese só poderia, no máximo, ser levantada convincentemente apenas no último estágio da dominação nazista, quando de fato os judeus e o anti-semitismo estavam sendo explorados unicamente para desencadear e manter em funcionamento o programa racista de extermínio. Pois isso foi parte essencial do governo totalitário. O movimento nazista certamente desde o início tendera para o totalitarismo, mas o Terceiro Reich, durante seus primeiros anos, não foi de forma alguma totalitário. Por "primeiros anos", entendo o primeiro período, que se estendeu de 1933 a 1938.) Ao dizer "um judeu", tampouco me referia a uma realidade a que a história atribuíra ou indicara um mérito de distinção. Eu estava antes reconhecendo um fato político pelo qual o fato de ser um membro desse grupo ultrapassava todas as outras perguntas sobre a identidade pessoal ou, melhor, resolvia-as pela anonimidade, pela ausência de nome. Atualmente, tal atitude pareceria forçada. Atualmente, portanto, é fácil notar que os que reagiram dessa forma nunca avançaram muito na escola de "humanidade", caíram na armadilha montada por Hitler e, assim, sucumbiram à sua maneira ao espírito do hitlerismo. Infelizmente, o princípio simples e básico aqui em questão é particularmente difícil de ser compreendido em tempos de difamação e perseguição: o princípio de que só se pode resistir nos termos da identidade que está sendo atacada. Os que rejeitam tais identificações por parte de um mundo hostil podem se sentir maravilhosamente superiores a ele, mas então sua superioridade na verdade não pertence mais a este mundo; é a superioridade de uma região mais ou menos bem equipada de lunáticos nas nuvens.

Portanto, quando revelo bruscamente a base pessoal de minhas reflexões, pode facilmente parecer, aos que só conhecem de ouvido o destino dos judeus, que estou falando de cátedra, numa escola que não freqüentaram e cujas lições não lhes dizem respeito. Mas, de qualquer forma, durante o mesmíssimo período na Alemanha, existiu o fenômeno conhecido como a "emigração interna", e quem conhece alguma coisa sobre essa experiência pode bem reconhecer, mais que num simples sentido formal e estrutural, certas questões e conflitos próximos aos problemas que mencionei. Como seu próprio nome sugere, a "emigração interna" foi um fenômeno curiosamente ambíguo. De um lado, significava que havia pessoas dentro da Alemanha que se comportavam como se não mais pertencessem ao país, que se sentiam como emigrantes; por outro lado, indicava que não haviam realmente emigrado, mas se retirado para um âmbito interior, na invisibilidade do pensar e do sentir. Seria um erro imaginar que essa forma de exílio, essa retirada do mundo para um âmbito interior, existiu apenas na Alemanha, assim como seria um erro imaginar que tal emigração cessou com o fim do Terceiro Reich. Mas naquele mais sombrio dos tempos, dentro e fora da Alemanha era particularmente forte, em face de uma realidade aparentemente insuportável, a tentação de se desviar do mundo e de seu espaço público para uma vida interior, ou ainda simplesmente ignorar aquele mundo em favor de um mundo imaginário, "como deveria ser" ou como alguma vez fora.

Tem havido muita discussão sobre a tendência generalizada na Alemanha de se agir como se os anos entre 1933 e 1945 nunca tivessem existido; como se essa parte da história alemã e européia, portanto mundial, pudesse ser eliminada dos livros escolares; como se tudo dependesse de esquecer o aspecto "negativo" do passado e reduzir o horror à sentimentalidade. (O sucesso mundial de *O diário de Anne Frank* foi uma prova clara de que tais tendências não se limitavam à Alemanha.) Era uma situação grotesca quando os jovens alemães estavam impedidos de aprender os fatos que qualquer criança de escola, poucos quilômetros adiante, não podia deixar de saber. Por trás de tudo isso, evidentemente, havia uma perplexidade genuína. E essa própria incapacidade de encarar a realidade do passado poderia ser, possivelmente, uma herança direta da emigração interna, tal como foi indubitavelmente em grande medida, e ainda mais direta, uma conseqüência do regime de Hitler — isto é, uma conseqüência da culpa organizada em que os nazistas envolveram todos os habitantes das terras alemãs, tanto os exilados internos como os membros firmes e leais do Partido e os vacilantes companheiros de viagem. Foi o fato dessa culpa que os Aliados simplesmente incorporaram na hipótese fatídica da culpa coletiva. Aí reside a razão do profundo embaraço dos alemães, que surpreende qualquer forasteiro, em qualquer discussão sobre questões do passado. A dificuldade em se encontrar uma atitude razoável talvez se expresse mais claramente como o clichê de que o passado ainda não foi "dominado" e na convicção, sustentada principalmente por homens de boa vontade, de que a primeira coisa a se fazer é tratar de "dominá-lo". Talvez não se possa fazê-lo com nenhum passado, mas certamente com o passado da Alemanha hitlerista é impossível. O máximo que se pode alcançar é saber precisamente o que foi ele e suportar esse conhecimento, e então esperar para ver o que virá desse saber e desse suportar.

Talvez eu possa explicá-lo melhor com um exemplo menos doloroso. Após a Primeira Guerra Mundial, tivemos a experiência de "dominar o passado", com uma enxurrada de descrições sobre a guerra, imensamente variadas em tipo e qualidade; naturalmente, isso não ocorreu apenas na Alemanha, mas em todos os países atingidos. Contudo, deveriam se passar quase trinta anos antes que surgisse uma obra de arte que apresentasse a verdade íntima do acontecimento de um modo tão transparente que se podia dizer: Sim, é como foi. E nessa novela, *A fable* [Uma fábula] de William Faulkner, descreve-se muito pouco, explica-se menos ainda e não se "domina" absolutamente nada; seu final são lágrimas, pranteadas também pelo leitor, e o que permanece para além disso é o "efeito trágico" ou o "prazer trágico", a emoção em estilhaços que permite à pessoa aceitar o fato de que realmente poderia ter ocorrido algo como aquela guerra. Menciono deliberadamente a tragédia porque, mais que as outras formas literárias, representa um processo de reconhecimento. O herói trágico se torna cognoscível por reexperimentar o que se fez sob o sofrimento, e nesse *pathos*, ao novamente sofrer o passado, a rede de atos individuais se transforma num acontecimento, num todo significativo. O clímax dramático da tragédia ocorre quando o ator se converte num sofredor; aí reside sua peripatéia, a revelação do desfecho. Mas mesmo enredos não trágicos se tornam autênticos acontecimentos apenas quando são experimentados uma segunda vez, sob a forma de sofrimento, com a memória operando retrospectiva e perceptivamente. Tal memória só pode falar quando a indignação e a justa cólera, que nos impelem à ação, foram silenciadas — e isso demanda tempo. Não podemos dominar o passado mais do que desfazê-lo. Mas podemos nos reconciliar com ele. A forma para tal é o lamento, que brota de toda recordação. É, como disse Goethe (na Dedicatória de *Fausto*):

> *Der Schmerz wird neu, es wiederholt die Klage*
> *Des Lebens labyrinthisch irren Lauf.*

> [A dor se renova, o lamento repete
> O errante curso labiríntico da vida.]

O impacto trágico dessa repetição em lamento afeta um dos elementos-chave de toda ação; estabelece seu sentido e aquele significado permanente que então entra para a história. Em contraposição a outros elementos particulares da ação — sobretudo os objetivos postulados, os motivos impulsionadores e os princípios de orientação que se tornam todos eles visíveis no curso da ação —, o sentido de um ato executado se revela apenas quando a própria ação já se encerrou e se tornou uma estória suscetível de narração. Tanto quanto seja possível algum "domínio" do passado, ele consiste em relatar o que aconteceu; mas essa narração, que molda a história, tampouco resolve qualquer problema e não alivia nenhum sofrimento; ela não domina nada de uma vez por todas. Ao invés disso, enquanto o sentido dos acontecimentos permanecer vivo — e esse sentido pode persistir por longuíssimos períodos de tempo —, o "domínio do passado" pode assumir a forma da narração sempre repetida. O poeta, num sentido muito geral, e o historiador, num sentido muito específico, têm a tarefa de acionar esse processo narrativo e de envolver-nos nele. E nós que, na maioria, não somos nem poetas nem historiadores estamos familiarizados com a natureza desse processo, a partir de nossa própria experiência de vida, pois também nós temos a necessidade de rememorar os acontecimentos significativos em nossas vidas, relatando-os a nós mesmos e a outros. Assim estamos constantemente preparando o caminho para a "poesia", no sentido mais amplo, como potencialidade humana; estamos constantemente à espera, por assim dizer, de que ela irrompa em algum ser humano. Quando isso ocorre, o relato do ocorrido aí se detém e uma narrativa composta, um parágrafo a mais, acrescenta-se aos recursos do mundo. Retificada pelo poeta ou pelo historiador, a narração da história obteve permanência e estabilidade. Assim a narrativa recebeu seu lugar no mundo, onde sobreviverá a nós. Lá ela pode subsistir — uma estória entre muitas. Não há nenhum sentido para essas estórias que lhes seja inteiramente destacável — e isso também sabemos por nossa experiência pessoal não poética. Nenhuma filosofia, nenhuma análise, nenhum aforismo, por mais profundos que sejam, podem se comparar em intensidade e riqueza de sentido a uma estória contada adequadamente.

Pareço ter me desviado do meu assunto. A questão é: quanta realidade se deve reter mesmo num mundo que se tornou inumano, se não quisermos que a humanidade se reduza a uma palavra vazia ou a um fantasma? Ou, para colocá-la de outra forma, em que medida ainda temos alguma obrigação para com o mundo, mesmo quando fomos expulsos ou nos retiramos dele? Pois certamente não pretendo afirmar que a "emigração interna", a fuga do mundo para a ocultação, da vida pública para o anonimato (pois é isso que realmente ocorria, e não simplesmente um pretexto para fazer o que todos faziam com reservas íntimas suficientes para salvar sua consciência pessoal), não era uma atitude justificada e, em muitos casos, a única possível. A fuga do mundo em tempos sombrios de impotência sempre pode ser justificada, na medida em que não se ignore a realidade, mas é constantemente reconhecida como algo a ser evitado. Quando as pessoas escolhem essa alternativa, a vida privada também pode reter uma realidade de modo algum insignificante, embora impotente. É-lhes apenas essencial que compreendam que o real dessa realidade consiste não em seu tom profundamente pessoal, mas em algo mais, que brota da privacidade como tal, é inerente ao mundo de que fugiram. Devem se lembrar que estão constantemente no fluxo, e que a realidade do mundo se expressa efetivamente com sua fuga. Assim, também, a verdadeira força do escapismo brota da perseguição, e a força pessoal dos fugitivos cresce à medida que crescem a perseguição e o perigo.

Ao mesmo tempo, não podemos deixar de ver a limitada relevância política de tal existência, mesmo mantida em sua pureza. Seus limites são inerentes ao fato de que a força e o poder não constituem a mesma coisa; o poder surge apenas onde as pessoas agem em conjunto, mas não onde as pessoas se fortalecem como indivíduos. Nenhuma força jamais é grande o suficiente para substituir o poder; onde quer que a força se confronte com o poder, ela sempre sucumbirá. Mas mesmo a simples força para escapar e resistir durante a fuga não pode se materializar lá onde a realidade é esquecida ou deixada de lado — como quando um indivíduo se julga bom e nobre demais para se opor a tal mundo, ou quando não consegue encarar a absoluta "negatividade" das condições predominantes do mundo numa determinada época. Como era tentador, por exemplo, simplesmente ignorar o falastrão insuportavelmente estúpido dos nazistas. Mas por mais sedutor que possa ser render-se a tais tentações e isolar-se em sua própria psique, o resultado sempre será uma perda do humano junto com a deserção da realidade.

Assim, no caso de uma amizade entre um alemão e um judeu, sob as condições do Terceiro Reich, dizer "não somos ambos seres humanos?" dificilmente seria um sinal de humanidade para os amigos. Teria sido simples evasão da realidade e do mundo comuns a ambos naquele momento; não estariam resistindo ao mundo tal como era. Uma lei que proibisse o intercurso entre judeus e alemães podia ser evitada, mas não desafiada por pessoas que negassem a realidade dessa diferenciação. Mantendo uma humanidade que não perdera o terreno sólido da realidade, uma humanidade em meio à realidade da perseguição, teriam de se dizer: "Um alemão e um judeu, e amigos". Mas onde quer que tal amizade naquela época (evidentemente, a situação hoje em dia se alterou por completo) tenha existido e mantido sua pureza, isto é, sem falsos complexos de culpa de um lado e falsos complexos de superioridade ou inferioridade do outro, alcançou-se um pouco de humanidade num mundo que se tornara inumano.

IV

O exemplo da amizade, que levantei por me parecer, por uma série de razões, particularmente pertinente à questão da humanidade, reconduz-nos a Lessing. Como bem se sabe, os antigos consideravam os amigos indispensáveis à vida humana, e na verdade uma vida sem amigos não era realmente digna de ser vivida. Ao sustentar esse ponto de vista, pouca consideração davam à idéia de precisarmos da ajuda de amigos nos momentos de infortúnio; pelo contrário, antes achavam que não pode haver felicidade ou boa sorte para a pessoa, a não ser que tenha um amigo com que partilhar sua alegria. É claro que existe também a máxima segundo a qual é apenas no infortúnio que descobrimos os verdadeiros amigos; mas os que consideramos nossos verdadeiros amigos, sem tais demonstrações, são em geral as pessoas a quem revelamos sem hesitar nossa felicidade e de quem esperamos que compartilhem de nosso regozijo.

Estamos habituados a ver a amizade apenas como um fenômeno da intimidade, onde os amigos abrem mutuamente seus corações sem serem perturbados pelo mundo e suas exigências. Rousseau, e não Lessing, é o melhor defensor dessa concepção, que se conforma tão bem com a atitude básica do indivíduo moderno que, em sua alienação do mundo, realmente só pode se revelar na privacidade e intimidade dos encontros pessoais. Portanto, é-nos difícil entender a relevância política da amizade. Quando, por exemplo, lemos em Aristóteles que a *philia*, a amizade entre os cidadãos, é um dos requisitos fundamentais para o bem-estar da Cidade, tendemos a achar que ele se referia apenas à ausência de facções e guerra civil. Mas, para os gregos, a essência da amizade consistia no discurso. Sustentavam que apenas o intercâmbio constante de conversas unia os cidadãos numa *polis*. No discurso, tornavam-se manifestas a importância política da amizade e a qualidade humana própria a ela. Essa conversa (em contraste com a conversa íntima onde os indivíduos falam sobre si mesmos), ainda que talvez permeada pelo prazer com a presença do amigo, refere-se ao mundo comum, que se mantém "inumano" num sentido muito literal, a menos que seja constantemente comentado por seres humanos. Pois o mundo não é humano simplesmente por ser feito por seres humanos, e nem se torna humano simplesmente porque a voz humana nele ressoa, mas apenas quando se tornou objeto de discurso. Por mais afetados que sejamos pelas coisas do mundo, por mais profundamente que possam nos instigar e estimular, só se tornam humanas para nós quando podemos discuti-las com nossos companheiros. Tudo o que não possa se converter em objeto de discurso — o realmente sublime, o realmente horrível ou o misterioso — pode encontrar uma voz humana com a qual ressoe no mundo, mas não é exatamente humano. Humanizamos o que ocorre no mundo e em nós mesmos apenas ao falar disso, e no curso da fala aprendemos a ser humanos.

Os gregos chamavam essa qualidade humana que se realiza no discurso da amizade de *philanthropia*, "amor dos homens", pois se manifesta numa presteza em partilhar o mundo com outros homens. Seu oposto, a misantropia, significa simplesmente que o misantropo não encontra ninguém com quem trate de partilhar o mundo, não considera ninguém digno de se regozijar com ele no mundo, na natureza e no cosmo. A filantropia grega sofreu muitas alterações ao se converter na *humanitas* romana. A mais importante delas correspondeu ao fato político de que, em Roma, pessoas com origens e descendência étnicas muito diferentes podiam adquirir a cidadania romana e, assim, chegar ao discurso entre romanos cultos, podendo discutir com eles o mundo e a vida. E essa base política diferencia a *humanitas* romana daquilo que os modernos chamam de humanidade, pelo que comumente entendem um simples efeito de educação.

Que qualidade humana deve ser sóbria e serena, ao invés de sentimental; que a humanidade se exemplifica não na fraternidade, mas na amizade; que a amizade não é intimamente pessoal, mas faz exigências políticas e preserva a referência ao mundo — tudo isso nos parece tão exclusivamente característico da antiguidade clássica que até nos surpreendemos ao encontrar traços absolutamente análogos em *Nathan, o Sábio* — que, moderno como é, poderia com alguma justiça ser considerado o drama clássico da amizade. O que nos parece tão estranho na peça é o "Devemos, devemos ser amigos", com que Nathan se volta para o Templário e, de fato, para todas as pessoas que encontra; pois essa amizade é obviamente muitíssimo mais importante para Lessing que a paixão do amor, a ponto de poder cortar rente e bruscamente a história de amor (os amantes, o Templário e Recha, filha adotiva de Nathan, vêm a ser irmão e irmã) e transformá-la numa relação onde se exige a amizade e se exclui o amor. A tensão dramática da peça encontra-se exclusivamente no conflito que surge entre a amizade e humanidade e a verdade. O fato talvez surpreenda os homens modernos, como ainda mais estranho, mas está curiosamente próximo, uma vez mais, aos princípios e conflitos que interessavam à antiguidade clássica. No fim, depois de tudo, a sabedoria de Nathan consiste apenas em sua presteza para sacrificar a verdade à amizade.

Lessing tinha opiniões altamente não ortodoxas a respeito da verdade. Recusava-se a aceitar quaisquer verdades, mesmo as presumivelmente enviadas pela Providência, e nunca se sentiu compelido pela verdade, fosse ela imposta pelos processos de raciocínio seus ou de outras pessoas. Se fosse confrontado à alternativa platônica entre a *doxa* e a *aletheia*, a opinião ou a verdade, não há dúvida sobre qual teria sido sua decisão. Estava contente que — para usar sua parábola — o anel verdadeiro, se é que algum dia existira, se perdera; estava contente em consideração pelo número infinito de opiniões que surgem quando os homens discutem os assuntos deste mundo. Se o verdadeiro anel existisse, significaria o fim do discurso, e portanto da amizade, e portanto da humanidade. Por essas mesmas razões, estava contente em pertencer à raça dos "deuses limitados", como ocasionalmente chamava os homens; e julgava que a sociedade humana não era de forma alguma prejudicada por aqueles "que têm mais trabalho em formar do que em dissipar as nuvens", ao passo que incorria em "muito dano por parte daqueles que desejam sujeitar todos os modos de pensar dos homens ao jugo do seu próprio". Isso tem muito pouco a ver com a tolerância em sentido habitual (de fato, Lessing não era de forma alguma uma pessoa especialmente tolerante), mas muitíssimo com o dom da amizade, com a abertura ao mundo e, finalmente, com o verdadeiro amor à humanidade.

O tema dos "deuses limitados", das limitações do entendimento humano, limitações que podem ser indicadas e assim transcendidas pela razão especulativa, posteriormente se tornou o grande objeto das críticas de Kant. Mas, apesar do que possa haver de comum entre as atitudes de Kant e Lessing — e de fato havia muito —, os dois pensadores diferiam num ponto decisivo. Kant compreendeu que não pode haver nenhuma verdade absoluta para o homem, pelo menos no sentido teórico. Certamente estaria preparado para sacrificar a verdade à possibilidade da liberdade humana pois, se possuíssemos a verdade, não poderíamos ser livres. Mas dificilmente concordaria com Lessing que a verdade, se existisse, poderia ser sacrificada sem hesitações à humanidade, à possibilidade de amizade e discurso entre os homens. Kant sustentava que existe um absoluto, o dever do imperativo categórico que se situa acima dos homens, decisivo em todos os assuntos humanos e não pode ser infringido mesmo para o bem da humanidade, em todos os sentidos do termo. Críticos da ética kantiana muitas vezes denunciaram essa tese como totalmente inumana e inclemente. Quaisquer que sejam os méritos de seus argumentos, a inumanidade da filosofia moral de Kant é inegável. E isso porque o imperativo categórico é postulado como absoluto e, em sua absolutez, introduz no âmbito inter-humano — que, por sua natureza, consiste em relações — algo que ocorre em sentido contrário à sua relatividade fundamental. A inumanidade ligada ao conceito de uma verdade única surge com especial clareza na obra de Kant justamente por ter tentado encontrar a verdade na razão prática; é como se ele, que indicara tão inexoravelmente os limites cognitivos do homem, não conseguisse suportar a idéia de que, também na ação, o homem não pode se comportar como um deus.

Lessing, porém, se regozijava com o que sempre — ou pelo menos desde Parmênides e Platão — atormentou os filósofos: a verdade, tão logo enunciada, imediatamente se transforma numa opinião entre muitas outras, é contestada, reformulada, reduzida a um tema de discurso entre outros. A grandeza de Lessing não consiste meramente na percepção teórica de que não pode existir uma verdade única no mundo humano, mas sim na sua alegria de que realmente ela não exista e, portanto, enquanto os homens existirem, o discurso interminável entre eles nunca cessará. Uma única verdade absoluta, se pudesse existir, seria a morte de todas aquelas discussões onde esse ancestral e mestre de todo o polemismo em língua alemã se sentia tão à vontade e sempre tomava partido com a máxima clareza e definição. E isso teria significado o fim da humanidade.

Hoje em dia, é difícil para nós identificarmo-nos com o conflito dramático, mas não trágico, de *Nathan, o Sábio*, tal como Lessing pretendera. Isso em parte porque, em relação à verdade, tornou-se corriqueiro comportarmo-nos com tolerância, embora por razões que dificilmente têm alguma ligação como as de Lessing. Atualmente, uma pessoa ainda pode colocar a questão, pelo menos ao estilo da parábola dos três anéis de Lessing — como, por exemplo, no magnífico pronunciamento de Kafka: "É difícil dizer a verdade pois, embora exista apenas uma verdade, ela está viva e tem, portanto, uma face viva e mutável". Mas aqui, também, nada se diz a respeito do ponto político da antinomia de Lessing — isto é, o possível antagonismo entre verdade e humanidade. Além do mais, hoje em dia é raro encontrar gente que acredite possuir a verdade; ao invés disso, deparamo-nos constantemente com os que estão seguros de estarem certos. A diferença é básica; a questão da verdade no tempo de Lessing ainda era uma questão filosófica e religiosa, ao passo que nosso problema de estarmos certos surge no interior da ciência e é sempre decidido por um modo de pensamento orientado para a ciência. Ao dizê-lo, deixo de lado a questão de se essa alteração nas formas de pensamento mostrou-se benéfica ou perniciosa para nós. O fato simples é que mesmo os homens inteiramente incapazes de avaliar os aspectos especificamente científicos de um argumento são tão fascinados pela certeza científica como os homens do século XVIII o eram pela questão da verdade. E de modo bastante estranho, os homens modernos não se desviam de seu fascínio pela atitude dos cientistas, que, na medida em que procedem realmente de modo científico, sabem muitíssimo bem que suas "verdades" nunca são conclusivas e estão continuamente sofrendo revisões radicais pela pesquisa existente.

Apesar da diferença entre as noções de possuir a verdade e estar certo, estes dois pontos de vista têm algo em comum: os que assumem um ou outro geralmente não estão preparados, em caso de conflito, para sacrificar seu ponto de vista à humanidade ou à amizade. Realmente acreditam que, se o fizessem, estariam violando um dever superior, o dever da "objetividade"; de modo que, mesmo que ocasionalmente realizem tal sacrifício, não se sentem agir por consciência e, pelo contrário, até se envergonham de sua humanidade e muitas vezes se sentem nitidamente culpados por isso. Em termos da época em que vivemos, e em termos das muitas opiniões dogmáticas que dominam nosso pensamento, podemos traduzir o conflito de Lessing num conflito mais próximo à nossa experiência, mostrando sua aplicação aos doze anos e à ideologia dominante do Terceiro Reich. Por ora, deixemos de lado o fato de que a doutrina racial nazista é de princípio indemonstrável, pois contradiz a "natureza" do homem. (De passagem, vale notar que essas teorias "científicas" não foram invenção dos nazistas, nem mesmo invenção especificamente alemã.) Mas suponhamos por ora que as teorias raciais tenham sido provadas de forma convincente. Pois não se pode negar que as conclusões políticas práticas que os nazistas extraíram dessas teorias eram perfeitamente lógicas. Suponhamos que uma raça realmente se mostrasse inferior, por evidências científicas indubitáveis; esse fato justificaria seu extermínio? Mas a resposta a essa pergunta ainda é muito fácil, pois podemos invocar o "Não matarás" que efetivamente tornou-se o mandamento fundamental a governar o pensamento legal e moral do Ocidente desde a vitória do cristianismo sobre a antiguidade. Mas em termos de um pensamento não governado por restrições legais, morais ou religiosas — e o pensamento de Lessing era tão desimpedido, tão "vivo e mutável" quanto aquele —, a pergunta teria de ser colocada assim: *Tal doutrina, mesmo que convincentemente demonstrada, valerá o sacrifício de uma única amizade que seja entre dois homens?*

Assim retornamos ao meu ponto de partida, à espantosa falta de "objetividade" no polemismo de Lessing, à sua parcialidade sempre atenta, que nada tem a ver com a subjetividade, pois vem sempre montada não em termos do eu, mas em termos da relação dos homens com seu mundo, em termos de suas posições e opiniões. Lessing não teria sentido nenhuma dificuldade em responder à pergunta que acabei de formular. Nenhuma avaliação da natureza do islamismo, do judaísmo ou do cristianismo tê-lo-ia impedido de travar uma amizade e um discurso de amizade com um muçulmano convicto, um judeu piedoso ou um cristão crente. Qualquer doutrina que, de princípio, barrasse a possibilidade de amizade entre dois seres humanos seria rejeitada por sua consciência livre e certeira. Teria imediatamente tomado o lado humano e não ligaria para a discussão culta ou inculta em cada uma das partes. Esta era a humanidade de Lessing.

Essa humanidade surgiu num mundo politicamente escravizado cujos fundamentos, além do mais, já estavam abalados. Lessing também já vivia em "tempos sombrios" e, à sua maneira, foi destruído por essa obscuridade. Vimos a forte necessidade que sentem os homens, em tais épocas, de se aproximarem entre si, de buscarem no calor da intimidade o substituto para aquela luz e iluminação que só podem ser oferecidas pelo âmbito público. Mas isso significa que evitam disputas e tentam ao máximo tratar apenas com pessoas com quem não entrarão em conflito. Para um homem com a disposição de Lessing, pouco espaço havia numa tal época e num tal mundo confinado; onde as pessoas se aproximavam para se aquecerem mutuamente, afastavam-se dele. E no entanto ele, polêmico a ponto de brigar, não podia suportar a solidão mais do que a excessiva proximidade de uma fraternidade que anulava todas as diferenças. Nunca realmente ansiou por brigar com alguém com que estivesse discutindo; estava apenas interessado em humanizar o mundo com o discurso incessante e contínuo sobre seus assuntos e as coisas que nele se encontravam. Queria ser o amigo de muitos homens, mas não o irmão de nenhum homem.

Ele não conseguiu atingir essa amizade no mundo com as pessoas em discussões e discursos, e na verdade, sob as condições que então predominavam nas terras de língua alemã, dificilmente teria conseguido. A simpatia por um homem que "valia mais que todos os seus talentos" e cuja grandeza "residia em sua individualidade" (Friedrich Schlegel) realmente nunca poderia se desenvolver na Alemanha, pois essa simpatia teria de brotar da política no sentido mais profundo da palavra. Como Lessing era uma pessoa totalmente política, insistia que a verdade só pode existir onde é humanizada pelo discurso, onde cada homem diz, não o que acaba de lhe ocorrer naquele momento, mas o que "acha que é verdade". No entanto, essa frase é praticamente impossível na solidão; ela pertence a uma área onde existem muitas vozes e onde a enunciação daquilo que cada um "acha que é verdade" tanto une como separa os homens, de fato estabelecendo aquelas distâncias entre os homens que, juntas, compreendem o mundo. Toda verdade fora dessa área, não importa se para o bem ou o mal dos homens, é inumana no sentido literal da palavra; mas não porque possa levantar os homens uns contra os outros e separá-los. Muito pelo contrário, é porque teria o efeito de subitamente unir todos os homens numa única opinião, de modo que de muitas opiniões surgiria uma única, como se houvesse a habitar a Terra não homens em sua infinita pluralidade, mas o homem no singular, uma espécie com seus exemplares. Se isso ocorresse, o mundo, que só pode se formar nos espaços intermediários entre os homens em toda a sua diversidade, desapareceria totalmente. Por isso, a coisa mais profunda que já se disse acerca da relação entre a verdade e a humanidade pode se encontrar numa frase de Lessing, que parece extrair de todas as suas obras as palavras últimas de sabedoria. A frase é:

JEDER SAGE, WAS IHM WAHRHEIT DÜNKT,
UND DIE WAHRHEIT SEBST SEI GOTT EMPFOHLEN!

[Que cada um diga o que acha que é verdade,
e que a própria verdade seja confiada a Deus!].

ROSA LUXEMBURGO: 1871-1919

I

A biografia definitiva, ao estilo inglês, conta-se entre os gêneros mais admiráveis da historiografia. Extensa, meticulosamente documentada, densamente anotada e generosamente entremeada de citações, geralmente aparece em dois grandes volumes e conta mais, e mais vividamente, sobre o período histórico em questão do que todos os livros de história mais importantes. Pois, ao contrário de outras biografias, a história não é aí tratada como o inevitável pano de fundo do tempo de vida de uma pessoa famosa; é antes como se a luz incolor do tempo histórico fosse atravessada e refratada pelo prisma de um grande caráter, de modo que no espectro resultante obtém-se uma unidade completa da vida e do mundo. Talvez por isso tenha se tornado o gênero clássico para as vidas de grandes estadistas, mas permaneceu impróprio para aqueles cujo principal interesse reside na história de vida, ou para as vidas de artistas, escritores e, de modo geral, homens ou mulheres cujo gênio os obrigou a manter o mundo a uma certa distância, e cuja significação reside principalmente em suas obras, artefatos que acrescentaram ao mundo, e não no papel que nele desempenharam.[1]

---

[1] Uma outra limitação se tornou ainda mais óbvia nos últimos anos quando Hitler e Stálin, devido à sua importância na história contemporânea, foram honrados imerecidamente com biografias definitivas. Não importa quão escrupulosamente Alan Bullock, em seu livro sobre Hitler, e Isaac Deutscher, em sua biografia de Stálin, tenham seguido os detalhes técnicos exigidos pelo gênero, ver a história sob a luz de teses impessoais apenas resulta na promoção falsa à respeitabilidade e em uma distorção ainda mais sutil dos eventos. Quando queremos ver os eventos e as pessoas em sua proporção correta, temos ainda de ir

Foi um golpe de gênio da parte de J. P. Nettl escolher a vida de Rosa Luxemburgo,[2] a candidata mais improvável, como tema adequado a um gênero que aparece apropriado apenas às vidas de grandes estadistas e outras pessoas do mundo. Ela certamente não era dessa espécie. Mesmo em seu mundo pessoal do movimento socialista europeu, era uma figura antes marginal, com momentos relativamente breves de esplendor e grande brilho, cuja influência por gestos e palavras escritas dificilmente pode se comparar à dos seus contemporâneos — a Plekhanov, Trotski e Lênin, a Bebel e Kautsky, a Jaurès e Millerand. Se o êxito no mundo é um pré-requisito para o êxito no gênero historiográfico, como o sr. Nettl poderia ter êxito com essa mulher que, muito jovem, a partir de sua Polônia natal foi lançada ao Partido Socialdemocrata Alemão; que continuou a desempenhar um papel central na história negligenciada e pouco conhecida do socialismo polonês; que, a seguir e por duas décadas, ainda que nunca oficialmente reconhecida, tornou-se a figura mais controversa e menos compreendida do movimento da esquerda alemã? Pois foi precisamente o êxito — êxito mesmo em seu próprio mundo de revolucionários — que foi negado a Rosa Luxemburgo em vida, na morte e após a morte. Será que o fracasso de todos os seus esforços, no que se refere ao reconhecimento oficial, está de algum modo ligado ao fracasso da revolução no século XX? A história parecerá diferente vista pelo prisma de sua vida e obra?

Seja como for, não conheço nenhum livro que lance mais luz sobre o período crucial do socialismo europeu desde as últimas décadas do século XIX até o dia fatídico de janeiro de 1919, quando Rosa Luxemburgo e Karl Liebknecht, os dois líderes da Spartakusbund, o precursor do Partido Comunista Alemão, fo-

---

às biografias muito menos documentadas e factualmente incompletas de Hitler e Stálin, escritas respectivamente por Konrad Heiden e Boris Souvarine.

[2] *Rosa Luxemburg*, 2 vols., Oxford University Press, 1966.

ram assassinados em Berlim — sob as vistas e provavelmente com a conivência do regime socialista então no poder. Os assassinos eram membros do ultranacionalista e oficialmente ilegal Freikorps, uma organização paramilitar de onde as tropas de assalto de Hitler logo recrutariam seus matadores mais promissores. O fato de o governo na época estar praticamente nas mãos do Freikorps, pois gozava "do pleno apoio de Noske", o especialista dos socialistas em defesa nacional, então encarregado dos assuntos militares, só foi confirmado recentemente pelo capitão Pabst, o último sobrevivente dos participantes no assassinato. O governo de Bonn — neste, como em outros assuntos, apenas ávido demais em reviver os traços mais sinistros da República de Weimar — fez saber que foi graças ao Freikorps que Moscou não conseguiu incorporar toda a Alemanha num império vermelho após a Primeira Guerra Mundial e que o assassinato de Liebknecht e Luxemburgo foi inteiramente legal, "uma execução de acordo com a lei marcial".[3] Isso ultrapassa consideravelmente o que a própria República de Weimar jamais pretendeu, pois nunca admitira publicamente que o Freikorps era de fato um braço armado do governo e "punira" os assassinos atribuindo ao soldado Runge uma sentença de dois anos e duas semanas, por "*tentativa* de homicídio" (ele ferira Rosa Luxemburgo na cabeça, nos corredores do Hotel Eden), e quatro meses para o tenente Vogel (era o oficial de plantão quando ela recebeu um tiro na cabeça, dentro de um carro, e foi atirada ao canal Landwehr), por "não anunciar um cadáver e dispor ilegalmente dele". Durante o julgamento, foi apresentada como evidência uma fotografia que mostrava Runge e seus colegas comemorando o assassinato no dia seguinte no mesmo hotel, o que provocou grande divertimento no réu. "Acusado Runge, comporte-se convenientemente. Este não é um assunto para risos", disse o presidente do tribunal. Quarenta e cinco anos depois, durante o julgamento de

---

[3] Ver o *Bulletin des Presse- und informationsamtes der Bundesregierung*, de 8 de fevereiro de 1962, p. 224.

Auschwitz em Frankfurt, ocorreu uma cena semelhante, e foram pronunciadas as mesmas palavras.

Com o assassinato de Rosa Luxemburgo e Liebknecht, tornou-se irrevogável a divisão da esquerda européia entre os partidos comunista e socialista; "o abismo que os comunistas haviam descrito na teoria tornara-se [...] o abismo do túmulo". E como esse primeiro crime contara com o apoio e a cumplicidade do governo, deu início à dança da morte na Alemanha pós-guerra: os assassinos da extrema direita começaram liquidando líderes proeminentes da extrema esquerda — Hugo Haase e Gustav Landauer, Leo Jogiches e Eugene Leviné —, e rapidamente passaram para o centro e o centro-direita — para Walther Rathenau e Matthias Erzberger, ambos membros do governo na época do seu assassinato. A morte de Rosa Luxemburgo tornou-se o divisor de águas entre duas eras na Alemanha; e tornou-se o ponto sem retorno para a esquerda alemã. Todos os que haviam derivado para os comunistas, devido a um amargo desapontamento com o Partido Socialista, ficaram ainda mais desapontados com o rápido declínio moral e desintegração política do Partido Comunista, e no entanto sentiam que o retorno às fileiras dos socialistas significaria a aprovação do assassinato de Rosa. Essas reações pessoais, que raramente são admitidas em público, constituem as pequenas peças do mosaico que obtêm seu lugar no imenso quebra-cabeça da história. No caso de Rosa Luxemburgo, fazem parte da lenda que logo rodeou seu nome. As lendas possuem uma verdade própria, mas o sr. Nettl está inteiramente certo em não dar praticamente nenhuma atenção ao mito Rosa. Sua tarefa, bastante difícil, era a de recuperá-la para a vida histórica.

Logo após sua morte, quando toda a esquerda já havia decidido que ela sempre estivera "equivocada" ("um caso realmente perdido", como George Lichtheim, o último nessa longa lista, afirmou em *Encounter*), ocorreu uma curiosa alteração em sua reputação. Foram publicados dois pequenos volumes com suas cartas, e estas, inteiramente pessoais e com uma beleza simples, comovedoramente humana e muitas vezes poética, foram suficientes para destruir a imagem propagandística da sanguinária

"Rosa Vermelha", pelo menos em todos os círculos que não eram os mais obstinadamente anti-semitas e reacionários. Entretanto, o que então cresceu foi uma outra lenda — a imagem sentimentalizada da observadora de pássaros e amante de flores, uma mulher de quem os carcereiros se despediam com lágrimas nos olhos, ao deixar a prisão como se não pudessem continuar a existir sem se entreterem com essa estranha prisioneira que insistira em tratá-los como seres humanos. Nettl não menciona esse episódio, a mim transmitido em confiança quando criança e posteriormente confirmado por Kurt Rosenfeld, seu amigo e advogado, que afirmava ter testemunhado a cena. Provavelmente é verdade, e seus traços ligeiramente embaraçosos são de certa forma compensados pela sobrevivência de um outro episódio, este mencionado por Nettl. Em 1907, ela e sua amiga Clara Zetkin (mais tarde, a "grande decana" do comunismo alemão) saíram para um passeio, perderam a hora e chegaram atrasadas a um encontro marcado com August Bebel, que temia que se tivessem perdido. Rosa então propôs seu epitáfio: "Aqui jazem os dois últimos homens da Socialdemocracia Alemã". Sete anos depois, em fevereiro de 1914, ela teve a oportunidade de provar a verdade dessa brincadeira mordaz num magnífico discurso aos juízes do Tribunal Criminal, que a indiciara por "incitar" as massas à desobediência civil em caso de guerra. (Aliás, nada mau que a mulher que "sempre estava errada" enfrentasse um julgamento sob essa acusação, cinco meses antes da eclosão da Primeira Guerra Mundial, coisa que pouca gente "séria" julgaria possível). Com bom senso, o sr. Nettl reproduziu o discurso em sua íntegra; sua "virilidade" não tem paralelo na história do socialismo alemão.

Passaram-se mais alguns anos e mais algumas catástrofes até que a lenda se convertesse num símbolo nostálgico dos bons velhos tempos do movimento, quando as esperanças eram verdes, a revolução rondava a esquina e, mais importante, a fé nas capacidades das massas e na integridade moral da liderança socialista ou comunista ainda estava intacta. É representativo não só da pessoa de Rosa Luxemburgo, mas também das qualidades dessa geração mais antiga da esquerda, o fato de que a lenda — vaga, confusa, imprecisa em quase todos os detalhes — se difundisse por todo o mundo e ressuscitasse com o surgimento de cada "nova esquerda". Mas, ao lado dessa imagem glamorizada, sobreviveram também os velhos clichês da "mulher briguenta", uma "romântica" que não era nem "realista" nem científica (é verdade que sempre estava fora de passo), e cujas obras, principalmente seu grande livro sobre o imperialismo, (*A acumulação do capital*, 1913), só receberam indiferença. Cada movimento da nova esquerda, ao chegar seu momento de se transformar na velha esquerda — geralmente quando seus membros alcançavam os quarenta anos de idade —, prontamente enterrava seu antigo entusiasmo por Rosa Luxemburgo junto com os sonhos de juventude; e como geralmente não tinham se dado ao trabalho de ler, quanto mais de entender, o que ela dissera, achavam mais fácil dispensá-la com todo o filisteísmo condescendente de seu *status* recém-adquirido. O "luxemburguismo", inventado postumamente pelos mercenários do Partido por razões polêmicas, nunca sequer alcançou a honra de ser denunciado como "traição"; era tratado como uma doença infantil inofensiva. Do que Rosa Luxemburgo falou ou escreveu nada sobreviveu, exceto sua crítica surpreendentemente acurada à política bolchevique durante os estágios iniciais da Revolução Russa, e isso apenas porque aqueles para quem um "deus falhara" podiam utilizá-la como uma arma conveniente, ainda que totalmente inadequada, contra Stálin. ("Há algo de indecente no uso do nome e dos escritos de Rosa como um míssil de guerra fria", observou o resenhista do livro de Nettl em *Times Literary Supplement*.) Seus novos admiradores tinham tanta coisa em comum com ela quanto seus detratores. Seu senso altamente desenvolvido quanto às diferenças teóricas e seu julgamento infalível sobre as pessoas, seus gostos e desgostos pessoais, impediriam-na de reunir Lênin e Stálin indiscriminadamente sob quaisquer circunstâncias, à parte o fato de nunca ter sido uma "crente", nunca ter usado a política como substituta da religião e ter tido o cuidado, como nota o sr. Nettl, de não atacar a religião quando se opunha à Igreja. Em suma, embora "a revolução fosse para ela tão próxima e real como para Lênin", não a colocava como um artigo de fé, como tampouco o marxismo. Lênin foi basicamente um homem de ação e entraria na política de qualquer forma, mas ela, que segundo sua auto-avaliação meio a sério, meio a brincadeira nascera "para cuidar dos gansos", poderia igualmente ter se enterrado na botânica e zoologia, ou em história e economia, ou em matemática, se as circunstâncias do mundo não tivessem ferido seu senso de justiça e liberdade.

Isso, evidentemente, significa admitir que ela não era uma marxista ortodoxa, e de fato tão pouco ortodoxa que até se pode perguntar se, afinal, era marxista. Nettl afirma corretamente que, para ela, Marx não era senão "o melhor intérprete da realidade entre todos eles" e revela sua falta de compromisso pessoal o fato de poder escrever: "Tenho agora horror ao tão elogiado primeiro volume do *Capital* de Marx, devido aos seus elaborados ornamentos rococós *à la* Hegel".[4] Segundo seu ponto de vista, o mais importante era a realidade, em todos os seus aspectos medonhos e maravilhosos, mais ainda do que a própria revolução. Sua não-ortodoxia era inocente e não polêmica: "recomendava aos seus amigos que lessem Marx pela 'ousadia de seus pensamentos, a recusa em assumir qualquer coisa como assentada', mais do que pelo valor de suas conclusões. Os erros dele [...] eram auto-evidentes [...]; foi por isso que ela nunca se deu ao trabalho de se empenhar numa longa crítica". Tudo isso fica mais evidente em *A acumulação do capital*, que Franz Mehring foi o único suficientemente despreconceituoso para considerar como uma "realização verdadeiramente magnífica e fascinante, sem igual desde a morte de Marx".[5] A tese central dessa "curiosa obra de gênio" é bastante simples. Como o capitalismo ainda não manifestava quaisquer sinais de colapso "sob o peso de suas contradições econômicas", ela começou a buscar uma causa externa para explicar a continuidade de sua existência e crescimen-

[4] Em uma carta a Hans Diefenbach, 8 de março de 1917, in *Briefe an Freunde*, Zurique, 1950.
[5] Ibid., p. 84.

to. Encontrou-a na chamada teoria do terceiro homem, isto é, no fato de que o processo de crescimento não era simplesmente a conseqüência de leis inatas que regulavam a produção capitalista, mas da existência persistente de setores pré-capitalistas no campo, capturadas e trazidas pelo "capitalismo" para dentro de sua esfera de influência. Uma vez que esse processo se estendera por todo o território nacional, os capitalistas eram obrigados a buscar outras partes do mundo, as regiões pré-capitalistas, para atraí-las para o processo de acumulação do capital, que, por assim dizer, se alimentava de tudo que encontrava fora de si. Em outras palavras, a "acumulação original do capital" de Marx não era, como o pecado original, um acontecimento isolado, uma proeza única de expropriação realizada pela burguesia nascente, desencadeando um processo de acumulação que então seguiria "com férrea necessidade" sua própria lei intrínseca, até o colapso final. Pelo contrário, a expropriação tinha de se repetir reiteradamente para manter o sistema em movimento. Portanto, o capitalismo não era um sistema fechado que gerava suas próprias contradições e trazia "em seu bojo a revolução"; alimentava-se de fatores externos e seu colapso *automático* só poderia ocorrer, se é que chegaria a isso, quando toda a superfície da Terra fosse conquistada e devorada.

Lênin rapidamente notou que essa análise, quaisquer que fossem seus méritos ou defeitos, era essencialmente não marxista. Contradizia os próprios fundamentos da dialética marxiana e hegeliana, que sustentava que toda a tese deve criar sua própria antítese — a sociedade burguesa cria o proletariado —, de modo que o movimento de todo o processo se mantém ligado ao fator inicial que o desencadeou. Lênin observou que, do ponto de vista da dialética materialista, "sua tese de que a reprodução ampliada do capital era impossível dentro de uma economia fechada e precisava devorar as economias para inclusive funcionar [...] era um erro fundamental". O único problema é que aquilo que constituía um erro na teoria marxiana abstrata correspondia a uma análise eminentemente fiel das coisas tal como realmente eram. Sua cuidadosa "análise da tortura dos negros na África do

Sul" também era nitidamente "não marxista", mas quem hoje negaria sua pertinência num livro sobre o imperialismo?

II

Historicamente, a maior e mais original realização de Nettl é a descoberta do "grupo de iguais" judaico-polonês e a ligação íntima, permanente e cuidadosamente oculta de Rosa Luxemburgo com o partido polonês que dele surgiu. Com efeito, essa é uma fonte altamente significativa e totalmente negligenciada não das revoluções, mas do espírito revolucionário no século XX. Esse meio, que mesmo nos anos 1920 perdera qualquer relevância pública, agora desapareceu por completo. Seu núcleo consistia em judeus assimilados oriundos de famílias de classe média com formação cultural alemã (Rosa Luxemburgo conhecia Goethe e Morike de cor, e seu gosto literário era impecável, muito superior ao dos seus amigos alemães), formação política russa e padrões morais na vida pública e privada exclusivamente seus. Esses judeus, minoria extremamente reduzida no Oriente, e percentagem ainda menor de judeus assimilados no Ocidente, permaneciam fora de todos os escalões sociais, judaicos ou não judaicos, não possuindo portanto nenhum tipo de preconceito convencional, e desenvolveram, nesse isolamento realmente esplêndido, seu próprio código de honra — que a seguir atraiu uma série de não judeus, entre os quais Julian Marchlewski e Feliks Dzerjinski, que posteriormente se uniram aos bolcheviques. Foi precisamente devido a esses antecedentes únicos que Lênin indicou Dzerjinski como primeiro responsável pela Tcheka, pessoa que, segundo esperava, nenhum poder poderia corromper; não pedira para ficar encarregado do departamento de Educação e Assistência à Infância?

Nettl acentua com razão as excelentes relações de Rosa Luxemburgo com sua família, pais, irmãos, irmã e sobrinha, dos quais nenhum jamais mostrou a mínima inclinação pelas idéias socialistas ou atividades revolucionárias, mas que fizeram tudo o que puderam por ela, quando teve de se esconder da polícia ou esteve na prisão. O ponto é digno de nota, pois nos dá um relance desse antecedente familiar judaico único, sem o qual o surgimento do código ético do grupo de iguais se tornaria praticamente incompreensível. O secreto denominador comum entre aqueles que sempre se trataram como iguais — e dificilmente a outros — era a experiência essencialmente simples de um mundo de infância cujos pressupostos eram o respeito mútuo e a confiança incondicional, uma humanidade universal e um desprezo autêntico e quase ingênuo por todas as distinções sociais e éticas. O que os membros do grupo de iguais tinham em comum só se pode chamar de gosto moral, tão diferente dos "princípios morais"; deviam a autenticidade de sua moralidade ao fato de terem crescido num mundo que não estava desarticulado. Isso lhes proporcionou sua "rara autoconfiança", tão perturbadora para o mundo a que então chegaram e tão amargamente ressentida como arrogância e presunção. Foi esse meio, e jamais o Partido Alemão, que sempre se manteve como o lar de Rosa Luxemburgo. O lar era, até certo ponto, móvel e, visto ser predominantemente judaico, não coincidia com nenhuma "pátria".

Evidentemente, é muito sugestivo que o SDPKiL (Socialdemocracia do Reino da Polônia e Lituânia, antes chamado SDPK, Socialdemocracia do Reino da Polônia), o partido desse grupo predominantemente judaico, tenha se originado a partir de uma cisão do Partido Socialista Polonês, o PPS, devido à posição deste último a favor da independência polonesa (Pilsudski, o ditador fascista da Polônia após a Primeira Guerra Mundial, foi seu produto mais famoso e bem-sucedido), e que, após a cisão, os membros do grupo se tornaram defensores ardorosos de um internacionalismo muitas vezes doutrinário. E ainda mais sugestivo que a questão nacional seja o único tema onde se pode acusar Rosa Luxemburgo de auto-ilusão e pouca disposição de encarar a realidade. É inegável que isso tem alguma relação com seu judaísmo, embora seja, é claro, "lamentavelmente absurdo" descobrir em seu antinacionalismo "uma qualidade particularmente judaica". O sr. Nettl, embora não oculte nada, é antes cuidadoso em evitar a "questão judaica" e, em vista do nível geralmente baixo dos debates sobre esse tema, só se pode louvar sua decisão. Infelizmente, sua compreensível aversão ao assunto tornou-o cego aos poucos fatos relevantes nesse terreno, o que é muito lamentável pois esses fatos, ainda que de natureza simples e elementar, também escaparam à mente de Rosa Luxemburgo, tão alerta e sensível em outros aspectos.

O primeiro deles corresponde àquilo que apenas Nietzsche, ao que sei, foi o único a indicar, a saber, que a posição e as funções do povo judaico na Europa destinaram-nos a se converter nos "bons europeus" *par excellence*. As classes médias judaicas de Paris e Londres, Berlim e Viena, Varsóvia e Moscou, não eram de fato nem cosmopolitas nem internacionais, embora os intelectuais entre eles assim se julgassem. Eram europeus, coisa que não se poderia dizer a respeito de nenhum outro grupo. E não era uma questão de convicção; era um fato objetivo. Em outras palavras, enquanto a auto-ilusão dos judeus assimilados geralmente consistia na crença errônea de que eram tão alemães como os alemães, tão franceses como os franceses, a auto-ilusão dos judeus intelectuais consistia em pensar que não tinham "pátria", pois sua pátria de fato era a Europa. Há, em segundo lugar, o fato de que pelo menos a *intelligentsia* da Europa oriental era poliglota — a própria Rosa Luxemburgo falava fluentemente polonês, russo, alemão e francês, e conhecia muito bem inglês e italiano. Nunca entenderam absolutamente a importância das barreiras lingüísticas e por que o lema "A pátria da classe operária é o movimento socialista" seria tão desastrosamente equivocado exatamente para as classes trabalhadoras. Realmente é um tanto inquietante que a própria Rosa Luxemburgo, com seu agudo senso de realidade e rigorosa evitação de clichês, não tivesse *ouvido* o que, no lema, soava errado de princípio. Uma pátria, afinal, é acima de tudo uma "terra"; uma organização não é um país, nem sequer metaforicamente. Há na verdade uma implacável justiça na transformação posterior para o tema "A pátria da classe operária é a Rússia Soviética" — a Rússia pelo menos era uma "terra" —, que pôs fim ao internacionalismo utópico dessa geração.

Poderiam se acrescentar outros fatos semelhantes, e ainda assim seria difícil afirmar que Rosa Luxemburgo estava inteiramente equivocada a respeito da questão nacional. Afinal, o que contribuiu mais para o declínio catastrófico da Europa, além do insano nacionalismo que acompanhou o declínio do Estado-nação na era do imperialismo? Aqueles que Nietzsche chamou de "bons europeus" — uma minúscula minoria, mesmo entre os judeus — podiam ter sido os únicos a pressentir as conseqüências desastrosas que se seguiram, ainda que fossem incapazes de avaliar corretamente a imensa força do sentimento nacionalista num corpo político decadente.

III

Intimamente ligada à descoberta do "grupo de iguais" polonês e sua importância permanente para a vida pública e privada de Rosa Luxemburgo é a revelação, pelo sr. Nettl, de fontes até então inacessíveis, que lhe permitiram reunir os fatos de sua vida — "o assunto delicado do amor e do viver". Agora fica claro que não sabíamos praticamente nada de sua vida privada, pela simples razão de que ela se protegera tão cuidadosamente da notoriedade. Não é uma mera questão de fontes. Foi realmente uma sorte que o novo material tenha caído nas mãos do sr. Nettl, e ele tem todo o direito de menosprezar seus poucos predecessores, tolhidos menos por falta de acesso aos fatos do que por sua incapacidade de se moverem, pensarem e sentirem ao mesmo nível do seu objeto de estudo. É espantosa a desenvoltura com que Nettl aborda seu material biográfico. Seu tratamento é mais que perceptivo. É o primeiro retrato plausível dessa mulher extraordinária, traçado *con amore*, com tato e grande delicadeza. É como se ela tivesse encontrado seu último admirador, e por isso a pessoa se sente disposta a discutir alguns dos seus juízos.

Ele certamente erra ao enfatizar sua ambição e senso carreirista. Julga ele que seu violento desprezo pelos carreiristas e ávidos de *status* no Partido Alemão — o prazer que sentiriam ao ser admitidos no Reichstag — é mera hipocrisia? Acredita ele que uma pessoa realmente "ambiciosa" se teria permitido ser tão generosa como ela foi? (Uma vez, num congresso internacional, Jaurès encerrou um eloqüente discurso onde "ridicularizava as paixões mal orientadas de Rosa Luxemburgo, [mas] de repente não houve ninguém que o traduzisse. Rosa levantou-se num salto e reproduziu a comovente oratória: do francês para um alemão igualmente expressivo".) E como ele pode reconciliar esse episódio, a não ser supondo desonestidade ou auto-engano, com a expressiva frase numa de suas cartas a Jogiches: "Tenho uma maldita ânsia de felicidade e estou pronta para regatear minha porção diária de felicidade com toda a obstinação de uma mula". O que ele erroneamente toma por ambição é a força natural de um temperamento capaz, em suas próprias palavras divertidas, de "incendiar uma pradaria", que a impeliu quase que a contragosto para os assuntos públicos e até dominou a maior parte dos seus empreendimentos puramente intelectuais. Embora ele ressalte reiteradamente os elevados padrões morais do "grupo de iguais", parece ainda não entender que coisas como ambição, carreira, *status* e mesmo o simples êxito encontravam-se sob o mais rigoroso tabu.

Há um outro aspecto de sua personalidade que Nettl destaca, mas cujas implicações parece não compreender: que ela era tão "autoconscientemente uma mulher". Isso em si colocou certas limitações ao que, de outra forma, poderiam ter sido suas ambições — pois Nettl não lhe atribui mais do que seria natural para um homem com seus talentos e oportunidades. Sua aversão pelo movimento de emancipação feminina, pelo qual todas as outras mulheres de sua geração e convicções políticas foram irresistivelmente atraídas, era significativa; frente à igualdade das sufragistas, poderia ser tentada a replicar: *Vive la petite différence*. Ela era uma forasteira, não só por ser e permanecer uma judia polonesa num país que lhe desagradava e um partido que logo viria a desprezar, mas também por ser mulher. É claro que o sr. Nettl deve ser perdoado por seus preconceitos masculinos; não teriam muita importância se não o tivessem impedido de entender plenamente o papel que Leo Jogiches, seu marido para todos os fins práticos e seu primeiro, talvez único, amante, desempenhou em sua vida. Sua briga fatalmente séria, provocada pelo breve caso de Jogiches com outra mulher e interminavelmente complicada pela reação furiosa de Rosa, foi típica de sua época e ambiente, como também o foram os resultados — os ciúmes dele e a recusa dela, durante anos, de perdoá-lo. Essa geração ainda acreditava firmemente que o amor ocorre apenas uma vez, e sua despreocupação em relação a papéis de casamento não deve ser erroneamente considerada como alguma crença no amor livre. As evidências do sr. Nettl mostram que ela teve amigos e admiradores, e que os apreciava, mas isso dificilmente indica que tivesse havido um outro homem em sua vida. Parece-me completamente tolo acreditar no mexerico do Partido sobre planos de casamento com "Hänschen" Diefenbach, a quem sempre chamou de "senhor" (*Sie*) e nunca sonhou em tratá-lo como igual. Nettl chama a história de Leo Jogiches e Rosa Luxemburgo de "uma das grandes e trágicas histórias de amor do socialismo", e não é preciso discordar desse veredicto se se entender que não foi um "ciúme cego e autodestrutivo" que provocou a tragédia final em suas relações, mas sim a guerra e os anos na prisão, a revolução alemã condenada e o final sangrento.

Leo Jogiches, cujo nome Nettl também resgatou do esquecimento, era uma figura muito notável e, no entanto, típica entre os revolucionários profissionais. Para Rosa Luxemburgo, era definitivamente *masculini generis*, o que tinha uma considerável importância para ela: preferia Graf Westarp (o líder do Partido Conservador Alemão) a todos os luminares socialistas alemães "porque", como dizia, "é um *homem*". Havia poucas pessoas que ela respeitava, e Jogiches encabeçava uma lista onde, com certeza, só se poderiam inscrever os nomes de Lênin e Franz Mehring. Ele era decididamente um homem de ação e paixão, sabia como agir e sofrer. É tentador compará-lo a Lênin, a quem lembra um pouco, exceto em sua paixão pela anonimidade e por mexer seus pauzinhos por trás dos bastidores, além de seu amor à conspiração e ao perigo, coisa que deve ter lhe dado um encanto erótico adicional. Era realmente um Lênin *manqué*, mesmo em sua inabilidade para escrever, no caso "total" (como Rosa observou num retrato vivo e realmente muito amoroso em uma de suas cartas), e sua mediocridade como orador público. Ambos os homens tinham um grande talento de organização e liderança, mas nada mais, de forma que se sentiam impotentes e supérfluos quando não havia nada a fazer e eram deixados a si mesmos. Isso é menos perceptível no caso de Lênin, pois nunca ficou totalmente isolado, mas Jogiches desde cedo havia brigado com o Partido Russo devido a uma discussão com Plekhanov — o papa da emigração russa na Suíça, durante os anos 1890 —, que considerava o jovem judeu autoconfiante, recém-chegado da Polônia, como "uma versão em miniatura de Netchaiev". O resultado foi que ele, segundo Rosa Luxemburgo, "completamente desenraizado, vegetou" por muitos anos, até que a revolução de 1905 lhe ofereceu sua primeira oportunidade: "subitamente ele não só alcançou a posição de líder do movimento polonês, como também do russo". (A SDKPiL obteve proeminência durante a revolução e tornou-se mais importante nos anos seguintes. Jogiches, embora pessoalmente não "escrevesse uma única linha", manteve-se, "não obstante, a verdadeira alma" de suas publicações.) Teve seu último e breve momento importante quando, "completamente desconhecido na SPD, organizou uma oposição clandestina no exército alemão durante a Primeira Guerra Mundial. "Sem ele, não teria existido a Spartakusbund, que, ao contrário de qualquer outro grupo de esquerda organizado na Alemanha, por um curto período tornou-se uma espécie de "grupo ideal de iguais". (Evidentemente, isso não quer dizer que Jogiches fez a revolução alemã; como todas as revoluções, não foi feita por ninguém. A Spartakusbund também estava "mais seguindo do que fazendo acontecimentos", e o parecer oficial de que o "levante de Spartakus" em janeiro de 1918 foi provocado ou inspirado por seus líderes — Rosa Luxemburgo, Liebknecht, Jogiches — é um mito.)

Nunca saberemos quanto as idéias políticas de Rosa Luxemburgo derivaram das de Jogiches; nem sempre é fácil, num casamento, separar as idéias dos cônjuges. Mas o fato de ter fracassado onde Lênin triunfou deve-se pelo menos tanto às circunstâncias — ele era judeu e polonês — como à sua menor estatura. De qualquer forma, Rosa Luxemburgo seria a última pessoa a levantar isso contra ele. Os membros do grupo de iguais não se julgavam segundo essas categorias. O próprio Jogiches teria concordado com Eugene Leviné, também um judeu-russo, embora mais jovem, que dizia: "Somos mortos em licença". Foi essa disposição que o afastou dos outros, pois nem a Lênin, a Trotski ou à própria Rosa Luxemburgo teria ocorrido um pensamento desses. Após a morte dela, Jogiches recusou-se a abandonar Berlim por razões de segurança: "Alguém tem de ficar para escrever todos os nossos epitáfios". Foi preso dois meses depois do assassinato de Liebknecht e Luxemburgo e baleado pelas costas no posto policial. Sabia-se quem era o assassino, mas "jamais se fez tentativa alguma de puni-lo"; ele matou outro homem da mesma maneira, e assim continuou sua "carreira com promoções na polícia prussiana". Tais eram os *mores* da República de Weimar.

Ao ler e recordar essas antigas histórias, adquire-se uma dolorosa consciência da diferença entre os camaradas alemães e os membros do grupo de iguais. Durante a revolução russa de 1905, Rosa Luxemburgo foi detida em Varsóvia e seus amigos coletaram o dinheiro para a fiança (provavelmente fornecido pelo Partido Alemão). O pagamento da fiança foi suplementado "com uma ameaça não oficial de represália; se acontecesse alguma coisa a Rosa, eles retaliariam com ações contra oficiais proeminentes". Jamais uma noção parecida de "ação" entraria na cabeça de seus amigos alemães, antes ou depois da onda de assassinatos políticos, quando se tornou notória a impunidade de tais feitos.

IV

Retrospectivamente mais incômodas do que seus alegados "erros", e certamente mais dolorosas para ela, são as poucas ocasiões cruciais em que Rosa Luxemburgo não esteve em descompasso, mas, pelo contrário, pareceu estar de acordo com os poderes oficiais no Partido Socialdemocrata Alemão. Esses foram seus verdadeiros equívocos, e não houve nenhum que, ao final, ela não reconhecesse e lamentasse amargamente.

O menos prejudicial deles se referia à questão nacional. Ela chegara à Alemanha em 1898, vinda de Zurique, onde fora aprovada em seu doutoramento "com uma dissertação de primeira qualidade sobre o desenvolvimento industrial da Polônia (segundo o professor Julius Wolf que, em sua autobiografia, ainda a recordava afetuosamente como "a mais capaz dos meus alunos"), que recebeu a incomum "distinção de publicação imediata" e ainda hoje é utilizada por estudantes de história da Polônia. Sua tese era a de que o crescimento econômico da Polônia dependia totalmente do mercado russo e que qualquer tentativa "de formar um Estado nacional ou lingüístico foi uma negação de qualquer desenvolvimento e progresso nos últimos cinqüenta anos". (O mal-estar crônico da Polônia entre as guerras mais que demonstrou que ela estava certa, do ponto de vista econômico.) Tornou-se então a especialista sobre a Polônia no Partido Alemão, sua propagandista entre a população polonesa nas províncias da Alemanha Oriental, e entrou numa incômoda aliança com gente que desejava "germanizar" os poloneses, e que "com satisfação lhe dariam de presente todos os poloneses, incluindo o socialismo polonês", como lhe disse um secretário da SPD. Seguramente, "o brilho da aprovação oficial era para Rosa um falso brilho".

Muito mais sério foi seu enganoso acordo com as autoridades do Partido na controvérsia revisionista, onde desempenhou um papel de liderança. Esse famoso debate fora iniciado por Eduard Bernstein[6] e entrou na história como a alternativa entre reforma ou revolução. Mas esse grito de batalha é enganador por duas razões: faz parecer que a SPD na virada do século ainda

---

[6] Seu livro mais importante agora está disponível em inglês com o título de *Evolutionary socialism* (Schoken Paperback), infelizmente sem comentários ou introdução.

estava comprometida com a revolução, o que não era o caso; e oculta a justeza objetiva de muitas coisas que Bernstein tinha a dizer. Na verdade, sua crítica às teorias econômicas de Marx estava, como dizia, em pleno "acordo com a realidade". Ele observou que o "enorme crescimento da riqueza social não [era] acompanhado por um número decrescente de grandes capitalistas, mas por um número crescente de capitalistas de todos os graus", que um "estreitamento crescente do círculo dos abastados e uma miséria crescente dos pobres" não se haviam materializado, que "o proletário moderno [era] realmente pobre, mas não miserável", e que o tema de Marx, "o proletário não tem pátria", não era verdadeiro. O voto universal lhe dera direitos políticos, os sindicatos um lugar na sociedade, e o novo desenvolvimento imperialista uma clara posição na política exterior da nação. Não há dúvidas de que a reação do Partido Alemão a essas verdades indesejáveis foi principalmente inspirada por uma relutância arraigada em reexaminar criticamente sua fundamentação teórica, mas essa relutância era muito aguçada pelos interesses que o Partido investira no *status quo*, agora ameaçados pela análise de Bernstein. O que estava em questão era o *status* da SPD como um "Estado dentro do Estado": o Partido de fato se convertera numa imensa burocracia bem organizada que se mantinha fora da sociedade e tinha todo o interesse nas coisas tal como estavam. O revisionismo *à la* Bernstein teria reconduzido o Partido para a sociedade alemã, e tal "integração" era sentida como tão perigosa para os interesses do Partido quanto uma revolução.

O sr. Nettl levanta uma interessante teoria acerca da "posição pária" da SPD na sociedade alemã e seu fracasso em participar do governo.[7] Parecia a seus membros que o Partido podia "fornecer em seu próprio interior uma alternativa superior ao capitalismo corrupto". De fato, ao preservar "intactas em todas

---

[7] Ver "The German Social Democratic Party, 1890-1914, as a political model", *Past and Present*, abril de 1965.

as frentes as defesas contra a sociedade", gerou esse sentimento espúrio de "conjunto" (como coloca Nettl), tratado com grande desprezo pelos socialistas franceses.[8] De qualquer forma, era óbvio que, quanto mais o Partido crescia em número de membros, tanto mais certamente seu *élan* radical era "organizado por razões de existência". Podia-se viver muito confortavelmente nesse "Estado dentro do Estado", evitando-se atritos com a sociedade em geral, desfrutando de sentimentos de superioridade moral sem quaisquer conseqüências. Não era sequer necessário pagar o preço de uma séria alienação, pois essa sociedade pária era de fato apenas uma imagem especular, um "reflexo em miniatura" da sociedade alemã em geral. Esse beco sem saída do movimento socialista alemão poderia ser corretamente analisado a partir de pontos de vista opostos — seja do ponto de vista do revisionismo de Bernstein, que reconhecia como fato consumado a emancipação das classes trabalhadoras no interior da sociedade capitalista e solicitava uma pausa para conversar sobre uma revolução em que ninguém pensava de forma alguma; seja do ponto de vista daqueles que não estavam simplesmente "alienados" da sociedade burguesa, mas efetivamente desejavam transformar o mundo.

Essa era a posição dos revolucionários do Leste que conduziram a ofensiva contra Bernstein — Plekhanov, Parvus e Rosa Luxemburgo —, com o apoio de Kautsky, o mais eminente teórico do Partido Alemão, embora este provavelmente se sentisse mais à vontade com Bernstein do que na companhia dos seus novos aliados estrangeiros. O que conseguiram foi uma vitória de Pirro; ela "simplesmente fortaleceu a alienação, afastando a

---

[8] A situação apresenta traços muito similares à posição do exército francês durante a crise Dreyfus na França, que Rosa Luxemburgo analisou brilhantemente em "Die Soziale Krise in Frankreich" (*Die Neue Zeit*, vol. 1, 1901). "A razão de o exército estar relutante em fazer um movimento era seu desejo de mostrar oposição ao poder civil da república, sem perder, ao mesmo tempo, a força que tal oposição lhe dava", através de um *coup d'état* sério para uma outra forma de governo.

realidade". Pois o problema real não era teórico nem econômico. O que estava em questão era a convicção de Bernstein, envergonhadamente escondida numa nota de rodapé, de que "a classe média — sem se excetuar a alemã — em seu conjunto ainda [era] muito vigorosa, não só econômica mas também *moralmente* [grifo meu]. Foi por essa razão que Plekhanov chamou-o de "filisteu" e Parvus e Rosa Luxemburgo julgaram a luta tão decisiva para o futuro do Partido. Pois a verdade é que Bernstein e Kautsky partilhavam em comum a aversão pela revolução; a "lei férrea da necessidade" era para Kautsky a melhor desculpa possível para não se fazer nada. Os hóspedes da Europa oriental eram os únicos que não só "acreditavam" simplesmente na revolução como uma necessidade teórica, mas desejavam fazer algo a respeito, precisamente porque consideravam a sociedade, tal como era, insustentável por razões *morais*, por razões de justiça. Bernstein e Rosa Luxemburgo, por outro lado, tinham em comum a honestidade (o que pode explicar a "ternura secreta" de Bernstein por ela), analisavam o que viam, eram leais à realidade e críticos de Marx; Bernstein tinha consciência disso e observa sagazmente em sua réplica aos ataques de Rosa Luxemburgo que ela também questionara "todas as predições marxistas sobre a evolução social vindoura, enquanto baseada na teoria das crises".

Os primeiros triunfos de Rosa Luxemburgo no Partido Alemão se fundavam num duplo mal-entendido. Na virada do século, a SPD constituía "a inveja e a admiração dos socialistas de todo o mundo". August Bebel, seu "grande patriarca" que, desde a fundação do Reich alemão com Bismarck até a eclosão da Primeira Guerra Mundial, "dominara [sua] política e espírito", sempre proclamara: "Sou e sempre serei o inimigo mortal da sociedade existente". Isso não soava como o espírito do grupo polonês de iguais? Não se poderia supor, a partir de um desafio tão orgulhoso, que o grande Partido Alemão fosse, de certa forma, uma versão ampliada do SDKiL? Foi preciso quase uma década para que Rosa Luxemburgo — até que voltasse da primeira Revolução Russa — descobrisse que o segredo desse desafio era um obstinado não envolvimento com o mundo em geral e uma preocupação exclusiva com o crescimento da organização do Partido. A partir dessa experiência, após 1910, ela desenvolveu seu programa de "atrito" constante com a sociedade, sem o qual, conforme então compreendeu, a própria fonte do espírito revolucionário estaria condenada a se exaurir. Ela não pretendia passar sua vida numa seita, por mais ampla que fosse; seu compromisso com a revolução era basicamente uma questão moral, e isso significava permanecer apaixonadamente engajada na vida pública, nos assuntos civis e nos destinos do mundo. Seu envolvimento com a política européia, afora os interesses imediatos do proletariado, e portanto totalmente além do horizonte de todos os marxistas, aparece da forma mais convincente em sua reiterada insistência sobre um "programa republicano" para os partidos russo e alemão.

Este era um dos pontos principais do seu famoso *Juniusbroschüre*, escrito na prisão durante a guerra e a seguir utilizado como a plataforma da Spartakusbund. Lênin, que desconhecia sua autoria, imediatamente declarou que proclamar "o programa de uma república [...] [significa] na prática proclamar a revolução — com um programa revolucionário *incorreto*". Ora, um ano depois, a Revolução Russa eclodiu sem qualquer programa, e sua primeira realização foi a abolição da Monarquia e a instituição da República, e o mesmo viria a acontecer na Alemanha e na Áustria. O que, evidentemente, nunca impediu que os camaradas russos, poloneses ou alemães discordassem violentamente dela nesse ponto. Foi na verdade a questão republicana, e não a questão nacional, o que a separou mais decisivamente de todos os outros. Aqui ela estava completamente isolada, tal como esteve isolada, ainda que de modo menos evidente, em sua ênfase sobre a absoluta necessidade de liberdade não só individual, mas pública, em todos as circunstâncias.

Um segundo mal-entendido está diretamente vinculado ao debate sobre o revisionismo. Rosa Luxemburgo tomou equivocadamente a relutância de Kautsky em aceitar as análises de Bernstein como um autêntico compromisso com a revolução.

Após a primeira Revolução Russa em 1905, para a qual voltara correndo a Varsóvia com documentos falsos, não poderia mais se iludir. Para ela, esses meses constituíram não só uma experiência crucial: foram também "os mais felizes de minha vida". Logo após seu retorno, tentou discutir os acontecimentos com seus amigos no Partido Alemão. Rapidamente percebeu que a palavra "revolução" "bastava apenas entrar em contato com uma situação revolucionária real para se fragmentar" em sílabas destituídas de sentido. Os socialistas alemães estavam convencidos de que essas coisas só podiam acontecer em terras bárbaras distantes. Este foi o primeiro choque, do qual ela nunca se recompôs. O segundo veio em 1914 e quase a levou ao suicídio.

Naturalmente, seu primeiro contato com uma revolução real ensinou-lhe mais e melhores coisas do que a desilusão e as refinadas artes do desdém e da desconfiança. Daí decorreu sua percepção sobre a natureza da ação política, que o sr. Nettl considera corretamente como sua mais importante contribuição para a teoria política. O ponto principal é que ela aprendera com os conselhos operários revolucionários (os posteriores sovietes) que "a boa organização não precede a ação, mas é seu produto", que "a organização da ação revolucionária pode e deve ser aprendida na própria revolução, assim como só se pode aprender a nadar na água", que as revoluções não são "feitas" por ninguém, mas irrompem "espontaneamente", e que "a pressão para a ação" sempre vem "de baixo". Uma revolução é "grande e forte enquanto os socialdemocratas [na época, ainda o único partido revolucionário] não a destroçam".

Entretanto, houve dois aspectos do prelúdio de 1905 que escaparam inteiramente a ela. Havia, afinal, o fato surpreendente de que a revolução eclodira, não só num país atrasado e não industrializado, mas num território onde não existia absolutamente nenhum movimento socialista forte com apoio das massas. E em segundo lugar havia o fato igualmente inegável de que a revolução fora o resultado da derrota russa na guerra russo-japonesa. Foram dois fatos que Lênin nunca esqueceu e dos quais extraiu duas conclusões. Primeiramente, não era necessário uma grande organização; um grupo pequeno e solidamente organizado, com um líder que soubesse o que queria, era suficiente para tomar o poder, uma vez eliminada a autoridade do antigo regime. Grandes organizações revolucionárias constituíam apenas um incômodo. E, em segundo lugar, como as revoluções não eram "feitas", mas resultantes de circunstâncias e acontecimentos além do poder de quem quer que fosse, as guerras eram bem-vindas.[9] Esse segundo ponto foi a fonte dos desacordos de Rosa com Lênin, durante a Primeira Guerra Mundial, e a primeira de suas críticas à tática de Lênin na Revolução Russa de 1917. Pois ela se recusava categoricamente, do princípio ao fim, em ver na guerra outra coisa senão a mais terrível catástrofe, sem importar qual fosse seu resultado final; o preço em vidas humanas, principalmente vidas proletárias, seria alto demais sob quaisquer circunstâncias. Além disso, seria contra seu feitio encarar a revolução como beneficiária da guerra e do massacre — coisa que não incomodava minimamente a Lênin. E quanto à questão da organização, ela não acreditava numa vitória onde o povo em geral não tomasse parte ou não tivesse voz; na verdade, acreditava tão pouco em tomar o poder a qualquer preço que "tinha muito mais medo de uma revolução deformada do que uma fracassada" — esta era, de fato, "a grande diferença entre ela" e os bolcheviques.

E os acontecimentos não provaram que ela tinha razão? Não é a história da União Soviética uma longa demonstração dos terríveis perigos das "revoluções deformadas"? O "colapso moral" que ela previra — sem antever, evidentemente, a aberta criminalidade do sucessor de Lênin — por acaso não causou mais

---

[9] Lênin leu *Vom Kriege* de Clausewitz (1832) durante a Primeira Guerra Mundial; suas anotações foram publicadas na década de 1950 em Berlim Oriental. De acordo com Werner Hahlberg ("Lenin und Clausewitz", *Archiv für Kulturgeschichte*, Berlim, vol. 36, 1954), Lênin estava sob a influência de Clausewitz quando começou a considerar a possibilidade de a guerra, o colapso do sistema europeu de Estado-nação, substituir o colapso econômico do capitalismo predito por Marx.

dano à causa da revolução tal como a entendia do que "toda e qualquer derrota política [...] em luta honesta contra forças superiores e nas garras da situação histórica" possivelmente teria provocado? Não era verdade que Lênin estava "completamente equivocado" quanto aos meios que empregou, e que a única via de salvação era a "escola da própria vida pública, a democracia e a opinião pública mais amplas e mais ilimitadas", e que o terror "desmoralizava" todos e destruía tudo?

Ela não viveu o suficiente para ver o quão certa estava e observar a terrível e terrivelmente rápida deterioração moral dos partidos comunistas, resultantes da Revolução Russa, por todo o mundo. Tampouco o pôde Lênin, que, apesar de todos os seus equívocos, ainda tinha mais em comum com o grupo original de iguais do que com qualquer pessoa que o sucedeu. Isso se tornou evidente quando Paul Levi, o sucessor de Leo Jogiches na liderança da Spartakusbund, três anos após a morte de Rosa Luxemburgo publicou suas observações acima citadas sobre a Revolução Russa, redigidas em 1918 "apenas para vocês" — isto é, sem pretender publicá-las.[10] "Foi um momento de considerável embaraço" tanto para o Partido Alemão como para o Russo, e seria perdoável se Lênin tivesse respondido incisivamente e sem moderações. Ao invés disso, escreveu: "Nós respondemos com [...] uma bela fábula russa antiga: uma águia às vezes pode voar mais baixo que uma galinha, mas uma galinha nunca pode atingir as mesmas alturas de uma águia. Rosa Luxemburgo [...] apesar dos [seus] equívocos [...] era e é uma águia". A seguir exigia a publicação de "sua biografia e a edição *completa* de suas obras",

---

[10] É irônico que esse panfleto seja seu único trabalho ainda hoje lido e citado. As seguintes obras estão disponíveis em inglês: *The accumulation of capital*, Londres e Yale, 1951; as réplicas a Bernstein (1899) em uma edição publicada pela Three Arrows Press, Nova York, 1937; o *Juniusbroschüre* (1918) com o título *The crisis in the German social democracy*, pela Lanka Sama Samaja Publications de Colombo, Ceilão, em 1955, aparentemente mimeografado e originalmente publicado em 1918, pela Socialist Publication Society, Nova York. Em 1953, a mesma casa editora de Ceilão publicou *The mass strike, the political party, and the trade unions* (1906).

não expurgada dos "erros", e repreendia os camaradas alemães pela sua "incrível" negligência em relação a esse dever. Isso foi em 1922. Três anos depois, os sucessores de Lênin decidiram "bolchevizar" o Partido Comunista Alemão e, portanto, ordenaram uma "investida violenta específica contra todo o legado de Rosa Luxemburgo". A tarefa foi aceita com alegria por uma jovem membro chamada Ruth Fischer, que acabara de chegar de Viena. Ela disse aos camaradas alemães que Rosa Luxemburgo e sua influência "eram nada mais que um bacilo de sífilis".

Abrira-se a sarjeta, e dela emergia aquilo que Rosa Luxemburgo teria chamado de "uma outra espécie zoológica". Não mais era necessário nenhum "agente da burguesia" e nenhum "traidor socialista" para destruir os poucos sobreviventes do grupo de iguais e enterrar no esquecimento os últimos remanescentes do seu espírito. Desnecessário dizer que jamais foi publicada uma única edição completa de suas obras. Após a Segunda Guerra Mundial, uma edição de dois volumes de enxertos "com anotações cuidadosas que sublinhavam seus erros" saiu em Berlim Oriental e foi seguida por uma "análise exaustiva do sistema luxemburguista de erros", de autoria de Fred Oelssner, a qual rapidamente "caiu na obscuridão" por se tornar "'stalinista' demais". Certamente não fora isso o que Lênin exigira e nem serviria, como esperara, "para a educação de muitas gerações de comunistas".

Depois da morte de Stálin, as coisas começaram a mudar, mas não na Alemanha Oriental, onde a revisão da história stalinista assumiu tipicamente a forma de um "culto a Bebel". (O único a protestar contra esse novo absurdo foi o pobre e velho Hermann Duncker, o último sobrevivente ilustre que ainda podia "lembrar o período mais maravilhoso de minha vida, quando rapaz conheci e trabalhei com Rosa Luxemburgo, Karl Liebknecht e Franz Mehring".) Contudo, os poloneses, embora sua edição em dois volumes de obras escolhidas em 1959 seja "parcialmente coincidente com a alemã", "retiraram sua reputação quase inalterada do esquife em que fora colocada" desde a morte de Lênin, e após 1956 apareceu no mercado uma "torrente de publicações polonesas" sobre o tema. É de se querer acreditar que ainda há esperanças de um reconhecimento tardio de quem foi e o que fez Rosa, e de se esperar que finalmente encontre seu lugar na educação dos cientistas políticos nos países do Ocidente. Pois o sr. Nettl tem razão: "Suas idéias pertencem a todos os lugares em que se ensine seriamente a história das idéias políticas".

ANGELO GIUSEPPE RONCALLI: UM CRISTÃO NO TRONO DE SÃO PEDRO DE 1958 A 1963

Journal of a soul [Diário de uma alma] (Nova York, 1965), os diários espirituais de Angelo Giuseppe Roncalli, que ao se tornar papa assumiu o nome de João XXIII, é um livro estranhamente desapontador e estranhamente fascinante. Em sua maior parte escrito em períodos de recolhimento, consiste em devotas efusões e auto-exortações, "exames de consciência" e anotações de "progresso espiritual" interminavelmente repetitivas, com referências as mais escassas possíveis aos acontecimentos reais, de modo que, por páginas e páginas, lê-se como um livro didático elementar sobre como fazer o bem e evitar o mal. E no entanto, à sua própria maneira estranha e incomum, consegue dar uma resposta clara a duas perguntas que estavam na mente de muitas pessoas quando se deitou em seu leito de morte no Vaticano, em final de maio e início de junho de 1963. Trouxe-as à minha atenção, de modo muito simples e inequívoco, uma camareira romana: "Senhora", disse ela, "esse papa era um verdadeiro cristão. Como podia ser isso? E como aconteceu que um verdadeiro cristão se sentasse no trono de São Pedro? Ele primeiro não teve de ser indicado bispo, e arcebispo, e cardeal, até ser finalmente eleito como papa? Ninguém tinha consciência de quem ele era?". Bem, a resposta à última de suas três perguntas parece ser "Não". Quando entrou no conclave, não fazia parte dos *papabile*; os alfaiates do Vaticano não tinham preparado nenhum paramento adequado a suas medidas. Foi eleito porque os cardeais não conseguiam chegar a um acordo e estavam convencidos, como ele próprio escreveu, de que "seria um papa provisório e transitório", sem maiores conseqüências. "Mas aqui estou eu", continuava, "já nas vésperas do quarto ano de meu pontificado, com um imenso programa de trabalho pela minha frente a ser executado perante os olhos do mundo inteiro, que observa e espera". O que é estarrecedor não é que ele não estivesse entre os *papabile*, mas que ninguém tivesse consciência de quem ele era, e tenha sido eleito porque todos o considerassem uma figura sem maiores conseqüências.

Entretanto, isso só é estarrecedor retrospectivamente. A Igreja certamente vem pregando a *imitatio Christi* há quase 2 mil anos, e ninguém pode dizer quantos padres e monges paroquiais podem ter vivido na obscuridade ao longo dos séculos, dizendo como o jovem Roncalli: "Eis então meu modelo: Jesus Cristo", sabendo perfeitamente, mesmo aos dezoito anos, que ser "semelhante ao bom Jesus" significava ser "tratado como louco": "Eles dizem e crêem que sou um tolo. Talvez eu seja, mas meu orgulho não me permite pensar assim. Este é o lado engraçado em tudo isso". Mas a Igreja, sendo uma instituição e estando mais preocupada, principalmente a partir da Contra-Reforma, em manter crenças dogmáticas do que com a simplicidade da fé, não abria a carreira eclesiástica para homens que tivessem assumido literalmente o convite "Siga-me". Isso não porque temessem conscientemente os elementos claramente anárquicos presentes num modo de vida não diluído e autenticamente cristão; simplesmente julgariam que "sofrer e ser desprezado por Cristo e com Cristo" era uma política equivocada. E era isso que Roncalli desejava apaixonada e entusiasticamente, citando reiteradamente estas palavras de São João da Cruz. Desejava-o a ponto de "trazer comigo uma nítida impressão de semelhança [...] com Cristo crucificado" na cerimônia de sua consagração episcopal, deplorando que "até agora sofri muito pouco", esperando e desejando que "o Senhor me envie provas de uma natureza particularmente dolorosa", "alguns grandes sofrimentos e aflições do corpo e do espírito". Ele saudou sua morte dolorosa e prematura como uma confirmação de sua vocação: o "sacrifício" que era necessário para o grande empreendimento que tivera de abandonar irrealizado.

Não é difícil entender a relutância da Igreja em indicar para altos cargos aqueles poucos cuja única ambição era imitar Jesus de Nazaré. Pode ter havido uma época em que existiam pessoas na hierarquia eclesiástica que pensavam segundo as linhas do Grande Inquisidor de Dostoiévski, temendo que, nas palavras de Lutero, "o destino mais permanente da palavra de Deus é que, por amor a ela, o mundo é posto em alvoroço. Pois o sermão de Deus vem para mudar e restaurar toda a terra que alcançar". Mas esses tempos se passaram há muito. Esqueceram que "ser manso e humilde [...] não é a mesma coisa que ser fraco e complacente", como uma vez anotou Roncalli. Era precisamente isso que iriam descobrir, que a humildade perante Deus e a docilidade perante os homens não são o mesmo, e, por maior que fosse a hostilidade contra esse papa, único entre certos setores eclesiásticos, é algo que depõe a favor da Igreja e da hierarquia o fato de não ser uma hostilidade ainda maior, e assim muitos altos dignitários, os príncipes da Igreja, puderam ser derrotados por ele.

Desde o início de seu pontificado no outono de 1958, todo o mundo, e não apenas os católicos, passou a observá-lo pelas razões que ele mesmo enumerou: em primeiro lugar, por ter "aceitado com simplicidade a honra e o encargo", depois de ter sempre tido "o máximo cuidado [...] em evitar qualquer coisa que pudesse atrair a atenção sobre mim". Em segundo, por ter "sido capaz de [...] efetivar imediatamente certas idéias que eram [...] perfeitamente simples, mas com efeitos de longo alcance e plenas de responsabilidade para o futuro". Mas, de acordo com seu próprio testemunho, embora "a idéia de um Conselho Ecumênico, um Sínodo Diocesano e a revisão do Código do Direito Canônico" tivesse lhe ocorrido "sem nenhuma premeditação", sendo até "totalmente contrária a qualquer suposição prévia [sua] [...] sobre o assunto", ela apareceu aos que o observavam como a manifestação quase lógica ou, pelo menos, natural desse homem e sua impressionante fé.

Cada página do livro dá provas dessa fé, e contudo nenhuma delas, e certamente tampouco todas em conjunto, é tão convincente quanto as inumeráveis fábulas e anedotas que circulavam em Roma durante os quatro longos dias de sua agonia final.

Era uma época em que a cidade oscilava, como de hábito, sob a invasão de turistas, que, devido à sua morte que viera mais cedo do que se esperava, era acrescida por legiões de seminaristas, monges, freiras e padres de todas as cores e de todos os lugares. Todos, desde o taxista ao escritor e editor, do garçom ao balconista, fiéis e infiéis de todos os credos, tinham uma história para contar sobre o que Roncalli fizera ou dissera, como se conduzira em tal ou qual ocasião. Várias delas foram agora reunidas por Kurt Klinger, sob o título *Um papa ri*, e outras foram publicadas entre a literatura crescente sobre o "bom papa João",[1] todas trazendo o *nihil obstat* e o *imprimatur*. Mas essa espécie de hagiografia pouco ajuda a compreender por que o mundo inteiro tinha os olhos sobre o homem, pois, presumivelmente a fim de evitar "ofensas", cuidadosamente se poupa de dizer a que grau os padrões usuais do mundo, inclusive o mundo da Igreja, contradizem as regras de julgamento e comportamento contidas nas pregações de Jesus. Nos meados do século XX, esse homem decidiu tomar, literal e não simbolicamente, cada artigo de fé que lhe fora ensinado. Ele realmente desejou "ser esmagado, desdenhado, desprezado por amor a Jesus". Disciplinou-se a si e à sua ambição até realmente não se importar "nada com os julgamentos do mundo, mesmo do mundo eclesiástico". Com 21 anos de idade, decidira: "Mesmo que eu fosse papa [...] ainda teria de me apresentar ao juiz divino, e então o que eu valeria? Não muito". E no final de sua vida, no Testemunho espiritual à sua família, podia escrever com confiança que "o Anjo da Morte [...] me levará, como creio, ao paraíso". A enorme força dessa fé nunca se tornou mais evidente do que nos "escândalos" que inocentemente provocou, e a estatura desse homem só pode rebaixar se se omitir o elemento de escândalo.

---

[1] Jean Chelini, *Jean XXIII, pasteur des hommes de bonne volonté*. Paris, 1963; Augustin Pradel, *Le "bon pape" Jean XXIII*, Paris, 1963; Leone Algisi, *John the twenty-third*, trad. do italiano por P. Ryde, Londres, 1963; Loris Capovilla, *The heart and kind of John XXIII, his secretary's intimate recollection*, trad. do italiano, Nova York, 1964; Alden Hatch, *A man named John*, Image Books, 1965.

Assim, as histórias principais e mais ousadas que então corriam de boca em boca não foram narradas e, desnecessário dizer, não podem ser verificadas. Lembro-me de algumas, e espero que sejam autênticas; mas, mesmo que se negasse sua autenticidade, sua própria invenção seria bastante característica do homem e daquilo que as pessoas pensavam a seu respeito, para torná-las dignas de relato. A primeira história, a menos ofensiva, sustenta as passagens não muito numerosas do seu *Diário* sobre sua familiaridade fácil e não condescendente com os trabalhadores e camponeses, dos quais ele próprio certamente proviera, mas cujo ambiente abandonara aos onze anos, quando foi admitido ao seminário de Bérgamo. (Seu primeiro contato direto com o mundo ocorreu ao encarar o serviço militar. Achou-o "vil, imundo e repugnante" ao extremo: "Serei enviado ao inferno com os demônios? Sei o que é a vida num quartel — tremo só de pensar nela".) A história conta que haviam chegado encanadores para consertos no Vaticano. O papa ouviu um deles começando a praguejar em nome de toda a Sagrada Família. Ele saiu e perguntou educadamente: "Você tem de fazer isso? Não pode dizer *merda* como nós?".

Minhas três outras histórias tratam de um assunto muito mais sério. Há poucas, pouquíssimas passagens em seu livro que falam das relações antes tensas entre o bispo Roncalli e Roma. O problema, parece, começou em 1925, quando foi indicado como visitador apostólico na Bulgária, um cargo de "semi-obscuridade" onde foi mantido durante dez anos. Nunca esqueceu sua infelicidade lá — 25 anos depois, ainda escreve sobre "a monotonia daquela vida, que era uma longa seqüência de alfinetadas e arranhões diários". Na época, teve conhecimento quase imediato de "muitas provações [...] [que] não são causadas pelos búlgaros [...] mas pelos órgãos centrais da administração eclesiástica. É uma forma de mortificação e humilhação que não esperava e que me fere profundamente". E foi já em 1926 que começou a escrever sobre esse conflito, como sua "cruz". As coisas começaram a melhorar quando, em 1935, foi transferido para a Delegação Apostólica em Istambul, onde permaneceria por mais dez anos, até receber, em 1944, sua primeira indicação importante como núncio apostólico em Paris. Mas aí novamente "a diferença entre meu modo de ver as situações no local e certas formas de julgar as mesmas coisas em Roma fere-me consideravelmente; é a minha única cruz efetiva". Não se ouvem tais queixas durante os anos na França, mas não porque seus pensamentos tivessem mudado; parece ter se habituado às formas do mundo eclesiástico. Com essa disposição ele observa em 1948 como "qualquer tipo de desconfiança ou descortesia mostrado aos [...] humildes, pobres ou socialmente inferiores [por esses meus colegas, bons eclesiásticos] [...] me faz contorcer de dor", e que "todos os sabichões deste mundo, e todas as mentes astutas, inclusive as da diplomacia do Vaticano, recortam uma tal mísera figura à luz da simplicidade e graça irradiada por [...] Jesus e seus Santos!".

É com relação a seu trabalho na Turquia, onde, durante a guerra, entrou em contato com organizações judaicas (e, num caso, impediu que o governo turco embarcasse para a Alemanha algumas centenas de crianças judias que haviam escapado à Europa ocupada pelos nazistas), que posteriormente levantou uma das raríssimas reprovações sérias a si mesmo — pois, apesar de todos os "exames de consciência", não era absolutamente dado a autocríticas. "Eu não poderia", escreveu, "eu não deveria ter feito mais, ter feito um esforço mais decidido e ido contra as inclinações da minha natureza? A busca de calma e paz, que considerei estar em maior harmonia com o espírito de Deus, não terá talvez mascarado uma certa falta de vontade em tomar a espada?" Nessa época, porém, ele se permitira apenas uma explosão. Logo após a eclosão da guerra com a Rússia, foi abordado pelo embaixador alemão, Franz von Papen, que lhe pediu que usasse sua influência em Roma para obter um franco apoio do papa à Alemanha. "E o que vou dizer sobre os milhões de judeus que seus conterrâneos estão assassinando na Polônia e na Alemanha?" Isso foi em 1941, quando o grande massacre mal começara.

É a esse tipo de assunto que se referem as histórias subseqüentes. E como nenhuma das biografias existentes sobre o papa João, pelo que sei, jamais menciona o conflito com Roma, mesmo uma negação de sua autenticidade não seria totalmente convincente. Primeiramente, há a anedota sobre sua audiência com Pio XII, antes de sua partida para Paris em 1944. Pio XII abriu a audiência dizendo ao seu núncio recém-indicado que tinha apenas sete minutos à disposição, ao que Roncalli se despediu com as palavras: "Nesse caso, os seis minutos restantes são supérfluos". Em segundo, há a encantadora história do jovem padre vindo do estrangeiro, que se afanava no Vaticano tentando dar uma boa impressão aos altos dignitários, para promover sua carreira. Diz-se que o papa lhe falou: "Meu querido filho, pare de se incomodar tanto. Você pode ficar certo de que, no dia do juízo, Jesus não vai lhe perguntar: E como você se deu com o Santo Ofício?". E há, por fim, o relato de que, meses antes de sua morte, ele recebeu para ler a peça *O vigário*, de Hochhut, e então lhe perguntaram o que se poderia fazer contra ela. Ao que supostamente respondeu: "Fazer contra? O que você pode fazer contra a verdade?".

E muito mais quanto às histórias que nunca foram publicadas. Ainda há muito a se encontrar na literatura a seu respeito, embora algumas estejam estranhamente alteradas. (Segundo a "tradição oral", se foi o que aconteceu, o papa recebeu a primeira delegação judaica com a saudação: "Sou seu irmão José", as palavras com que José no Egito se fez conhecer aos irmãos. Agora elas são noticiadas como ditas aos cardeais, quando os recebeu pela primeira vez após sua eleição. Temo que essa versão soe mais plausível; mas a primeira seria realmente muito grandiosa, ao passo que esta outra dificilmente é mais do que muito bonita.) Todas mostram a total independência que provém de um verdadeiro desapego às coisas deste mundo, a magnífica liberdade de preconceitos e convenções que muito freqüentemente poderia resultar num senso quase voltairiano, a rapidez espantosa em virar a mesa. Assim, quando protestou contra o fechamento dos jardins do Vaticano durante seus passeios diários e lhe disseram que não era adequado à sua posição expor-se à vista dos mortais comuns, ele perguntou: "Por que as pessoas não deveriam me ver? Eu não me comporto mal, me comporto?". A mesma presença de espírito, que os franceses chamam *esprit*, é mostrada por outra história inédita. Num banquete do corpo diplomático, quando era núncio apostólico na França, um dos cavalheiros quis embaraçá-lo e fez circular pela mesa uma foto de uma mulher nua. Roncalli olhou para a figura e devolveu-a ao sr. N., com a observação: "Sra. N., suponho".

Quando jovem, gostava de conversar, ficar na cozinha e discutir coisas, e se acusava de "uma inclinação natural a pronunciar julgamentos como um Salomão", a dizer a "Tom, Dick e Harry [...] como se conduzir em determinadas circunstâncias", a se imiscuir "em assuntos referentes a jornais, bispos, temas do dia" e a tomar "a defesa de qualquer coisa que ache que está sendo injustamente atacada e que me julgo capaz de defender". Se conseguiu ou não suprimir essas qualidades, certamente nunca as perdeu, e brotaram quando, após uma longa vida de "mortificações" e "humilhações" (as quais considerava muito necessárias para a santificação de sua alma), repentinamente atingiu a única posição na hierarquia católica onde a voz de nenhum superior poderia lhe dizer a "vontade de Deus". Ele sabia, escreve em seu *Diário*, que "aceitara esse serviço em pura obediência à vontade de Deus, enviada a mim pela voz do Sagrado Colégio de Cardeais", isto é, nunca achou que os cardeais o tivessem elegido, mas sempre que "o Senhor me escolheu" — uma convicção que deve ter se fortalecido muitíssimo, sabendo quão puramente acidental fora a aprovação do seu nome como eleito. Pois era precisamente por saber que tudo isso era uma espécie de mal-entendido, humanamente falando, que podia escrever, sem recorrer a algumas generalidades dogmáticas, mas referindo-se claramente a si mesmo: "O Vigário, de Cristo sabe o que Cristo quer dele". O editor do *Diário*, ex-secretário do papa João, monsenhor Loris Capovilla, menciona em sua "introdução" o que tanto devia irritar muitos e confundir a maioria: "sua habitual humildade perante Deus e sua clara consciência de seu próprio valor perante os homens — tão clara a ponto de ser desconcertante". Mas embora absolutamente seguro de si e sem buscar os conselhos de ninguém, não cometia o erro de pretender saber o futuro ou as conseqüências últimas do que tentava fazer. Sempre se contentou de "viver dia a dia", mesmo "hora a hora", como os lírios no campo, e agora estabelecia a "regra básica de conduta" para seu novo estado — "não ter nenhuma preocupação com o futuro", nem tomar nenhuma "providência humana em relação a ele" e tomar cuidado "em não falar confiada e casualmente dele a ninguém". Foi a fé, e não a teoria, teológica ou política, que o protegeu contra "qualquer conivência com o mal, na esperança de, com isso, poder ser útil a alguém".

Essa completa liberdade em relação a preocupações e aborrecimentos era sua forma de humildade; o que o tornava livre era o poder dizer sem nenhuma reserva mental ou emocional: "Seja feita a vossa vontade". Não é fácil descobrir no *Diário*, sob camadas e camadas da linguagem piedosa que para nós, mas jamais para ele, se tornou banal, essa simples corda básica pela qual se afinou sua vida. Menos ainda esperaríamos dela o espírito risonho que ele daí extraiu. Mas o que, se não a humildade, pregava ele quando disse a seus amigos que as terríveis novas responsabilidades do pontificado inicialmente o preocuparam imensamente e até lhe provocaram noites de insônia — até que, numa manhã, disse a si mesmo: "Giovanni, não se leve tão a sério!", e desde então sempre dormiu bem.

Entretanto, ninguém deveria crer que foi a humildade que lhe facilitou tanto se manter em companhia de todos, deleitando-se igualmente com os reclusos das prisões, os "pescadores", os trabalhadores em seu jardim, as freiras em sua cozinha, a sra. Kennedy e a filha e o genro de Kruschev. Era antes sua enorme autoconfiança que lhe permitia tratar a todos, acima ou abaixo, como seus iguais. E foi consideravelmente longe lá onde sentia a necessidade de se estabelecer tal igualdade. Assim se dirigia aos ladrões e assassinos na cadeia como "Filhos e Irmãos" e, para assegurar que isso não redundasse somente em palavras vazias, contava-lhes como roubara uma maçã quando criança sem ser apanhado, e como um dos seus irmãos fora caçar sem licença e fora apanhado. E quando o conduziram "ao bloco de celas onde estavam confinados os incorrigíveis", ele ordenou "em sua voz mais imperiosa: 'Abram os portões! Não os afastem de mim. São todos filhos de Nosso Senhor'". Certamente esta não é senão a doutrina cristã em sua integridade, há muito estabelecida, mas que por longo tempo permaneceu como doutrina, e nem mesmo a *Rerum Novarum*, encíclica de Leão XIII, "o grande papa do povo trabalhador", impediu o Vaticano de pagar salários de fome aos seus empregados. O desconcertante hábito do novo papa de falar com todas as pessoas lhe trouxe quase imediatamente esse escândalo ao seu conhecimento. "Como vão as coisas?", perguntou ele, segundo Alden Hatch, a um dos trabalhadores. "Mal, mal, Vossa Eminência", disse o homem, e contou quanto ganhava e quantas bocas tinha para alimentar. "Temos que fazer algo a respeito. Pois, cá entre nós, eu não sou Vossa Eminência, sou o papa", com o que queria dizer: esqueça os títulos, aqui o chefe sou eu, posso mudar as coisas. Quando mais tarde foi informado de que as novas despesas só poderiam ser enfrentadas cortando as doações de caridade, manteve-se imperturbável: "Então teremos de cortá-las. Pois [...] a justiça vem antes da caridade". O que torna essas histórias tão encantadoras é a recusa coerente em ceder à crença comum "de que mesmo a linguagem cotidiana do papa deveria ser cheia de mistério e reverência", o que, segundo papa João, estava em nítida contradição com "o exemplo de Jesus". E é realmente tocante ouvir que acordo total com o "exemplo" de Jesus era concluir a audiência extremamente controversa com os representantes da Rússia comunista com o anúncio: "E agora chegou a hora, com sua permissão, de uma pequena bênção. Afinal, uma bençãozinha não pode fazer mal. Aceitem-na como presente".[2]

A sinceridade dessa fé, nunca perturbada pela dúvida, nunca abalada pela experiência, nunca distorcida pelo fanatismo — "o qual, mesmo inocente, é sempre prejudicial" —, é magnífica nos gestos e na palavra viva, mas torna-se monótona e pouco

---

[2] Para essas histórias, ver A. Hatch, op. cit.

convincente, uma palavra morta na página impressa. Isso vale até para as poucas cartas acrescentadas nessa edição, e a única exceção é o "Testamento espiritual 'para a família Roncalli'", onde explica aos seus irmãos, sobrinhos e sobrinhos-netos por que ele se recusara, contrariamente a todos os costumes, a lhes outorgar títulos, por que agora, como antes, recusara a elevá-los "de sua pobreza respeitada e satisfeita", embora tivesse "às vezes de ir em seu auxílio, como um homem pobre aos pobres", por que nunca pedira "nada — posição, dinheiro ou favores —, nunca, seja para mim ou para meus parentes e amigos". Pois, "nascido pobre, [...] sinto-me particularmente feliz por morrer pobre, tendo distribuído [...] tudo que chegou a minhas mãos — e foi muito pouco — durante os anos de sacerdócio e episcopado". Há um tom ligeiramente apologético nessas passagens, como se soubesse que a pobreza de sua família não era absolutamente tão "satisfeita" como fizera parecer. Muito antes, observara que as constantes "preocupações e sofrimentos" que os assediavam "pareciam não servir a nenhum bom propósito, mas antes provocar-lhes dano", e este é um dos poucos exemplos onde se pode ao menos imaginar o tipo de experiência que julgava dispensável. Da mesma forma, pode-se imaginar, mais comodamente, o imenso orgulho do menino pobre que, durante toda sua vida, enfatizaria que nunca pedira um favor a ninguém e que encontrara consolo no pensamento de que tudo o que recebera ("Quem é mais pobre do que eu? Desde que me tornei seminarista, nunca vesti um paramento que não tivesse sido dado por caridade") fora providenciado por Deus, de forma que sua pobreza para ele se converteu em sinal evidente de sua vocação: "Sou da mesma família de Cristo — o que mais posso querer?".

As gerações de intelectuais modernos, na medida em que não eram ateístas — isto é, tolos que pretendiam saber aquilo que nenhum homem pode saber —, foram ensinadas por Kierkegaard, Dostoiévski, Nietzsche e seus inumeráveis seguidores, dentro e fora do campo existencialista, a considerar "interessantes" a religião e as questões teológicas. Sem dúvida, terão dificuldade em entender um homem que, desde muito jovem, "votara fidelidade" não meramente à "pobreza material", mas também à "pobreza de espírito". Fosse quem ou o que fosse o papa João XXIII, não era interessante nem brilhante, e isso totalmente à parte do fato de ter sido um estudante medíocre e, nos anos posteriores de sua vida, sem nenhum interesse marcado intelectual ou erudito que fosse. (Afora os jornais, que muito apreciava, parece não ter lido quase nada de escritos seculares.) Se um rapazinho, como Aliocha, lhe diz: "Como está escrito: 'Se você quer ser perfeito, vá e venda o que tem, e dê aos pobres e siga-me', como posso lhe dar apenas dois rublos, ao invés dos meus bens, e ir à missa matinal ao invés do 'siga-me'?". E se o homem adulto se aferra à ambição do rapazinho de se tornar "perfeito" e continua a se perguntar: "Estou fazendo algum progresso?", colocando-se a si mesmo programas de trabalho e anotando meticulosamente o quanto tem progredido — incidentalmente se tratando com muita calma nesse processo, prudente em não prometer demasiado, atacando suas falhas "uma por vez", e em desespero não só por uma vez —, não é provável que o resultado tenha um "interesse" especial. Um programa de trabalho orientado para a perfeição se mostra tão pouco capaz de substituir uma história — o que sobraria para contar se não existisse nenhuma "tentação ou fracasso, nunca, nunca", nenhum "pecado mortal ou venial"? — que mesmo os poucos exemplos de um desenvolvimento intelectual no *Diário* passaram curiosamente despercebidos pelo autor, que nos meses finais de sua vida o releu e preparou para uma publicação póstuma. Nunca diz quando deixou de ver nos protestantes os "pobres infelizes fora da Igreja" e chegou à convicção de que "todos, batizados ou não, pertencem de direito a Jesus", nem estava consciente de quão bizarro era o fato de ser ele, que sentia em seu "coração e alma um amor pelas regras, preceitos e regulamento" da Igreja, a fazer "a primeira alteração no cânone da missa em mil anos", como diz Alden Hatch, e geralmente aplica de imediato toda sua força nas "tentativas de endireitar, reformar e [...] fazer melhorias em tudo", esperando que seu Concílio Ecumênico "seguramente será [...] uma nova e real Epifania".

Sem dúvida, foi a "pobreza de espírito" que o preservou "das ansiedades e cansativas perplexidades" e lhe deu a "força da simplicidade audaciosa". É ela também que contém a resposta à pergunta sobre como foi que se escolheu o homem mais audaz, quando o que se queria era um homem dócil e complacente. Ele realizou seu desejo, recomendado pela *Imitação de Cristo* Thomas à Kempis, um dos seus livros favoritos, "de ser desconhecido e pouco estimado", palavras que já em 1903 adotou como seu *motto*. Provavelmente era tido por muitos — afinal, viveu num meio intelectual — como um tanto tolo, não simples, mas simplório. E é improvável que aqueles que observaram durante décadas que ele realmente parecia "nunca [ter] sentido nenhuma tentação contra a obediência", tenham entendido o tremendo orgulho e autoconfiança desse homem que nunca, nem por um momento, renunciou aos seus juízos, ao obedecer àquilo que para ele não era a vontade de seus superiores, mas a vontade de Deus. Sua fé: "Seja feita a Vossa vontade", e é verdade, embora tivesse dito ele mesmo, que ela era "totalmente evangélica em sua natureza", e verdade ainda que ela "exigia e obtinha respeito universal e edificava a muitos". Foi a mesma fé que inspirou suas palavras mais grandiosas, quando no leito de morte: "Todo dia é um bom dia para nascer, todo dia é um bom dia para morrer".[3]

---

[3] "*Ogni giorno è buono per nascere; ogni giorno è buono per morire.*" Ver seu *Discorsi, messagi, colloqui*, vol. v, Roma, 1964, p. 310.

KARL JASPERS: UMA *LAUDATIO*[1]

Reunimo-nos aqui para a entrega do Prêmio da Paz. Este prêmio, se me é permitido lembrar uma frase utilizada pelo presidente da República Federal, é conferido não só por "excelente obra literária", mas também por "ter se destacado na vida". É conferido, portanto, a uma pessoa, e conferido pela obra na medida em que desta se mantém como palavra falada, ainda não libertada de quem a enuncia para iniciar seu curso incerto e sempre aventuroso pela história. Por essa razão, a entrega deste prêmio deve vir acompanhada pela *laudatio*, um louvor cuja tarefa é elogiar antes o homem que sua obra. Talvez possamos aprender como fazê-lo com os romanos, que, mais experientes do que nós em assuntos de significado público, dizem-nos em que consistiria um tal empreendimento: *in laudationibus* [...] *ad personarum dignitatem omnia referrentur*, disse Cícero[2] — "nos louvores [...] a única consideração é a grandeza e a dignidade dos indivíduos concernentes". Em outras palavras, um louvor se refere à dignidade que pertence a um homem, na medida em que ele é mais do que tudo o que faz ou cria. O reconhecimento e a celebração dessa dignidade não são assunto de especialistas e colegas de profissão; é o público que deve julgar uma vida que se expôs à vista pública e se demonstrou no âmbito público. A entrega apenas confirma o que esse público sabe há muito.

A *laudatio*, por conseguinte, só pode tentar expressar o que todos vocês já sabem. Mas dizer em público o que muitos sabem no isolamento da privacidade não é supérfluo. O próprio fato de

---

[1] Discurso pronunciado por ocasião da entrega do Prêmio da Paz da Classe Livreira Alemã a Karl Jaspers.
[2] *De Oratore*, I, p. 141.

que algo é ouvido por todos confere a ele um poder iluminador que confirma sua existência real. Além disso, devo confessar que assumi essa "aventura no âmbito público" (Jaspers) e sua divulgação com hesitação e timidez. Sinto-me como imagino que a grande maioria de vocês se sente. Somos todos pessoas modernas que se movem em público sem confiança e embaraçadamente. Presos em nossos preconceitos modernos, pensamos que apenas a "obra objetiva", separada da pessoa, pertence ao público; que a vida e a pessoa por trás dela são assuntos privados, e os sentimentos relativos a essas coisas "subjetivas" deixam de ser genuínos e se tornam sentimentais, tão logo expostos publicamente. Quando a Classe Livreira alemã decidiu que teria de haver uma *laudatio* na entrega do prêmio, estava realmente voltando a um sentido mais antigo e adequado do âmbito público, um sentido segundo o qual é precisamente a pessoa humana em toda sua subjetividade que precisa aparecer em público para atingir uma realidade plena. Se aceitamos esse sentido novo-antigo, devemos mudar nossas concepções e abandonar nosso hábito de igualar o pessoal ao subjetivo, o objetivo ao factual ou impessoal. Essas equações derivam das disciplinas científicas, onde são significativas. São obviamente não significativas na política, em cujo âmbito as pessoas aparecem na íntegra como pessoas que agem e falam e onde, portanto, a personalidade é tudo menos um assunto privado. Mas essas equações também perdem sua validade na vida intelectual pública, que evidentemente inclui e ultrapassa consideravelmente a esfera da vida acadêmica.

Para aqui falar adequadamente, devemos aprender a distinguir não entre subjetividade e objetividade, mas entre o indivíduo e a pessoa. É verdade que é um sujeito individual que oferece alguma obra objetiva ao público, abandona-a ao público. O elemento subjetivo, digamos o processo criativo que entrou na obra, não concerne de forma alguma ao público. Mas, se essa obra não é apenas acadêmica, se é também o resultado de "ter-se demonstrado na vida", um ato e uma voz vivos acompanham-na; a própria pessoa aparece junto com ela. O que então emerge é desconhecido para quem o revela; não pode controlá-lo da mesma forma como não pode controlar a obra que preparou para a publicação. (Qualquer pessoa que tente conscientemente introduzir sua personalidade em sua obra está apenas representando, e ao fazê-lo lança fora a oportunidade real que significa aquela publicação para ele e os outros.) O elemento pessoal está além do controle do sujeito e, portanto, é o exato oposto da mera subjetividade. Mas é essa mesma subjetividade que é "objetivamente" muito mais apreensível e disponível para o sujeito. (Por autocontrole, por exemplo, entendemos apenas que somos capazes de apanhar esse elemento puramente subjetivo em nós mesmos, a fim de usá-lo como quisermos.)

A personalidade é uma questão totalmente diferente. É muito difícil de apreendê-la e talvez se assemelhe mais intimamente ao *daimon* grego, o espírito guardião que acompanha cada homem ao longo de toda sua vida, mas está sempre olhando por sobre seu ombro, resultando que ele é mais facilmente reconhecido por todos que encontram o homem do que por ele mesmo. Esse *daimon* — que não tem nada de demoníaco em si —, esse elemento pessoal num homem, só pode aparecer onde existe um espaço público; este é o significado mais profundo do âmbito público, que se estende muito além do que entendemos comumente por vida política. Na medida em que esse espaço público é também um âmbito espiritual, há manifesto nele aquilo que os romanos chamavam de *humanitas*, entendendo por isso algo que era a própria estatura da qualidade humana, pois era válida sem ser objetiva. É precisamente o que Kant, e depois Jaspers, entende por *Humanität*, a personalidade válida que, uma vez adquirida, nunca abandona um homem, ainda que todos os outros dons do corpo e da mente possam sucumbir à destrutividade do tempo. A *humanitas* nunca é adquirida em solidão e nunca com a oferta de sua obra ao público. Só pode ser alcançada por alguém que lançou sua vida e sua pessoa na "aventura no âmbito público" — quando, nesse curso, arrisca-se a revelar algo que não é "subjetivo" e, por essa própria razão, não pode reconhecer nem controlar. Assim, a "aventura no âmbito público" onde se adquire a *humanitas* torna-se um presente para a humanidade.

Quando sugiro que o elemento pessoal que vem para o âmbito público juntamente com Jaspers é a *humanitas*, desejo subentender que ninguém, tanto quanto ele, pode nos ajudar a superar nossa desconfiança em relação a esse mesmo âmbito público, a sentir a alegria e a honra que há em elogiar para todos alguém que amamos. Pois Jaspers nunca partilhou do preconceito generalizado das pessoas cultas de que a luz brilhante da publicidade torna todas as coisas apáticas e sem profundidade, que apenas a mediocridade se mostra bem sob ela e, portanto, o filósofo deve se manter à distância dela. Vocês lembrarão a opinião de Kant, segundo a qual a pedra de toque para determinar se a dificuldade de um ensaio filosófico é autêntica ou meras "névoas de esperteza" pode se encontrar na sua possibilidade de popularização. E Jaspers, que a esse respeito, como na verdade a todos os demais, é o único sucessor que Kant jamais teve, mais de uma vez abandonou, como Kant, a esfera acadêmica e sua linguagem conceitual para se dirigir ao público leitor em geral. Além disso, por três vezes — uma vez logo antes de os nazistas chegarem ao poder, com seu *Man in the Modern Age* [O homem na Idade Moderna] (1933)[3], a seguir, imediatamente depois da queda do Terceiro Reich, com *The question of German guilt* [A questão da culpa alemã], e agora com *The atom bomb and the future of man* [A bomba atômica e o futuro do homem] — interveio diretamente em questões políticas da atualidade.[4] Pois ele sabe, como sabe o estadista, que as questões políticas são sérias demais para serem deixadas aos políticos.

A afirmação do âmbito público por Jaspers é única, pois provém de um filósofo e brota da convicção fundamental subjacente a toda sua atividade como filósofo: que tanto a filosofia como a política dizem respeito a todos. É o que elas têm em comum; é a razão por que pertencem ao âmbito público, onde o con-

---

[3] O original alemão, *Die geistige Situation der Zeit*, surgiu em 1931.
[4] A publicação política mais importante de Jaspers desde 1958, quando foi escrito esse discurso, é *The future of Germany* [O futuro da Alemanha], 1967.

ta é a pessoa humana e sua capacidade de se demonstrar. O filósofo — em contraste com o cientista — se assemelha ao estadista por ter de responder por suas opiniões, por se manter responsável. O estadista, de fato, está na posição relativamente afortunada de só ser responsável pela sua própria nação, ao passo que Jaspers, pelo menos em todos os seus textos após 1933, sempre escreveu como que respondendo por si mesmo perante toda a humanidade.

Para ele, a responsabilidade não é um peso e não tem nenhuma relação com os imperativos categóricos. Antes flui naturalmente de um prazer inato em tornar manifesto, em clarear o escuro, em iluminar as sombras. Sua afirmação no âmbito público é, em última análise, apenas o resultado do seu amor à luz e à claridade. Ele amou tanto a luz que ela marcou toda sua personalidade. Nas obras de um grande escritor, quase sempre podemos encontrar uma metáfora consistente peculiar a ele, apenas sob a qual toda a obra parece adquirir um foco. Uma tal metáfora na obra de Jaspers é a palavra "claridade". A existência é "clarificada" pela razão; os "modos de cingir" — de um lado, nossa mente que "cinge" tudo o que nos ocorre, de outro lado, o mundo que nos "cinge", "o ser-em pelo qual somos" — são "trazidos à luz" pela razão; a própria razão, finalmente, sua afinidade com a verdade é verificada pela sua "amplitude e luminosidade". Tudo o que se ergue para a luz e não se dissolve em vapor sob seu brilho participa da *humanitas*; tomar para si o responder perante a humanidade por todos os pensamentos significa viver naquela luminosidade onde se testa a pessoa e tudo o que ela pensa.

Muito antes de 1933, Jaspers era o que se chama "famoso", como também o são outros filósofos, mas foi apenas no decorrer do período de Hitler, e principalmente nos anos posteriores, que se tornou uma figura pública na plena acepção da palavra. Isso não se devia, como se poderia imaginar, apenas às circunstâncias da época que inicialmente o obrigaram à obscuridade dos perseguidos e, a seguir, converteram-no no símbolo dos tempos e atitudes mudadas. No que se refere às circunstâncias, apenas o conduziram ao lugar a que pertencia por natureza — à luz plena da opinião mundial. O que se deu não foi alguém sofrer algo, a seguir experimentar a si mesmo nessa sua provação e finalmente, quando ocorreu o pior, representar algo como uma "outra Alemanha". Nesse sentido, ele não representa absolutamente nada. Sempre se manteve totalmente só e independente de todos os grupos, inclusive do movimento de resistência alemão. O magnífico dessa posição, sustentada somente pelo peso da pessoa, é precisamente o fato de, sem representar coisa alguma além de sua própria existência, assegurar que, mesmo na obscuridade da dominação total, onde qualquer bondade que ainda possa subsistir se torna absolutamente invisível e portanto ineficaz, mesmo então a razão só pode ser aniquilada se todos os homens pensantes estiverem realmente, literalmente exterminados.

Era auto-evidente que ele permaneceria firme em meio à catástrofe. Mas que tudo aquilo nunca sequer se mostrasse tentador a ele — isso, que é menos auto-evidente, foi sua inviolabilidade, e para os que o conheciam significava muito mais que resistência ou heroísmo. Significava uma confiança que dispensava provas, uma segurança de que, em tempos onde tudo poderia acontecer, não poderia acontecer uma coisa. O que Jaspers então representava, quando estava totalmente isolado, não era a Alemanha, mas o que restara da *humanitas* na Alemanha. Era como se ele sozinho em sua inviolabilidade pudesse iluminar aquele espaço que a razão cria e preserva entre os homens, como se a luz e a amplitude desse espaço pudessem sobreviver mesmo se ali restasse apenas um único homem. Não que tenha sido realmente assim, ou sequer pudesse assim ter sido. Jaspers muitas vezes disse: "O indivíduo por si mesmo não pode ser pensante". Nesse sentido, ele nunca esteve só, nem pensou muito sobre tal solidão. A *humanitas*, cuja existência era por ele assegurada, provinha da região natal do seu pensamento, e essa região nunca foi despovoada. O que distingue Jaspers é que ele se sente mais à vontade nessa região da razão e da liberdade, conhece seu caminho por ela com mais segurança do que outros que podem conhecê-la, mas não conseguem suportar aí viver constantemente. Porque sua existência era governada pela paixão à própria luz, foi capaz de ser como uma luz na escuridão, irradiando de alguma fonte oculta de luminosidade.

Há algo fascinante no fato de um homem ser inviolável, incontrolável, impassível de tentações. Se quiséssemos explicá-lo em termos psicológicos e biográficos, poderíamos pensar talvez no lar de onde proveio Jaspers. Seus pais ainda estavam intimamente ligados ao campesinato frísio orgulhoso e resoluto que possuía um senso de independência absolutamente incomum na Alemanha. Bem, a liberdade é mais que a independência, e restava a Jaspers desenvolver, a partir da independência, a consciência racional da liberdade, onde o homem se experimenta como um dado a si. Mas a naturalidade soberana — uma certa temeridade alegre (*Übermut*), como ele às vezes coloca —, com que gosta de se expor às correntes da vida pública, mantendo-se ao mesmo tempo independente de todas as tendências e opiniões que ocorrem estar em voga, provavelmente também se deve àquela auto-segurança nativa, ou pelo menos dela brotou. Basta que sonhe, por assim dizer, estar de volta às suas origens pessoais e, a seguir, novamente de volta para a amplitude da humanidade, para se convencer de que, mesmo no isolamento, ele não representa uma opinião privada, mas um ponto de vista público diferente e ainda oculto — uma "trilha", como colocou Kant, "que algum dia sem dúvida se alargará numa grande estrada".

Pode haver um perigo nessa tal certeza infalível de julgamento e soberania da mente. O não se expor a tentações pode levar à inexperiência ou, pelo menos, à falta de experiência com as realidades que um determinado período tem a oferecer. E realmente o que poderia estar mais distante das experiências do nosso tempo do que a orgulhosa independência com que Jaspers sempre se sentiu à vontade, o alegre descaso pelo que dizem e pensam as pessoas? Esse espírito não está sequer em rebelião contra as convenções, pois as convenções sempre são reconhecidas como tais, nunca tomadas seriamente como modelos de conduta. O que poderia estar mais afastado de nossa *ère du soupçon*

(Nathalie Sarraute) do que a confiança que subjaz profundamente a essa independência, a confiança secreta no homem, na *humanitas* da raça humana?

E como já estamos examinando assuntos subjetivos, psicológicos: Jaspers tinha cinqüenta anos quando Hitler subiu ao poder. Nessa idade, a maioria esmagadora das pessoas já há muito tempo deixou de ampliar suas experiências, e os intelectuais em particular geralmente se enrijeceram tanto em suas opiniões que, em todos os acontecimentos reais, só conseguem perceber uma corroboração dessas mesmas opiniões. Jaspers reagiu aos acontecimentos decisivos desses tempos (os quais não previra mais que qualquer outra pessoa, e para os quais estava possivelmente ainda menos preparado do que muitos outros) sem se recolher para sua própria filosofia, sem negar o mundo e tampouco cair em melancolia. Após 1933, isto é, depois da conclusão da *Philosophy* [Filosofia] em três partes, e novamente após 1945, depois da conclusão do seu livro *On Truth* [Sobre a verdade], embarcou no que poderíamos chamar de novas épocas de produtividade. Infelizmente, essa frase sugere a renovação da vitalidade que por vezes ocorre a homens de grande talento. Mas o que é tão magnífico em Jaspers é que ele se renova porque se mantém inalterado — tão vinculado ao mundo como sempre e seguindo os acontecimentos correntes com inalterável agudeza e capacidade de interesse.

The great philosophers [Os grandes filósofos], tal como *The atom bomb*, encontra-se inteiramente dentro da esfera de nossa experiência mais recente. Essa contemporaneidade, ou antes, esse viver no presente que persiste numa idade tão avançada, é como que um golpe de sorte que elimina a questão das deserções justas. Foi graças a essa mesma boa sorte que Jaspers pôde se isolar no decorrer de sua vida, mas sem ser impelido para a solidão. Essa boa sorte se baseia num casamento onde uma mulher, que é sua igual, sempre permaneceu a seu lado desde sua juventude. Se duas pessoas não sucumbem à ilusão de que os laços que as unem tornaram-nas uma só pessoa, elas podem criar um mundo novo entre si. Certamente, para Jaspers, esse casamento nunca constituiu simplesmente uma coisa privada. Ele demonstrou que duas pessoas de origens diferentes — a esposa de Jaspers é judia — podiam criar entre si um mundo próprio. E com esse mundo em miniatura, ele aprendeu, como de um modelo, o que é essencial para todo o âmbito dos assuntos humanos. Dentro desse pequeno mundo, desenvolveu e praticou sua incomparável faculdade de diálogo, a maravilhosa precisão de sua forma de ouvir, a constante presteza em apresentar uma cândida análise de si próprio, a paciência em se prolongar sobre um assunto em discussão e, sobretudo, a capacidade de atrair coisas que, de outro modo, passariam em silêncio pela área do discurso, de torná-las dignas de serem comentadas. Assim, no falar e no ouvir, ele consegue mudar, ampliar, agudizar — ou, como ele mesmo belamente diria, iluminar.

Nesse espaço para sempre iluminado mais uma vez por um cuidado ao falar e ao ouvir, Jaspers sente-se em casa; é a casa de sua mente porque é um espaço no sentido literal da palavra, assim como as vias de pensamento ensinadas pela sua filosofia são vias no sentido original da palavra, caminhos que desbravam um trecho de um terreno de outra forma inexplorado. O pensamento de Jaspers é espacial porque se mantém sempre em referência ao mundo e às pessoas nele presentes, e não porque seja limitado a algum espaço existente. De fato, no caso dá-se o contrário, pois sua intenção mais profunda é "criar um espaço" onde a *humanitas* do homem possa aparecer pura e luminosa. Um pensamento desse gênero, sempre "relacionado intimamente aos pensamentos de outros", está fadado a ser político, mesmo quando trata de coisas que não são minimamente políticas; pois ele sempre confirma aquela "mentalidade ampliada" kantiana, que é a mentalidade política *par excellence*.

Para explorar o espaço da *humanitas* que se converteu em seu lar, Jaspers precisou dos grandes filósofos. E retribuiu-lhes esplendidamente sua ajuda, por assim dizer, estabelecendo com eles um "âmbito do espírito" onde, uma vez mais, aparecem como pessoas falantes — falando do reino das sombras —, as quais, por terem escapado às limitações temporais, podem se tornar companhias duradouras nas coisas da mente. Gostaria de poder lhes dar alguma idéia da liberdade, da independência de pensamento que foram necessárias para estabelecer esse âmbito do espírito. Pois era essencial, acima de tudo, abandonar a ordem cronológica consagrada pela tradição, na qual parecia haver uma sucessão, uma seqüência coerente onde um filósofo transmitia a verdade para o seguinte. É certo que essa tradição perdeu há algum tempo a validade de seu conteúdo para nós; mas o padrão temporal da transmissão, do seguir-se um ao outro, parecia-nos tão obrigatório que, sem o seu fio de Ariadne, sentíamo-nos como que extraviados no passado, totalmente incapazes de nos orientarmos. Nesse transe, onde toda a relação do homem moderno com seu passado estava em jogo, Jaspers converteu a sucessão no tempo numa justaposição temporal, de modo que a proximidade e a distância não mais dependem dos séculos que nos separam de um filósofo, mas exclusivamente do ponto livremente escolhido a partir do qual entramos nesse âmbito do espírito, que durará e se expandirá enquanto houver homens na Terra.

Esse âmbito, onde Jaspers se sente em casa e para o qual nos abriu as vias de acesso, não reside no além e tampouco é utópico; não é do ontem nem do amanhã; é do presente e deste mundo. A razão o criou e nele reina a liberdade. Não é algo que se situe e se organize; ele estende-se a todos os países do mundo e a todos os seus passados. E, embora seja mundano, é invisível. É o âmbito da *humanitas*, ao qual todos podem vir a partir de suas origens pessoais. Os que nele se introduzem reconhecem-se mutuamente, pois então são "como centelhas, brilhando num fulgor mais luminoso, apagando-se até a invisibilidade, alternando-se em movimento constante. As centelhas se vêem umas às outras, e cada uma fulgura com mais brilho pois vê as outras" e pode esperar que elas a vejam.

Falo aqui em nome daqueles que Jaspers outrora conduziu a esse âmbito. Adalbert Stifter expressou de modo mais belo do que eu conseguiria o que estava então em seus corações: "Agora brotou o assombro para o homem, e dele se elevou um grande louvor".

KARL JASPERS: CIDADÃO DO MUNDO?

Ninguém pode ser cidadão do mundo quando é cidadão do seu país. Jaspers, em seu *Origin and goal of history* [Origem e meta da história] (1953), discute extensamente as implicações de um Estado e um império mundiais.[1] Qualquer que fosse a forma que pudesse assumir um governo mundial com poder centralizado sobre todo o planeta, a própria noção de uma força soberana a governar toda a Terra, com o monopólio de todos os meios de violência, sem controle e verificação por parte de outros poderes soberanos, não é apenas um pesadelo ameaçador de tirania, mas seria o fim de toda vida política, tal como a conhecemos. Os conceitos políticos se baseiam na pluralidade, diversidade e limitações mútuas. Um cidadão é, por definição, um cidadão entre cidadãos de um país entre países. Seus direitos e deveres devem ser definidos e limitados, não só pelos de seus companheiros cidadãos, mas também pelas fronteiras de um território. A filosofia pode conceber o globo como a terra natal da humanidade e uma lei não escrita eterna e válida para todos. A política trata dos homens, nativos de muitos países e herdeiros de muitos passados; suas leis são as cercas positivamente estabelecidas que cingem, protegem e limitam o espaço onde a liberdade não é um conceito, mas uma realidade política viva. O estabelecimento de um Estado soberano mundial, longe de ser o pré-requisito da cidadania mundial, seria o fim de qualquer cidadania. Seria não o clímax da política mundial, mas seu fim absolutamente literal.

Contudo, dizer que um Estado mundial concebido à imagem do Estado soberano nacional ou um império mundial à

[1] *Origin and goal of history*, pp. 193 e ss.

imagem do Império Romano é perigoso (e o domínio do Império Romano sobre as partes bárbaras e civilizadas do mundo só foi suportável porque erguia-se contra o pano de fundo sombrio e atemorizador das partes desconhecidas da Terra), não resolve nosso problema político atual. A humanidade, que para todas as gerações precedentes não passava de um conceito ou um ideal, tornou-se algo dotado de uma realidade premente. A Europa, como previra Kant, prescreveu suas leis para todos os outros continentes; mas o resultado, a emergência da humanidade a partir, e lado a lado, da existência continuada de muitas nações, assumiu um aspecto totalmente diferente daquele que Kant vislumbrara ao ver a unificação da humanidade "num futuro muito distante".[2] A humanidade deve sua existência não aos sonhos dos humanistas ou ao raciocínio dos filósofos, e tampouco, pelo menos basicamente, aos acontecimentos políticos, mas quase que exclusivamente ao desenvolvimento técnico do mundo ocidental. Quando a Europa, com toda a seriedade, começou a prescrever suas "leis" a todos os outros continentes, aconteceu também que ela própria já perdera sua crença nelas. Não menos evidente que o fato de que a tecnologia uniu o mundo é o outro fato de que a Europa exportou para os quatro cantos da Terra seus processos de desintegração — que, no mundo ocidental, haviam se iniciado com o declínio das crenças metafísicas e religiosas tradicionalmente aceitas e acompanharam o grandioso desenvolvimento das ciências naturais e a vitória do Estado-nação sobre todas as outras formas de governo. As mesmas forças que levaram séculos para solapar as antigas crenças e formas de vida política, e que têm seu lugar no desenvolvimento contínuo exclusivo do Ocidente, levaram apenas umas poucas décadas para destruir, operando de fora, crenças e modos de vida de todas as outras partes do mundo.

É verdade que, pela primeira vez na história, todos os povos

[2] "Idéia de uma história universal sob o ponto de vista cosmopolita" (1784).

da Terra têm um presente comum: nenhum acontecimento de alguma importância na história de um país pode se manter como acidente marginal na história de qualquer outro. Cada país se tornou o vizinho quase imediato de todos os outros países, e cada homem sente o impacto dos acontecimentos que ocorrem no outro lado do planeta. Mas esse presente factual comum não se baseia num passado comum e não garante minimamente um futuro comum. A tecnologia, tendo proporcionado a unidade do mundo, pode destruí-la com a mesma facilidade, e os meios de comunicação global foram projetados ao lado de meios de uma possível destruição global. É difícil negar que, no momento, o símbolo mais potente da unidade da humanidade é a possibilidade remota de que as armas atômicas empregadas por um país, segundo a sabedoria política de uma minoria, finalmente constituam o término de toda vida humana na Terra. A solidariedade da humanidade a esse respeito é totalmente negativa; funda-se não só num interesse comum num acordo que proíba o uso de armas atômicas, mas talvez também — visto que tais acordos partilham com todos os outros acordos do destino incerto de se basearem na boa-fé — num desejo comum de um mundo um pouco menos unificado.

Essa solidariedade negativa, baseada no temor à destruição global, tem seu correspondente numa percepção menos articulada, mas não menos poderosa, de que a solidariedade da humanidade só pode ser significativa num sentido positivo se vier acompanhada pela responsabilidade política. Nossos conceitos políticos, segundo os quais temos de assumir responsabilidade por todos os assuntos públicos ao nosso alcance, independentemente de uma "culpa" pessoal, pois como cidadãos nos tornamos responsáveis por tudo o que nosso governo faz em nome do país, podem nos levar a uma situação intolerável de responsabilidade global. A solidariedade entre a humanidade pode muito bem se converter numa carga insuportável, e não surpreende que as reações habituais a isso sejam a apatia política, o nacionalismo isolacionista ou a rebelião desesperada contra todos os poderes, mais do que um entusiasmo ou desejo de fazer ressurgir o humanismo. O idealismo da tradição humanista do Iluminismo e seu conceito de humanidade aparecem como um otimismo temerário à luz das realidades presentes. Estas, por outro lado, na medida em que nos trouxeram a um presente global sem um passado comum, ameaçam tornar irrelevantes todas as tradições e histórias particulares do passado.

É contra esse pano de fundo de realidades políticas e espirituais, das quais Jaspers provavelmente tem mais consciência do que qualquer outro filósofo de nossa época, que se deve entender seu novo conceito de humanidade e as proposições de sua filosofia. Kant outrora convocou os historiadores de sua época a escrever uma história "com um ponto de vista cosmopolita". Poder-se-ia facilmente "provar" que toda a obra filosófica de Jaspers, desde seu início com *Psychology of world views* [Psicologia das visões do mundo] (1919) até a história mundial da filosofia,[3] foi concebida com "um intento voltado para a cidadania mundial". Se a solidariedade entre a humanidade deve se basear em algo mais sólido que o medo justificado às capacidades demoníacas do homem, se a nova vizinhança universal de todos os países deve resultar em algo mais promissor do que um tremendo aumento do ódio mútuo e uma irritabilidade um tanto universal de todos contra todos, então é preciso que ocorra um processo em escala gigantesca de compreensão mútua e progressivo auto-esclarecimento. E assim como o pré-requisito para um governo mundial, na opinião de Jaspers, é a renúncia à soberania em favor de uma estrutura política confederada a nível mundial, assim também o pré-requisito para essa compreensão mútua seria a renúncia não à tradição e ao passado nacional de cada um, mas à autoridade constritora e à validade universal que sempre foram anunciadas pela tradição e pelo passado. Foi por essa ruptura, não com a tradição, mas com a autoridade da tradição, que Jaspers entrou na filosofia. Sua *Psychology of world views* nega o caráter absoluto de qualquer doutrina e, em seu lugar, co-

---

[3] Ver *The great philosophers*, vol. I, 1962, vol. II, 1966.

loca uma relatividade universal, onde cada conteúdo filosófico específico se torna um meio para o filosofar individual. Abre-se à força a couraça da autoridade tradicional, e os grandes conteúdos do passado são livre e "jocosamente" postos em comunicação entre si, na experiência de se comunicarem com um filosofar vivo presente. Nessa comunicação universal, que se mantém reunida pela experiência existencial do filósofo presente, todos os conteúdos metafísicos dogmáticos se dissolvem em processos e correntes de pensamento que, devido à sua relevância para meu existir e filosofar presentes, deixam seu lugar histórico definido na cadeia cronológica e entram num âmbito do espírito onde todos são contemporâneos. O que quer que eu pense deve se manter em comunicação constante com tudo o que já foi pensado. Não só porque, "em filosofia, a novidade é um argumento contra a verdade", mas porque a filosofia presente não pode ser senão "a conclusão natural e necessária do pensamento ocidental até hoje, a síntese honesta realizada por um princípio suficientemente amplo para compreender tudo o que, num certo sentido, é verdadeiro". O próprio princípio é a comunicação; a verdade, que nunca pode ser apreendida com conteúdo dogmático, surge como substância "existencial" clarificada e articulada pela razão, comunicando-se e apelando ao existir racional do outro, compreensível e capaz de compreender tudo o mais. "A *Existenz* só se torna clara através da razão; a razão só tem seu conteúdo através da *Existenz*."[4]

A pertinência dessas considerações a favor de uma fundamentação filosófica da unidade da humanidade é evidente: a "comunicação ilimitada",[5] que ao mesmo tempo significa a fé na compreensibilidade de todas as verdades *e* a boa vontade em revelar e ouvir como condição primária de todo intercurso humano, é uma das idéias, se não a idéia central, da filosofia de Jaspers. O ponto aqui é que, pela primeira vez, a comunicação

---

[4] *Reason and existence*, Nova York, 1955, p. 67.
[5] "*Grenzenlose Kommunikation*" é uma expressão que aparece em quase todas as obras de Jaspers.

não é concebida como "expressão" de pensamentos, e portanto secundária em relação ao próprio pensamento. A própria verdade é comunicativa, ela desaparece e não pode ser concebida fora da comunicação; no âmbito "existencial", verdade e comunicação são a mesma coisa. "A verdade é o que nos liga."[6] É apenas na comunicação — entre contemporâneos e também entre vivos e mortos — que a verdade se revela.

Uma filosofia que concebe a verdade e a comunicação como uma e mesma coisa abandonou a proverbial torre de marfim da mera contemplação. O pensamento se torna prático, ainda que não pragmático; é uma espécie de prática entre homens, não um desempenho de um indivíduo em sua solidão auto-escolhida. Jaspers, tanto quanto sei, é o primeiro e único filósofo que sempre protestou contra a solidão, para quem a solidão aparecia como "perniciosa", e ousou questionar "todos os pensamentos, todas as experiências, todos os conteúdos" sob este único aspecto: "O que significam eles para a comunicação? São tais que podem ajudar ou impedir a comunicação? Atraem à solidão ou incitam à comunicação?".[7] A filosofia perdeu sua humildade perante a teologia e sua arrogância em relação à vida comum do homem. Converteu-se em *ancilla vitae*.[8]

Essa atitude tem uma relevância especial no interior da tradição filosófica alemã. Kant parece ter sido o último grande filósofo que ainda se sentia inteiramente confiante em ser entendido e capaz de desfazer mal-entendidos. A frase de Hegel em

---

[6] Cf. "Vom lebendigen Geist der Universität" (1946) in: *Rechenschaft und Ausblick* (Munique, 1951), p. 185.

[7] Cf. "Über meine Philosophie" (1941) in op. cit., pp. 350, 352.

[8] Jaspers não utiliza essa expressão. Freqüentemente menciona que o filosofar é "ação interior", prática etc. Não posso discutir aqui a relação entre o pensar e o viver. Mas a seguinte frase pode mostrar em que sentido se justificaria meu uso interpretativo de *ancilla vitae*: "*Was im denkenden Leben getan werden muss, dem soll ein Philosophieren dienen, das enrinnernd und vorausgreifend die Wahrheit offenbar macht*" [O que deve ser feito na vida do pensamento servirá como uma maneira de filosofar que, pela lembrança e pela previsão, torne evidente a verdade]. Ibid., p. 356.

seu leito de morte — *se non è vero, è bene trovato* — tornou-se famosa: "Ninguém me entendeu, a não ser uma pessoa, e esta me entendeu mal". Desde então, o isolamento crescente dos filósofos num mundo que não se interessa por filosofia, pois que inteiramente fascinado pela ciência, resultou na ambigüidade e obscuridade, muito conhecidas e freqüentemente denunciadas, que para muitos parecem ser típicas da filosofia alemã e que certamente constituem a marca característica de qualquer pensamento estritamente solitário e não comunicativo. Ao nível da opinião comum, significa que a clareza e a grandeza são tidas como opostas. Os numerosos pronunciamentos de Jaspers após a guerra, seus artigos, palestras, programas de rádio, todos se guiavam por uma tentativa deliberada de popularização, de se falar de filosofia sem utilizar uma terminologia técnica, isto é, com a convicção de se poder apelar à razão e ao interesse "existencial" de todos os homens. Filosoficamente isso só foi possível por se conceber a verdade e a comunicação como uma mesma coisa.

De um ponto de vista filosófico, o perigo inerente à nova realidade da humanidade parece consistir no fato de que essa unidade, baseada nos meios técnicos de comunicação e violência, destrói todas as tradições nacionais e enterra as origens autênticas de toda a existência humana. Esse processo destrutivo até mesmo pode ser considerado como pré-requisito necessário para a compreensão última entre homens de todas as culturas, civilizações, raças e nações. Isso resultaria numa superficialidade que transformaria de modo irreconhecível o homem, tal como o conhecemos em 5 mil anos de história registrada. Seria mais que mera superficialidade; seria como se toda a dimensão de profundidade, sem a qual não pode existir o pensamento humano, mesmo ao mero nível de invenção técnica, simplesmente desaparecesse. Esse nivelamento por baixo seria muito mais radical do que o nivelamento pelo mínimo denominador comum; chegaria finalmente a um denominador que hoje em dia dificilmente conseguiríamos imaginar.

Na medida em que se concebe a verdade como algo separado e diferente de sua expressão, como algo que por si mesmo é não comunicativo, não se comunica com a razão e tampouco aquela à experiência "existencial", é quase impossível não crer que esse processo destrutivo será total e inevitavelmente acionado pelo puro automatismo da tecnologia que tornou o mundo uno e, num certo sentido, unificou a humanidade. É como se os passados históricos das nações, em sua total diversidade e disparidade, em sua estonteante variedade e desconcertante estranheza entre si, fossem apenas obstáculos no caminho para a unidade horrivelmente superficial. É claro que isso é apenas uma ilusão; se se destruísse a dimensão de profundidade a partir da qual se desenvolveram a ciência e a tecnologia modernas, o provável é que a nova unidade da humanidade não conseguiria sobreviver sequer tecnicamente. Tudo parece, então, depender da possibilidade de se pôr em comunicação mútua os passados nacionais com sua singularidade original, como única forma de alcançar o sistema global de comunicação que cubra a superfície da Terra.

É à luz de tais reflexões que Jaspers realizou a grande descoberta histórica que se converteu na pedra regular de sua filosofia da história, na sua origem e meta. A noção bíblica de que todos os homens descendem de Adão, partilham da mesma origem e caminham todos para a mesma meta de salvação e Juízo Final, é algo além do conhecimento e de provas. A filosofia cristã da história, desde Agostinho a Hegel, via no surgimento de Cristo o ponto de inflexão e o centro da história mundial. Como tal, é válida apenas para os fiéis cristãos; e se ela reivindica autoridade sobre todos, avançam tanto para uma unidade da humanidade quanto qualquer outro mito que pregue a pluralidade dos princípios e dos fins.

Contra essa e outras filosofias da história semelhantes, que abrigam o conceito de uma única história mundial a partir da experiência histórica de um só povo ou região particular do mundo, Jaspers descobriu um eixo histórico empiricamente dado que oferece a todas as nações "um arcabouço comum de autocompreensão histórica. O eixo da história mundial parece passar pelo século V a.C., em meio ao processo espiritual entre 800 e 200 a.C., — Confúcio e Lao-Tsé na China, os Upanishades e Buda na Índia, Zaratustra na Pérsia, os profetas na Palestina, Homero, os filósofos e os trágicos na Grécia.[9] Os acontecimentos ocorridos nesse período apresentavam três características comuns: não tinham nenhuma conexão entre si, constituíram a origem das grandes civilizações históricas mundiais e essas origens, em sua própria diversidade, partilhavam de algo único. Essa identidade singular pode ser abordada e definida de muitas maneiras: é a época em que as mitologias vinham sendo descartadas ou utilizadas para a fundamentação das grandes religiões mundiais, com seu conceito de um Único Deus transcendente; em que a filosofia faz a sua aparição em todos os lugares: o homem descobre o Ser como um todo e a si mesmo como radicalmente diferente de todos os outros seres; em que, pela primeira vez, o homem se torna (nas palavras de Agostinho) uma questão para si mesmo, torna-se consciente da consciência, começa a pensar; em que por todas as partes aparecem grandes personalidades que, aceitas ou não como simples membros de suas respectivas comunidades, se pensam como indivíduos e projetam novos modos individuais de vida — a vida do homem sábio, a vida do profeta, a vida do ermitão que se retira de toda a sociedade e se recolhe numa interioridade e espiritualidade inteiramente novas. Todas as categorias básicas do nosso pensamento e todos os princípios básicos de nossas crenças foram criados naquele período. Foi a época em que a humanidade descobriu pela primeira vez a condição humana na Terra, de modo que, a partir daí, a mera seqüência cronológica dos eventos podia se converter numa estória e as estórias podiam ser elaboradas numa história, num objeto significativo de reflexão e compreensão. O eixo histórico da humanidade, assim, é "um período em torno de meados do último milênio a.C, para o qual tudo o que o precedera parecia ter sido uma preparação, e ao qual realmente remonta tudo o que surgiu, muitas ve-

---

[9] *Origin*, pp. 1 e s.

zes com nítida consciência. A história mundial da humanidade deriva sua estrutura desse período. Não é um eixo que poderíamos dizer permanentemente absoluto e único. Mas é o eixo da curta história mundial que teve lugar até agora, o qual poderia representar, para a consciência de todos os homens, a base da unidade histórica que reconhecem na solidariedade. Esse eixo real seria então a encarnação de um eixo ideal, em torno do qual se une a humanidade em seu movimento".[10]

Nessa perspectiva, a nova unidade da humanidade poderia adquirir um passado próprio através de um sistema de comunicações, por assim dizer, onde as diferentes origens da humanidade se revelariam em sua própria identidade. Mas essa identidade está longe de ser uma uniformidade; assim como o homem e a mulher podem ser os mesmos, isto é, humanos, apenas se forem absolutamente diferentes um do outro, da mesma forma o nacional de cada país só pode entrar nessa história mundial da humanidade se permanecer e aderir obstinadamente ao que ele é. Um cidadão do mundo, vivendo sob a tirania de um império mundial, falando e pensando numa espécie de esperanto glorificado, seria tão monstruoso como um hermafrodita. O elo entre os homens, subjetivamente, é a "vontade de comunicação ilimitada" e, objetivamente, o fato da compreensibilidade universal. A unidade e a solidariedade entre a humanidade não podem consistir num acordo universal sobre uma única religião, ou uma única filosofia, ou uma única forma de governo, mas na fé de que o múltiplo aponta para um Uno, simultaneamente oculto e revelado pela diversidade.

A era axial iniciou o desenvolvimento das grandes civilizações mundiais, que, juntas, constituem o que geralmente chamamos de história mundial, e encerrou um período a que chamamos de pré-histórico, devido a esse desenvolvimento posterior. Se pensamos em nossa própria era nos termos desse plano histórico, podemos muito bem chegar à conclusão de que o surgimento da humanidade como uma realidade política tangível marca o

[10] Ibid., pp. 262 e s.

fim daquele período da história mundial que se iniciou na era axial. Jaspers, de certa maneira, concorda com o sentimento generalizado de que nossos tempos, de alguma forma, chegaram ao fim, mas discorda da ênfase sobre a ruína que geralmente acompanha tais diagnósticos. "Vivemos como que batendo a portas que ainda estão fechadas para nós."[11] O que aparece tão nitidamente como um fim pode ser mais bem compreendido como um início cujo significado profundo ainda não conseguimos captar. Nosso presente é enfaticamente, e não apenas logicamente, a suspensão entre um não-mais e um ainda-não. O que agora se inicia, após o fim da história mundial, é a história da humanidade. O que isso será ao final, não sabemos. Podemos nos preparar para ela através de uma filosofia da humanidade cujo conceito central seria o conceito de comunicação de Jaspers. Essa filosofia não abolirá, nem sequer criticará, os grandes sistemas filosóficos do passado na Índia, na China e no Ocidente, mas os despirá de suas afirmações metafísicas dogmáticas, as dissolverá, por assim dizer, em correntes de pensamento que se encontram e se cruzam entre si, pondo-os em comunicação recíproca, e finalmente reterá apenas o que é universalmente comunicativo. Uma filosofia da humanidade se distingue de uma filosofia do homem pela sua insistência sobre o fato de que não o Homem falando consigo mesmo no diálogo da solidão, mas os homens falando e comunicando-se entre si habitam a Terra. Evidentemente, a filosofia da humanidade não pode prescrever nenhuma ação política como um dos grandes âmbitos humanos da vida, contra todos os filósofos anteriores que, desde Platão, pensavam a *bios politikos* como um modo inferior de vida e a política como um mal necessário ou, nas palavras de Madison, "a maior de todas as reflexões sobre a natureza humana".[12]

Para apreender a relevância filosófica do conceito de humanidade e cidadania mundial de Jaspers, seria bom lembrar o con-

---

[11] "Vom Europäischen Geist" (1946), in *Rechenschaft und Ausblick*, p. 260.
[12] *The Federalist*, nº 51

ceito de humanidade de Kant e a noção de história mundial de Hegel, visto que constituem sua base tradicional adequada. Kant via a humanidade como um possível resultado final da história. A história, diz ele, não ofereceria senão a visão de uma "melancólica casualidade" ("*trostloses Ungefähr*") caso não houvesse uma esperança justificada de que as ações avulsas e imprevisíveis dos homens pudessem ao final realizar a humanidade como uma comunidade politicamente unida, ao par do pleno desenvolvimento da qualidade humana do homem. O que se vê das "ações dos homens no grande quadro mundial [...] em geral [parece] tecido de loucura, vaidade pueril, muitas vezes de malícia e destrutividade pueris", e só pode adquirir sentido se supusermos que existe um secreto "intento da natureza nesse curso sem sentido dos assuntos humanos",[13] que opera por trás dos homens. É interessante notar, e é uma característica da nossa tradição de pensamento político, que foi Kant, e não Hegel, o primeiro a conceber uma astuta força secreta, a fim de encontrar algum sentido na história política. A experiência que se encontra por trás não é senão a de Hamlet: "Nossos pensamentos são nossos, seus fins nada têm com os nossos", exceto que essa experiência era particularmente humilhante para uma filosofia cujo núcleo era a dignidade e a autonomia do homem. A humanidade, para Kant, era aquele estado ideal num "futuro muito distante", onde a dignidade do homem coincidiria com a condição humana na Terra. Mas esse estado ideal necessariamente poria um fim à política e à ação política, tais como as conhecemos atualmente e cujas loucuras e variedades são registradas pela história. Kant antevê um futuro muito distante em que a história passada realmente terá se convertido na "educação da humanidade", segundo as palavras de Lessing. A história humana então não teria maior interesse que a história natural, onde consideramos o estado presente de cada espécie como o *telos* inerente a todo o desenvolvimento anterior, como seu fim, no duplo sentido da meta e conclusão.

---

[13] "Idea for a universal history", op. cit., Introdução.

A humanidade para Hegel se manifesta no "espírito universal"; em sua quintessência, ela sempre se encontra aí num dos seus estágios históricos de desenvolvimento, mas nunca pode se tornar uma realidade política. Ela também se realiza por uma astuta força secreta; mas o "ardil da razão" difere da "astúcia da natureza" de Kant na medida em que só pode ser percebida pelo olho contemplativo do filósofo, único para quem adquire sentido a cadeia de acontecimentos aparentemente arbitrários e desconexos. O clímax da história mundial não é o surgimento fático da humanidade, mas o momento em que o espírito universal adquire sua autoconsciência numa filosofia, quando o Absoluto finalmente se revela para o pensamento. A história mundial, o espírito universal e a humanidade dificilmente têm qualquer conotação política na obra hegeliana, apesar dos fortes impulsos políticos do jovem Hegel. Imediatamente, e muito apropriadamente, tornaram-se idéias dominantes nas ciências históricas, mas continuaram sem nenhuma influência notável na ciência política. Foi em Marx, que decidiu "pôr Hegel de novo sobre os pés", isto é, transformar a *interpretação* da história no *fazer* da história, que esses conceitos mostraram sua relevância política. E essa é uma história totalmente diferente. É óbvio que, não importa quão próxima ou distante possa estar a realização da humanidade, só se pode ser um cidadão do mundo dentro da estrutura das categorias kantianas. O melhor que pode acontecer a qualquer indivíduo no sistema hegeliano de revelação histórica do espírito universal é ter a boa sorte de nascer entre as pessoas certas no momento histórico certo, de modo que o seu nascimento coincida com a revelação do espírito universal nesse período particular. Para Hegel, ser um membro da humanidade histórica significava ser um grego, e não um bárbaro, no século V a.C., um cidadão romano, e não um grego, nos primeiros séculos de nossa era, ser um cristão e não um judeu na Idade Média, etc.

Comparado com Kant, o conceito de humanidade e cidadania mundial de Jaspers é histórico; comparado com Hegel, é político. Ele de certa forma combina a profundidade da experiência histórica de Hegel com a grande sabedoria política de Kant.

Contudo, o que distingue Jaspers de ambos é decisivo. Ele não crê na "casualidade melancólica" da ação política e das loucuras da história registrada, nem na existência de uma astuta força secreta que dirige o homem para a sabedoria. Abandonou o conceito kantiano de uma "boa vontade" incapaz de ação, por ser baseada na razão.[14] Rompeu tanto com o desespero como com a consolação do idealismo alemão na filosofia. Se a filosofia deve se tornar *ancilla vitae*, não há dúvidas sobre a função que tem a preencher: nas palavras de Kant, ela terá antes de "carregar o archote à frente de sua graciosa senhora do que a cauda do seu vestido atrás".[15]

A história da humanidade antevista por Jaspers não é a história universal de Hegel, onde o espírito universal usa e consome país após país, povo após povo, nos estágios de sua realização gradual. E a unidade da humanidade em sua realidade presente está longe de ser a consolação ou recompensa por toda a história passada, tal como Kant esperava. Politicamente, a nova unidade frágil realizada pelo domínio técnico sobre o mundo só pode ser assegurada dentro de um quadro de acordos mútuos universais, que finalmente levarão a uma estrutura confederada em escala mundial. Para isso, a filosofia política pouco mais pode fazer além de descrever e prescrever o novo princípio de ação política. Assim como, segundo Kant, não deveria ocorrer nada na guerra que impossibilitasse uma paz e reconciliação futuras, da mesma forma, segundo as implicações da filosofia de Jaspers, na política atual não deveria ocorrer nada contrário à solidariedade realmente existente entre a humanidade. A longo prazo, isso pode significar que a guerra deve ser conduzida a partir do arsenal de meios políticos, não só porque a possibilidade de uma guerra atômica ameaçaria a existência de toda a humanidade, mas porque cada guerra, por mais limitada que seja no uso dos

---

[14] "[...] a vontade geral reverenciada, mas praticamente ineficaz, que é fundada na razão", "To eternal peace" (1795), tradução citada a partir de Carl Joachim Friedrich, ed. Modern Library.
[15] Ibid.

meios e territórios, afeta imediata e diretamente toda a humanidade. A abolição da guerra, tal como a abolição de uma pluralidade de Estados soberanos, traria seus próprios perigos particulares; os vários exércitos com suas antigas tradições e códigos de honra mais ou menos respeitados seriam substituídos por forças policiais confederadas, e nossas experiências com os Estados policiais e governos totalitários modernos, onde o antigo poder do exército é eclipsado pela onipotência crescente da polícia, não nos permitem ser demasiado otimistas a respeito dessa perspectiva. Tudo isso, porém, ainda se encontra num futuro muito distante.

ISAK DINESEN: 1885-1963

> *Les grandes passions sont rares*
> *comme les chefs-d'œuvres*
> Balzac

A baronesa Karen Blixen, *née* Karen Christentze Dinesen — chamada Tanne pela sua família, e Tania primeiramente pelo seu amante e a seguir pelos amigos —, foi a escritora dinamarquesa de rara distinção que escreveu em inglês por fidelidade à língua do seu amante falecido e, no espírito do bom coquetismo antiquado, em parte ocultava, em parte mostrava sua autoria prefixando ao seu sobrenome de solteira o pseudônimo masculino "Isak", aquele que ri. O riso supostamente resolveria vários problemas um tanto incômodos, entre os quais o menos sério talvez fosse sua firme convicção de que ser uma autora, portanto uma figura pública, não era algo muito conveniente para uma mulher; a luz que ilumina o domínio público é demasiado crua para ser agradável. Tivera suas experiências nesse assunto desde que sua mãe fora uma defensora do voto feminino, ativa na luta pelos direitos políticos da mulher na Dinamarca, e provavelmente uma daquelas excelentes mulheres que nunca levarão um homem à tentação de seduzi-las. Aos vinte anos, escrevera e publicara alguns contos e fora encorajada a prosseguir, mas imediatamente decidiu o contrário. Ela "outrora nunca quis ser uma escritora", "tinha um medo intuitivo de ficar presa", e qualquer profissão, por designar invariavelmente um papel definido na vida, seria uma armadilha, escudando-a contra as infinitas possibilidades da própria vida. Tinha quarenta e tantos anos quando começou a escrever profissionalmente, e quase cinqüenta quando apareceu seu primeiro livro, *Seven gothic tales* [Sete contos góticos]. Naquela época descobrira (conforme sabemos a partir de "The dreamers" [Os sonhadores]) que a maior armadilha na vida é a identidade própria do indivíduo — "não serei novamente uma pessoa. [...] Nunca mais terei meu coração e toda minha vida ligados a uma mulher" — e que o melhor conselho que se pode dar aos amigos (no conto, Marcus Cocoza,) por exemplo é não se preocupar "demais com Marcus Cocoza", pois isso significa ser "realmente seu escravo e prisioneiro". Portanto, a armadilha era não tanto o escrever, profissionalmente ou não, mas antes o tomar-se a sério e identificar a mulher com a autora que tem sua identidade inelutavelmente confirmada em público. Podia-se compreender melhor que o pesar por ter perdido sua vida e seu amante na África faria dela uma escritora e lhe daria uma espécie de segunda vida, se se entendesse isso como uma brincadeira, e "Deus aprecia uma brincadeira" tornou-se sua máxima no período final da vida. (Ela apreciava esses lemas de vida e começara com *navigare necesse est, vivere non necesse est*, para depois adotar o *Je responderay*, responderei e prestarei contas, de Denys Finch-Hatton.)

Mas foi mais que o medo de cair numa armadilha que a fez, entrevista após entrevista, defender-se categoricamente da noção comum de ser uma escritora nata e uma "artista criativa". A verdade é que nunca sentira qualquer ambição ou especial premência para escrever, quanto menos para *ser* uma escritora; podia-se deixar de lado o pequeno texto que redigira na África, pois apenas servira, "em épocas de seca", em todos os sentidos, para dispersar suas preocupações sobre a fazenda e aliviar seu tédio quando não havia nenhum outro trabalho a fazer. Somente uma vez "criara alguma ficção para conseguir dinheiro" e, embora *The angelic avengers* [Os vingadores angelicais] realmente rendesse um pouco, foi "terrível". Não, ela começara a escrever simplesmente "porque tinha de ganhar a vida" e "só podia fazer duas coisas, cozinhar e [...] talvez escrever". Ela aprendera a cozinhar em Paris e mais tarde na África, para agradar aos amigos, e para entreter os amigos e também os nativos aprendera sozinha a contar histórias. "Se pudesse ter ficado na África, nunca se tornaria escritora." Pois *"Moi, je suis une conteuse, et rien qu'une conteuse. C'est l'histoire elle-même qui m'intéresse, et la façon de la raconter"* [Eu, eu sou uma contadora de histórias e nada mais. É a própria história que me interessa, e a maneira de contá-la]. Tudo que precisava para começar era a vida e o mundo, praticamente qualquer tipo de mundo ou ambiente; pois o mundo está cheio de histórias, de acontecimentos e ocorrências e eventos estranhos, que só esperam ser contados, e a razão pela qual geralmente permanecem não contados é, segundo Isak Dinesen, a falta de imaginação — pois somente se você consegue imaginar o que aconteceu de alguma maneira, repeti-lo na imaginação, é que você verá as histórias, e somente se você tem a paciência de contá-las e recontá-las ("*Je me les raconte et reraconte*") é que poderá contá-las bem. Isso, evidentemente, ela fizera durante toda sua vida, mas não para se tornar uma artista, nem sequer para se tornar uma daquelas velhas e sábias contadoras profissionais de histórias que encontramos em seus livros. Nunca se estará plenamente vivo se não se repetir a vida na imaginação, a "falta de imaginação" impede as pessoas de "existirem". "Seja fiel à história", como um de seus contadores adverte ao jovem, "seja eterna e constantemente fiel à história" significa nada menos que: Seja fiel à vida, não crie ficções mas aceite o que a vida está lhe dando, mostre-se digno do que quer que seja, coletando-o e ponderando-o e assim repetindo-o na imaginação; esta é a forma de se manter vivo. E viver no sentido de estar plenamente vivo desde cedo fora e até o final continuou a ser seu único propósito e desejo. "Minha vida, nunca deixarei que você parta, a menos que me fira, mas então eu a deixarei partir." A recompensa por contar história é ser capaz de deixar partir: "Quando o contador de histórias é fiel [...] à história, aí, ao final, o silêncio falará. Ali onde a história foi traída, o silêncio é apenas vácuo. Mas nós, os fiéis, quando pronunciarmos nossa última palavra, ouviremos a voz do silêncio".

Certamente isso exige habilidade, e nesse sentido o contar histórias não é apenas uma parte do viver, mas pode se converter numa arte por direito próprio. Tornar-se artista também demanda tempo e um certo desapego em relação à tarefa pesada e intoxicante do puro viver, a qual talvez só possa ser tratada em meio ao viver pelo artista nato. De qualquer forma, em seu caso há uma aguda linha que separa sua vida da sua futura vida como autora. Somente ao perder o que constituíra sua vida, seu lar na África e seu amante, ao retornar à casa em Rungstedlund como um completo "fracasso", sem nada nas mãos além de dor e tristeza e memórias, é que se converteu na artista e no "êxito" em que, de outra forma, jamais se converteria — "Deus aprecia uma brincadeira", e as brincadeiras divinas, como muito bem sabiam os gregos, freqüentemente são cruéis. O que ela então fez era único na literatura contemporânea, embora possa ser equiparado a certos escritores do século XIX — vêm à mente as anedotas e histórias curtas de Heinrich Kleist e alguns contos de Johann Peter Hebel, principalmente *Unverhofftes Wiedersehen*. Eudora Welty o definiu cabalmente numa pequena frase de extrema precisão: "De uma história ela fez uma essência; da essência fez um elixir; e do elixir começou novamente a compor a história".

A relação da vida de uma artista com sua obra sempre levantou problemas embaraçosos, e nossa avidez em ver noticiado, exibido e discutido em público aquilo que antes não era da conta de ninguém e constituía assunto estritamente privado, é provavelmente menos legítima do que nossa curiosidade se dispõe a admitir. Infelizmente, as questões que inevitavelmente se levantam sobre a biografia de Parmenia Migel (*Titania. The Biography of Isak Dinesen*, Random House, 1967) não são dessa ordem. Seria generoso dizer que o texto é inqualificável e, embora cinco anos dedicados à pesquisa supostamente oferecessem "material suficiente [...] para uma obra monumental", quase nunca temos algo além de citações do material, já publicado, extraído de livros e entrevistas sobre o tema ou ainda de *Isak Dinesen: a memorial*, publicado em 1965 pela Random House. Os poucos fatos aqui revelados pela primeira vez são tratados com uma incompetência piegas que poderia ser assinalada por qualquer revisor. (Não se pode propriamente dizer que um homem prestes a cometer suicídio [o pai dela] tenha "uma certa premonição [...] de sua morte próxima"; na p. 36, somos avisados de que seu primeiro amor iria "permanecer anônimo", coisa que não ocorre, pois à p. 210 passamos a saber quem era ele; somos informados de passagem de que seu pai "simpatizara com os *communards* e tinha tendências esquerdistas" e nos é dito, pela voz de uma tia, que "ele ficara profundamente entristecido com os horrores que presenciara durante a Comuna de Paris". Um homem desiludido, poderíamos concluir, caso não soubéssemos, através do memorial acima citado, que posteriormente ele escreveu um livro de memórias "onde [...] rendeu justiça ao patriotismo e idealismo dos *communards*". Seu filho confirma as simpatias com a Comuna e acrescenta que "no parlamento seu partido era a Esquerda".) Pior que a pieguice é a *délicatesse* teimosa e cabeçuda aplicada ao fato novo, de longe o mais relevante, que contém o livro: a infecção venérea — o marido de quem se divorciara, conservando porém o título e o sobrenome (pela "satisfação de ser tratada como baronesa", como sugere sua biógrafa?), havia "deixado a ela o legado da doença" — cujas conseqüências sofreu durante toda sua vida. Sua história médica realmente teria um interesse considerável; sua secretária conta a que ponto o fim de sua vida se consumira numa "luta heróica contra o esmagador avanço da doença [...] como um ser humano tentando deter uma avalanche". E o pior de tudo é a impertinência ocasional e antes inocente, tão típica dos adoradores profissionais que se encontram em torno da maioria das celebridades; Hemingway, que de forma absolutamente generosa dissera em seu discurso, ao receber o Prêmio Nobel, que ele deveria ter sido outorgado a "aquela bela escritora Isak Dinesen", "não podia deixar de invejar o equilíbrio e a sofisticação [de Tania]" e "precisava matar para provar sua virilidade, extirpar a insegurança que nunca conseguiu realmente dominar". Tudo isso seria desnecessário dizer e seria melhor passar em silêncio por todo esse empreendimento, não fosse o infeliz fato de ter sido a própria Isak Dinesen (ou terá sido a baronesa Karen Blixen?) quem encomendou, por assim dizer, essa biografia, gastou horas e dias com a sra. Migel para instruí-la e, logo antes de sua morte, lembrou-lhe mais uma vez do "*meu* livro", extraindo a promessa de que ele estaria concluído "tão logo eu morra". Bem, nem a vaidade, nem a necessidade de adoração — o triste substituto da suprema confirmação da existência do indivíduo que só pode ser oferecida pelo amor, mútuo amor — são pecados mortais; mas são instigadores insuperáveis quando precisamos de sugestões para nos fazermos de tolos.

Ninguém, obviamente, conseguiria contar a história de sua vida da mesma forma como ela própria pode tê-la contado, e por que não escreveu uma autobiografia é uma pergunta tão fascinante quanto sem resposta. (É uma pena que sua biógrafa aparentemente nunca tenha lhe perguntado sobre essa questão óbvia.) Pois *Out of Africa* [Fora da África], que muitas vezes é dito autobiográfico, é singularmente reticente, e silencia sobre quase todas as questões que sua biógrafa teria de levantar. Nada nos diz sobre o casamento infeliz e o divórcio, e apenas o leitor cuidadoso dali apreenderá que Denys Finch-Hatton era mais que um amigo e visita regular. O livro na verdade é, como indicou Robert Langbaum, de longe seu melhor crítico, "uma autêntica pastoral, talvez a melhor pastoral em prosa de nossa época", e por ser uma pastoral, e não um drama sob nenhum aspecto, nem mesmo na narração da morte de Denys Finch-Hatton num desastre de avião e das últimas semanas desoladas em aposentos vazios com caixas embaladas, consegue incorporar muitas histórias, mas apenas insinua, com as alusões mais tênues e rarefeitas, a história subjacente de uma *grande passion* que então era, e aparentemente continuou a ser até o fim, a fonte de sua atividade de contar histórias. Nem na África ou em nenhum outro período de sua vida, ela jamais ocultou nada; podemos imaginar que deve ter se sentido orgulhosa de ser a amante desse homem que, em suas descrições, mantém-se curiosamente inanimado. Mas, em *Out of Africa*, ela admite sua relação apenas por implicação — ele "não tinha nenhum outro lar na África além da fazenda, vivia em minha casa no intervalo entre seus safáris", e, quando ele voltava, a casa "anunciava o que havia nela; ela falava — como falam os cafezais, quando florescem com os primeiros aguaceiros da estação das chuvas"; então "as coisas da fazenda todas falavam o que realmente eram". E ela, tendo "elaborado muitas [histórias] enquanto ele estivera fora", estaria "sentada no chão, com as pernas cruzadas, como a própria Sherazade".

Quando, nesse cenário, chamava-se a si mesma de Sherazade, referia-se a algo mais que à crítica literária que se seguiria ao tema, mais que ao mero contar histórias, ao *"Moi, je suis une conteuse et rien qu'une conteuse"*. As mil e uma noites — cujas "histórias ela colocava acima de tudo o mais" — não se passavam agradavelmente apenas com histórias; elas produziram três filhos. E seu amante, que, "quando vinha à fazenda, perguntaria: 'Você tem uma história?'", não era como o rei árabe que, "estando inquieto, apreciava a idéia de ouvir a história". Denys Finch-Hatton e seu amigo Berkeley Cole pertenciam à geração dos rapazes que a Primeira Guerra Mundial tornara para sempre incapazes de suportar as convenções e cumprir com as obrigações da vida cotidiana, de seguir suas carreiras e desempenhar seus papéis numa sociedade que os entediava a ponto de enlouquecê-los. Alguns se tornaram revolucionários e viviam na terra dos sonhos do futuro; outros, pelo contrário, escolheram o país dos sonhos do passado e viviam como se "o deles [...] fosse um mundo que não mais existia". Juntos partilhavam do credo fundamental de que "não pertenciam ao seu século". (Em linguagem política, pode-se dizer que eram antiliberais, na medida em que o liberalismo significava a aceitação do mundo tal como era, juntamente com a esperança em seu "progresso"; os historiadores sabem até que ponto coincidem as críticas conservadora e revolucionária ao mundo da burguesia.) Em ambos os casos, queriam ser "exilados" e "desertores", totalmente dispostos "a pagar pelo seu voluntarismo", mais do que a se assentarem e fundarem uma família. De qualquer forma, Denys Finch-Hatton ia e vinha quando queria, e nada obviamente estava mais longe de suas idéias do que se prender pelo casamento. Nada além da chama da paixão o prenderia e o atrairia de volta, e o modo mais seguro de impedir que a chama se extinguisse com o tempo e a inevitável repetição, ambos se conhecendo bem demais e tendo já ouvido todas as histórias, era o de se tornar inesgotável na elaboração de novas histórias. Seguramente, ela sentia tanta ansiedade em entretê-lo quanto Sherazade, com a mesma consciência de que o fracasso em agradá-lo seria sua morte.

Daí *la grande passion*, com a África ainda selvagem, ainda não domesticada, o cenário perfeito. Lá seria possível traçar a linha "entre respeitabilidade e decência, e [dividir] nossos conhecidos, humanos e animais, segundo a doutrina. Considerávamos os animais domésticos como respeitáveis e os animais selvagens como decentes, e sustentávamos que, enquanto a existência e o prestígio dos primeiros eram decididos pela sua relação com a comunidade, os outros permaneciam em contato direto com Deus. Porcos e galinhas, concordávamos, eram dignos do nosso respeito, na medida em que fielmente retribuíam o que se investia neles, e [...] se conduziam conforme se esperava deles. [...] Nós nos inscrevíamos entre os animais selvagens, tristemente admitindo a inadequação de nosso retorno à comunidade — e às nossas hipotecas —, mas compreendendo que possivelmente não conseguiríamos, nem mesmo para obter a mais alta aprovação do que nos cercava, renunciar àquele contato direto com Deus que partilhávamos com o hipopótamo e o flamingo". Entre as emoções, *la grande passion* é tão destrutiva daquilo que é socialmente aceitável, quanto desdenhosa em relação ao que se julga "digno do nosso respeito", tal como os exilados e desertores o são em relação à sociedade civilizada da qual provieram. Mas a vida é vivida em sociedade, e por conseguinte o amor — não o amor romântico, certamente, que monta a cena para a bem-aventurança conjugal — também é destrutivo para a vida, como sabemos a partir dos famosos casais de amantes da história e da literatura, que desembocaram todos na dor. Escapar à sociedade — isso não significaria admitir não só a paixão, mas uma vida apaixonada? Não foi essa a razão pela qual ela abandonou a Dinamarca, para se expor a uma vida sem proteção da sociedade? "O que me fizera desejar ardentemente a África?", perguntou ela e a resposta veio na canção do "Mestre", cuja "palavra foi uma lâmpada aos meus pés e uma luz em meu caminho":

> *Quem evita a ambição*
> *E ama viver ao sol,*
> *Buscando o que comer,*

> *E contente com o que consegue,*
> *Venha cá, venha cá, venha cá:*
> *Aqui não verá*
> *Nenhum inimigo*
> *Além do inverno e mau tempo.*
> *Se vier a acontecer*
> *Que algum homem vire asno*
> *Deixando riqueza e ócio,*
> *Uma vontade tenaz de agradar,*
> *Ducdame, ducdame, ducdame:*
> *Aqui verá*
> *Grandes tolos como ele,*
> *E se quiser que venha a mim.*

Sherazade, com todas as implicações desse nome, vivendo entre os "grandes tolos" de Shakespeare que evitam a ambição e amam viver ao sol, tendo encontrado um lugar "a 3 mil metros" de onde ririam "da ambição dos recém-chegados, das missões, das pessoas de negócios e do próprio governo em tornar o continente da África respeitável", em nada se empenham a não ser preservar os nativos, os animais selvagens e os exilados e desertores ainda mais selvagens da Europa, os aventureiros transformados em guias e caçadores de safáris, em "sua inocência do período antes da Queda" — é o que ela queria ser, como queria viver e como aparecia a si mesma. Não era necessariamente como ela aparecia aos outros, em particular ao seu amante. Tania, ele a chamara, e a seguir acrescentara Titania. ("Há aqui uma tal magia no povo e na terra", dissera a ele; e Denys "sorriu para ela com uma superioridade afetuosa. 'A magia não está no povo ou na terra, mas nos olhos de quem vê. [...] Você traz sua própria magia a eles, Tania [...] Titania'.") Parmenia Migel escolheu o nome como título da sua biografia, e não seria um mau título se ela tivesse lembrado que o nome implica algo além da Rainha das Fadas e sua "magia". Os dois amantes, entre os quais primeiramente surgiu o nome, sempre citando Shakespeare entre si, evidentemente sabiam melhor disso; sabiam que a Rainha das

Fadas era bem capaz de se apaixonar por Bottom e tinha uma avaliação um tanto irrealista de seus próprios poderes mágicos:

> *"E eu purgarei tua densidade mortal e*
> *Poderás seguir como um espírito aéreo".*

Bem, Bottom não se transformou num espírito aéreo, e Puck nos conta a verdade do assunto para todos os fins práticos:

> *"Minha senhora está apaixonada por um monstro. [...]*
> *Titania despertou e logo amou um asno".*

O problema era que a magia uma vez se mostrou totalmente ineficaz. A catástrofe que finalmente recaiu sobre ela, já a trazia dentro de si, quando decidiu ficar na fazenda, mesmo devendo saber que o café que crescia "a uma altura tão elevada [...] era decididamente inaproveitável", e, para piorar a situação, ela "não sabia nem aprendera muito sobre o café, mas persistia na convicção inabalável de que seu poder intuitivo lhe diria o que fazer" — como observou seu irmão, em reminiscências ternas e sensíveis após a sua morte. Somente quando foi expulsa da terra que, por dezessete longos anos, sustentada pelo dinheiro da família, lhe permitira ser Rainha, Rainha das Fadas, é que a verdade despontou sobre ela. Lembrando a distância o seu cozinheiro africano, Kamante, ela escreveu: "Onde o grande Chefe andava imerso em profundos pensamentos, pleno de conhecimentos, ninguém via senão um pequeno Kikuyu cambaio, um anão com o rosto chato e liso". Sim, ninguém exceto ela, sempre repetindo tudo na magia da imaginação, de onde brotavam as histórias. No entanto, o ponto da questão é que mesmo essa desproporção, uma vez descoberta, pode se tornar matéria para uma história. Assim, encontramos novamente Titania em "The dreamers", agora chamada de "Dona Quixota de la Mancha", e lembra ao velho judeu sábio, que na história desempenha o papel de Puck, as "serpentes dançantes" que uma vez viu na Índia, serpentes que não têm "nenhum veneno" e matam, se matam, pela simples força do abraço. "De fato, vê-la, desdobrando suas grandes espirais para se enrolar, prender e finalmente esmagar um rato da campina, é suficiente para estourar de rir." De certa forma, é assim que a pessoa se sente ao ler, página após página, sobre seus "êxitos" posteriores e como ela os desfrutou, aumentando-os além de todas as proporções — o fato de que tanta intensidade, tanta passionalidade corajosa se desperdiçassem em indicações de clubes do livro para membro honorário em sociedades de prestígio, o fato de que a precoce percepção lúcida de que a dor é melhor do que nada, de que, "entre o pesar e o nada, escolhe o pesar" (Faulkner), finalmente fosse recompensada pela pequena troca de prêmios, distinções e homenagens, retrospectivamente pode ser patético; o próprio espetáculo devia estar muito próximo da comédia.

As histórias salvaram seu amor, e as histórias salvaram sua vida depois de ocorrido o desastre. "Todas as dores podem ser suportadas se você as puser numa história ou contar uma história sobre elas." A história revela o sentido daquilo que, do contrário, permaneceria como uma seqüência intolerável de puros acontecimentos. "O gênio silencioso e envolvente da concordância", que é também o gênio da verdadeira fé — quando seu empregado árabe ouve a notícia da morte de Denys Finch-Hatton, replica: "Deus é grande", tal como o *Kaddish* hebreu, oração fúnebre rezada pelo parente mais próximo, não diz senão "Santificado seja seu nome" —, alça-se da história porque, na repetição da imaginação, os acontecimentos se converteram naquilo que ela chamaria de "destino". Concordar tanto com o destino pessoal de alguém, a ponto de não se poder distinguir entre a dança e o dançarino, a ponto de a resposta à pergunta "Quem é você?" ser a resposta do Cardeal, "Permita-me [...] responder-lhe à maneira clássica, e contar-lhe uma história", é a única aspiração digna do fato de termos recebido a vida. Isso também se chama orgulho, e a verdadeira linha divisória entre as pessoas está em serem capazes de "amar [seu] destino" ou "aceitar como um êxito aquilo que os outros garantem estar [...] na cotação do dia. Eles tremem, com razão, perante seu destino". Todas as suas histórias são realmente "Anedotas do Destino", contam e contam repetidamente como ao final estaremos numa posição privilegiada para julgar; ou, para dizer de outra forma, como seguiremos um dos "dois cursos de pensamento totalmente corretos para uma pessoa com alguma inteligência [...] : O que Deus entendeu por criar o mundo, o mar e o deserto, o cavalo, os ventos, a mulher, o âmbar, os peixes e o vinho?".

É verdade que o contar histórias revela o sentido sem cometer o erro de defini-lo, realiza o acordo e a reconciliação com as coisas tais como realmente são, e até podemos confiar que eventualmente contenha, por implicação, aquela última palavra que esperamos do "dia do juízo". E no entanto, se ouvimos a "filosofia" do contar histórias de Isak Dinesen e pensamos em sua vida à luz dela, não conseguimos evitar a consciência de que o mínimo mal-entendido, o mais leve desvio de ênfase para a direção errada, inevitavelmente fará ruir tudo. Se é verdade, como sugere sua "filosofia", que ninguém tem uma vida digna de ser pensada sem que se possa contar sua história de vida, não se segue então que a vida poderia, e até deveria, ser vivida como uma história, e que o que se tem a fazer na vida é tornar a história verdadeira? "O orgulho", escreveu uma vez em seu caderno de notas, "é a fé na idéia que teve Deus ao nos fazer. Um homem orgulhoso é consciente da idéia e aspira a realizá-la." A partir do que agora sabemos de sua vida anterior, parece absolutamente claro que foi isso que ela tentou fazer quando jovem: "realizar" uma "idéia" e antecipar o destino de sua vida, tornando verdadeira uma velha história. A idéia lhe veio como legado do seu pai, a quem amava imensamente — a morte dele, quando ela tinha dez anos, foi a primeira grande dor, o fato de ter cometido suicídio, como veio mais tarde a saber, foi o primeiro grande choque do qual ela se recusou a se afastar —, e a história que planejara executar em sua vida pretendia realmente ser a seqüência da história de seu pai. Esta envolvera "*une princesse de conte de fées* que todos adoravam", a qual ele conhecera e amara antes de seu casamento, e que morreu subitamente aos vinte anos de idade. Seu pai havia mencionado o fato a ela, e uma tia posteriormente sugeriu que ele nunca conseguira se recuperar da perda da jovem, e que seu suicídio era o resultado de sua dor incurável. A jovem, revelou-se, era uma prima de seu pai, e a maior ambição da filha passou a ser pertencer a esse lado da família paterna, além do mais da alta nobreza dinamarquesa, "uma raça totalmente diferente" de seu próprio meio, como conta seu irmão. É inteiramente natural que um de seus membros, que seria uma sobrinha da jovem falecida, tenha se tornado sua melhor amiga e, quando "ela se apaixonou 'pela primeira vez e realmente para sempre', [como] costumava dizer", foi com um segundo primo, Hans Blixen, que seria sobrinho da jovem falecida. E como este não lhe deu atenção, ela decidiu, aos 27 anos, idade suficiente para ter um pouco mais de discernimento — para a aflição e o divertimento de todos que a cercavam — casar-se com o irmão gêmeo e partir com ele para a África, pouco antes da eclosão da Primeira Guerra Mundial. O que então se seguiu foi mesquinho e sórdido, de forma alguma um material que se poderia pôr tranqüilamente numa história ou relatá-lo como tal. (Ela se separou imediatamente após a guerra e recebeu o divórcio em 1923.)

Ou se poderia? Pelo que eu saiba, ela nunca escreveu uma história sobre esse caso absurdo do casamento, mas redigiu alguns contos sobre o que, para ela, deve ter sido a lição óbvia de suas loucuras juvenis, a saber, o "pecado" de tornar uma história verdadeira, de interferir na vida segundo um modelo preconcebido, ao invés de esperar pacientemente que surgisse a história, de repetir na imaginação como algo diferente de criar uma ficção e então tentar vivê-la. O primeiro deles é "The poet" (em *Seven gothic tales*); dois outros foram escritos quase 25 anos depois (a biografia da Parmenia Migel infelizmente não traz nenhum quadro cronológico), "The immortal story" (em *Anecdotes of destiny*) e "Echoes" (em *Last tales*). O primeiro relata o encontro entre um jovem poeta de origem camponesa e seu benfeitor de alta posição, um velho fidalgo que na juventude sucumbira ao encanto de Weimar e do "grande *Geheimerat* Goethe", com o resultado de que "fora da poesia não havia para ele nenhum ideal real na vida". Ai! jamais nenhuma ambição tão elevada fez de um homem um poeta e, quando compreendeu "que a poesia de sua vida teria de provir de outro lugar", ele optou pelo partido "de um mecenas", começou a procurar "um grande poeta" digno de sua consideração e encontrou-o convenientemente à mão na própria cidade onde morava. Mas um mecenas real, que conhecia tanto sobre poesia, não poderia se contentar em entregar o dinheiro; tinha também de providenciar as grandes tragédias e dores de onde ele sabia que a grande poesia extrai suas melhores inspirações. Assim, arranjou uma jovem esposa e arrumou as coisas de modo que os dois jovens sob sua proteção se apaixonassem, sem nenhuma perspectiva matrimonial. Bem, o final é um tanto sangrento; o jovem poeta atira em seu benfeitor e, enquanto o velho em sua agonia de morte sonha com Goethe e Weimar, a jovem mulher, vendo como que numa visão seu amante "com a corda em torno do pescoço", liquida-o. "Só porque lhe convinha que o mundo fosse belo, pretendeu conjurá-lo a ser assim", disse ela consigo mesma. "Você!", gritou para ele, "Você, poeta!".

A ironia perfeita de "The poet" talvez seja mais bem compreendida por quem conhece, tal como a autora, a *Bildung* alemã e sua infeliz ligação com Goethe. (A história contém várias alusões a poemas alemães de Goethe e Heine, e ainda a tradução de Homero por Voss. Pode ser lida também como uma história sobre os vícios da *Bildung*.) "The immortal story", pelo contrário, é concebida e escrita à maneira de uma história popular. Seu herói é um "negociante de chá imensamente rico" em Cantão, com razões muito sólidas para ter "fé em sua própria onipotência", o qual só entrou em contato com os livros no final de sua vida. Então se aborreceu que contassem coisas que nunca tinham acontecido e se sentiu positivamente ofendido quando lhe contaram que a única história que ele conhecia — a do marinheiro que desembarcou, encontrou um velho fidalgo, "o homem mais rico" da cidade, que lhe pediu para "dar o melhor de si" na cama de sua jovem esposa, pois assim ele ainda poderia ter um filho, e lhe pagou uma moeda de cinco guinéus pelo serviço — "nunca aconteceu, e [...] nunca acontecerá, e é por isso que ela é contada". Assim, o velho sai em busca de um marinheiro para tornar verdadeira a velha história, contada em todos os portos de todo o mundo. E tudo parece correr bem — exceto o fato de que o jovem marinheiro, pela manhã, nega-se a reconhecer a mais leve semelhança entre a história e o que ocorrera a ele durante a noite, recusa os cinco guinéus e deixa para a senhora em questão o único tesouro que possui, "uma grande concha rósea brilhante" que, segundo ele pensa, "talvez não exista nenhuma outra parecida em todo o mundo".

"Echoes", o último conto nessa categoria, é uma continuação tardia de "The dreamers", em *Gothic tales*, a história sobre Pellegrina Leoni. "A diva que perdera a voz" ouve falar novamente em suas perambulações do menino Emanuele, que agora ela tenta converter em sua própria imagem, de modo que seu sonho, seu melhor e menos egoísta sonho, possa se tornar verdadeiro — que a voz que proporcionou tanto prazer possa ressuscitar. Robert Langbaum, que mencionei anteriormente, observou que aqui "Isak Dinesen apontou o dedo acusador contra si mesma" e que a história, como de algum modo sugerem as primeiras páginas, é "sobre o canibalismo", mas nada nela confirma que a cantora estava "se alimentando [do menino] para recuperar sua própria juventude e ressuscitar a Pellegrina Leoni que enterrara em Milão doze anos antes". (A própria escolha de um sucessor masculino impossibilita essa interpretação.) A conclusão pessoal da cantora é: "E a voz de Pellegrina Leoni não mais se ouvirá". O menino, antes de começar a atirar pedras contra ela, acusara-a: "Você é uma bruxa. Você é um vampiro. [...] Agora sei que morreria se voltasse para você" — para a próxima lição de canto. Essas mesmas acusações o jovem poeta poderia ter bradado ao seu mecenas, o jovem marinheiro ao seu benfeitor e geralmente todos os que, sob o pretexto de serem ajudados, são usados para fazer com que o sonho de uma outra pessoa se torne verdadeiro. (Assim, ela mesma pensara que podia se casar sem amor porque seu primo "precisava dela e foi talvez o único ser humano a senti-lo", embora ela realmente o tenha usado para começar uma vida nova na África Oriental e viver entre nativos, tal como fizera seu pai, quando viveu como ermitão entre os índios Chippeway. "Os índios são melhores que nosso povo civilizado da Europa", dissera ele à filhinha, cujo grande dom era o de nunca esquecer. "Seus olhos vêem mais que os nossos, e são mais sábios.")

Assim, a pane inicial de sua vida lhe ensinara que, embora se possam contar histórias ou escrever poemas sobre a vida, não se pode tornar a vida poética, vivendo-a como se fosse uma obra de arte (como fez Goethe) ou utilizando-a para a realização de uma "idéia". A vida pode conter a "essência" (o que mais poderia?); a coleta, a repetição na imaginação, podem decifrar a essência e oferecer-lhe o "elixir"; e finalmente até se pode ser um privilegiado capaz de "fazer" algo com isso, "compor a história". Mas a vida em si não é essência nem elixir e, se se a trata como tal, ela só pregará peças. Foi talvez a amarga experiência das peças da vida que a preparou (um tanto tarde, pois estava nos meados de sua trintena quando encontrou Finch-Hatton) para ser tomada pela *grande passion* que realmente é tão rara como um *chef-d'œuvre*. De qualquer forma, foi o contar histórias que ao final a fez sábia — e, de passagem, não uma "feiticeira", "sereia" ou "sibila", como julgavam com admiração os que a cercavam. A sabedoria é uma virtude da velhice, e parece vir apenas para os que, quando jovens, não eram nem sábios nem prudentes.

HERMANN BROCH: 1886-1951

I. O POETA RELUTANTE

Hermann Broch foi um poeta à sua própria revelia. Ter nascido poeta e não querer sê-lo foi o traço fundamental de sua natureza, inspirou a ação dramática de seu maior livro e tornou-se o conflito básico de sua vida. De sua vida, não de sua psique; pois não era um conflito psicológico que pudesse se expressar em lutas psíquicas, sem outras conseqüências além do que o próprio Broch chamou, em parte com ironia, em parte com aversão, de "clamor da alma". Nem era um conflito entre dons — entre, digamos, o dom para as ciências e a matemática e o dom imaginativo e poético. Tal conflito poderia ser solucionado, ou, se fosse insolúvel, poderia no máximo ter produzido *belles-lettres*, mas jamais uma obra criativa real. Além disso, um conflito psicológico ou uma luta entre vários talentos nunca pode constituir o traço fundamental da natureza de um homem, visto que esta sempre reside num nível mais profundo, por assim dizer, do que todos os dons e talentos, do que todas as particularidades e qualidades passíveis de descrição psicológica. Estas brotam de sua natureza, desenvolvem-se segundo suas leis ou são por ela destruídas. O circuito da vida e da criatividade de Broch, o horizonte onde se movia sua obra, não era realmente um círculo; parecia-se antes com um triângulo cujos lados podem ser precisamente rotulados: Literatura — Conhecimento — Ação. Apenas esse homem, no que tem de único, poderia preencher a área do triângulo.

Atribuímos talentos inteiramente diferentes a essas três atividades fundamentalmente diversas dos homens: o trabalho artístico, o científico e o político. Mas Broch abordou o mundo com a exigência, nunca formulada de modo totalmente aberto, mas sempre latente e persistente, de que, em sua vida na terra, o homem deve fazer com que as três coincidam e se tornem uma única atividade. Ele exigia da literatura que tivesse a mesma validade obrigatória da ciência, que a ciência se concentrasse em ser a "totalidade do mundo",[1] como o faz a obra de arte, cuja "tarefa é a recriação constante do mundo",[2] e que ambas em conjunto, a arte impregnada pelo conhecimento e o conhecimento que adquiriu visão, pudessem abranger e incluir todas as atividades práticas cotidianas do homem.

Esse foi o traço fundamental de sua natureza, e, como tal, sem conflito. Mas dentro de uma vida, e sobretudo dentro da extensão limitada que é doada à vida humana, uma tal exigência deve necessariamente conduzir a conflitos. Pois, dentro da estrutura das atitudes e ocupações contemporâneas, ela põe um peso excessivo sobre a arte, sobre a ciência e sobre a política. E esses conflitos tornaram-se evidentes na atitude de Broch em relação ao fato de ser um poeta; converteu-se num, à sua revelia, e com sua relutância deu expressão pessoalmente válida e adequada tanto ao traço fundamental de sua natureza como ao conflito fundamental de sua vida.

Em termos da biografia de Broch, a expressão "poeta relutante", na medida em que expressa um conflito, provavelmente se aplica de modo primário ao período posterior a *A morte de Virgílio*. Nesse livro, o caráter dúbio da arte em geral se converteu no conteúdo temático de uma obra de arte em si; e como a conclusão da obra coincidiu com o maior impacto da época, a revolução dos massacres nos campos de extermínio, Broch desde então se proibiu prosseguir com textos criativos, e assim se separou de seu modo habitual de resolver todos os conflitos. Em relação à vida, ele concedeu primazia absoluta à ação, e em relação à criatividade, ao conhecimento. Assim, a tensão entre literatura, conhecimento e ação o assediava diaria-

---

[1] "Gedankenzum Problem der Erkenntnis in der Musik", in *Essays* (Zurique, 1955), vol. II, p. 100.

[2] "Hofmannsthal und seine Zeit", op. cit., vol. I, p. 140.

mente, quase todas as horas, afetando permanentemente sua vida cotidiana e seu trabalho diário. (Voltaremos à base objetiva dessa tensão, que brotava da concepção de Broch sobre a ação em termos de um trabalho orientado para objetivos, e sobre o pensamento em termos de um conhecimento produtor de resultados.)

Isso teve certas conseqüências práticas notáveis. Sempre que um conhecido — não só um amigo, o que manteria as coisas dentro de limites razoáveis, mas qualquer conhecido — estava em dificuldades, doente, sem dinheiro ou à morte, era Broch quem cuidava de tudo. (E as dificuldades, evidentemente, eram ubíquas num círculo de amigos e conhecidos constituído em grande parte de refugiados.) Parecia implícito que todo auxílio viria de Broch, que não tinha dinheiro nem tempo. Só ficava isento de tais responsabilidades — que inevitavelmente ampliavam seu círculo de conhecidos, assim impondo novas exigências ao seu tempo — quando ele próprio ia para o hospital (não sem uma pitada de alegria malévola) e lá conseguia um pouco de descanso, que não se pode muito negar a um braço ou a uma perna quebrada.

Mas é claro que essa foi apenas a fase mais inocente do conflito que determinou sua vida nos Estados Unidos. Incomparavelmente mais pesado para ele era o fato de que seu passado como poeta e novelista arrastava-se atrás de si, e, como de fato ele era um poeta, não poderia escapar a essa obrigação. Isso começou com *Die Schuldlosen* [O inocente], que teve de ser escrito quando um editor alemão, após a guerra, quis republicar na forma original algumas velhas histórias semi-esquecidas de Broch. Para impedi-lo, ele escreveu o livro, isto é, revisou as histórias até se adequarem à narrativa "estrutural", e acrescentou algumas novas histórias, incluindo a da empregada Zerline, talvez a mais bela história de amor da literatura alemã. Tornou-se sem dúvida um livro muito bonito, mas dificilmente foi escrito de livre e espontânea vontade.

A novela em que estava trabalhando na época de sua morte pertence a essa mesma categoria. Ela agora figura em suas obras reunidas sob o título *Der Versucher* [O tentador].³ Nesse caso, Alfred A. Knopf quis publicar um livro de Broch, o que este não poderia recusar, mesmo porque precisava de dinheiro. Sabia-se muito bem que ele trouxera consigo da Áustria uma novela praticamente concluída e a guardara na gaveta de sua escrivaninha. Precisava apenas entregar o manuscrito para o editor americano, para a tradução. Mas, ao invés disso, entregou-se à tarefa de revisá-la pela terceira vez — e, na ocasião, fez algo que, provavelmente, é único na história da literatura. A novela pertence a uma época totalmente diferente de sua vida — saíra daquele que foi provavelmente seu período mais confuso, os primeiros anos do hitlerismo. Seu conteúdo, sob muitíssimos aspectos, se tornara estranho a ele. Mas remodelou-o segundo o mesmo "estilo da era antiga" que descrevera e aclamara em seu ensaio sobre "O estilo da era mítica".⁴ Se comparamos as duzentas páginas datilografadas da última versão com os capítulos da segunda versão de onde provieram, vemos que seu trabalho consistiu apenas em supressões, em outras palavras, naquele processo de "abstração" característico do estilo da era antiga. Essa abstração resultou numa prosa enxuta e purificada de beleza e vitalidade intocáveis, e num entrelaçamento perfeito do homem com a paisagem, sob uma forma que, caso contrário, só temos com os velhos mestres — mestres que envelheceram. Certamente não precisamos das suas últimas obras literárias inacabadas para compreender que Broch nunca deixou de ser poeta e novelista, por menos que, cada vez mais, quisesse sê-lo. Cada um de seus ensaios publicados é essencialmente a declaração de um escritor.

---

³ Infelizmente, só se veio a saber tarde demais, a partir de seus papéis póstumos, que Broch pretendera chamá-lo *Der Wanderer* [O andarilho], fato que não é insignificante, pois fornece a evidência de que, ao longo de sua última revisão, Broch considerou como herói do livro o caráter do doutor, e não o de Marius Ratti.

⁴ Esse milagre de remodelação não pode ser mais detectado na edição atual, onde, para facilitar a leitura, a segunda e a terceira versões (a terceira sendo a última) foram integradas. Esse ensaio, introdução a *On the Iliad*, de Rachel Bespaloff (Nova York, 1947), foi redigido e publicado em inglês.

Isso é particularmente verdadeiro em relação ao estudo sobre Hofmannsthal, aquele magnífico ensaio, repleto de incursões históricas, onde Broch lidou com todas as premissas de sua própria existência literária: origem judaica e assimilação, os esplendores e misérias da Áustria decadente, o respeitável ambiente de classe média que lhe era tão detestável, e o ainda mais detestável exclusivismo de Viena, essa "metrópole do vácuo ético".[5] Todas as suas grandes percepções históricas: a coordenação entre o barroco e o drama, sua análise do teatro como o último refúgio do grande estilo numa época sem estilo;[6] a descoberta de que é "uma novidade na história da arte que a fama póstuma tenha se tornado mais importante que a fama" e a relação desse fenômeno com a era burguesa;[7] finalmente, o quadro inesquecível do último imperador e sua solidão[8] — tudo isso, evidentemente, tomou corpo porque ele era um escritor e, embora fosse tudo visto pelos olhos de Hofmannsthal (principalmente o retrato do imperador), ainda era visto pelos olhos, olhos de poeta, de Broch.

Sua última novela, se fosse concluída, provavelmente seria uma outra da envergadura de *A morte de Virgílio*, ainda que escrita num estilo totalmente diferente, antes épico que lírico. Não obstante, também foi escrita conscientemente à sua revelia. Pois, embora ele possa ter se submetido com certa relutância e entusiasmo parcial ao primado da ação na vida, estava totalmente convencido nos últimos anos de sua vida, em relação à criatividade e ao trabalho, da primazia do conhecimento sobre a literatura, da ciência sobre a arte. E no final de sua vida, estava persuadido de que havia ainda uma espécie de prioridade, se não primazia, de uma teoria geral do conhecimento para a ciência e a política. (Ele tinha algumas noções sobre essa teoria que colocaria a ciência e a política sobre uma nova base; ela existia em sua mente sob o título de *Psicologia de massas*.)

---

[5] "Hofmannsthal...", op. cit., vol. I, p. 105.
[6] Ibid., p. 49.
[7] Ibid., p. 55.
[8] Ibid., pp. 96 e ss.

Assim, uma mescla de circunstâncias externas e internas produziu o arrebatamento peculiar em que o traço fundamental de sua natureza, que existia realmente sem conflito, resultou quase que somente em conflitos. Por trás da novela em que estava trabalhando, e que considerava como de todo supérflua (erroneamente, é claro, mas o que importa?), encontrava-se o torso da *Psicologia de massas*, a carga de trabalho já nela investida e a carga ainda maior de trabalho que ainda nem sequer começara. Mas, por trás de ambas, com uma pressão ainda maior, uma depressão ainda maior, estava a sua ansiedade em relação à teoria do conhecimento. Inicialmente pretendera expor suas idéias sobre epistemologia apenas numa série de apêndices à teoria da psicologia de massas. Mas, ao longo do trabalho, veio a considerá-la como seu tema apropriado, de fato o único tema essencial.

Por trás da novela, onde a contragosto completou sua evolução como escritor, alcançando o estilo da era antiga, e por trás dos resultados de suas pesquisas eruditas sobre psicologia e história, permaneceu até o fim sua fatigante e incansável busca de um absoluto. Essa busca provavelmente fê-lo iniciar seu caminho e, ao final, ofereceu-lhe a noção de um "absoluto terreno" como a solução que satisfaria seu intelecto e consolaria seu coração.

O que Broch tinha objetivamente a dizer sobre o destino de ser um poeta à sua revelia pode se encontrar em quase todos os seus ensaios. Contudo, para uma compreensão última de Broch, o decisivo é o modo como ele resolveu em sua ficção os conflitos e problemas resultantes, e os papéis que aí atribuiu à literatura, ao conhecimento e à ação. Para esse fim, precisamos voltar a *A morte de Virgílio*, onde, para o bem do conhecimento, deve-se queimar a *Eneida*, sendo então esse conhecimento sacrificado à amizade entre Virgílio e o imperador e às exigências políticas extremamente práticas da época, incluídas nessa amizade particular. Que "a literatura é apenas impaciência por parte do conhecimento";[9] que a máxima "A confissão não é nada, o conhecimento é tudo"[10] seja especialmente válida para a poesia; que o tempo, porém, requer não o conhecimento, mas sim a ação, não uma "obra de arte científica", mas uma "obra de arte ética",[11] embora a arte, devido à sua função cognitiva, nunca possa romper com o "espírito da época",[12] e ainda menos com sua ciência; que finalmente a "missão extraordinária" da literatura contemporânea, que "teve primeiro de passar por todos os infernos de *l'art pour l'art*", é "verter todo o estético para o poder do ético"[13] — todos esses eram princípios de que ele nunca duvidou, desde os primeiros inícios de seu trabalho criativo até seu último fim. Ele nunca questionou a primazia absoluta e inviolável da ética, a primazia da ação. Tampouco jamais duvidou da modernidade específica — podemos chamá-la de limitação da contemporaneidade, se quisermos —, que o compeliu a expressar a atitude fundamental e as fundamentais exigências de sua natureza somente numa vida determinada por conflitos e problemas.

Este último, certamente, é um assunto do qual ele nunca falou de forma direta, provavelmente devido à sua reserva particular extremamente característica sobre todas as coisas que pertencem de modo muito direto ao âmbito pessoal. "O homem como tal é o problema da nossa época; os problemas dos indivíduos estão desaparecendo e são até proibidos, moralmente proibidos. O problema pessoal do indivíduo tornou-se objeto de risos para os deuses, e estão certos em sua falta de piedade."[14] Broch parece nunca ter tido um diário; entre seus papéis não foram en-

---

[9] "Die mytische Erbschaft der Dichtung", op. cit., I, 237.
[10] Uma referência à frase de Goethe: "todas as minhas obras são apenas fragmentos de uma grande confissão". Ver Hofmannsthal, Hugo von, *Selected prose*, trad. Mary Hottinger, Tania e James Stern, introdução de Hermann Broch (Nova York, 1952), p. XI.
[11] "James Joyce und die Gegenwart", Essays, vol. I, p. 207.
[12] "Die mythische Erbschaft...", op. cit., vol. I, p. 246.
[13] "James Joyce...", op. cit., vol. I, p. 208
[14] "Die mythische Erbschaft...", op. cit., vol. I, p. 263.

contrados sequer cadernos de notas; e é quase comovente ver que, na única vez em que ele falou diretamente sobre seus problemas mais pessoais, e não indiretamente sobre sua transformação poética, referiu-se não a si, mas a Kafka, assim mais uma vez dizendo dissimuladamente o que quisera dizer em *A morte de Virgílio*, porém sem conseguir pela simples razão de que a força literária do livro era grandiosa demais para que sua "mensagem", o ataque à literatura enquanto tal, obtivesse seu pleno impacto. Portanto, ao escrever em inglês sobre Kafka, porém efetivamente empenhado numa oculta auto-interpretação, ele afirmou o que, com maior justiça, poderia se dizer a respeito dele mesmo, mas que ninguém o fez: "Ele alcançou o ponto do Ou-Ou: ou a poesia é capaz de prosseguir até o mito, ou vai à falência. Kafka, em seu pressentimento da nova cosmogonia, a nova teogonia que teria de realizar, *lutando contra seu amor pela literatura, sua aversão pela literatura, sentindo a insuficiência última de qualquer aproximação artística*, decidiu (como Tolstói, perante uma decisão semelhante) abandonar o âmbito da literatura e pediu que sua obra fosse destruída; pediu-o para o bem do universo cujo novo conceito mítico fora confiado a ele"[15] (grifos meus).

O que Broch diz nesse ensaio vai muito além do ódio à pose literária e seu esteticismo barato, e mesmo além de sua crítica exacerbada a *l'art pour l'art*, que ocupa um papel central em sua obra crítica tópica, bem como seu filosofar sobre a arte e suas primeiras reflexões sobre a ética e a teoria do valor. As obras de arte enquanto tais são tidas como questionáveis. A literatura como tal é "ao final insuficiente". Uma perturbadora espécie de reticência, que não se deve equiparar a uma modéstia, impediu-o de propor sua própria obra como modelo daquilo de que falava; mas é claro que ali se referia a *A morte de Virgílio* da mesma forma como dez anos antes, no ensaio sobre Joyce, ocultara sua crítica a *Os sonâmbulos* por trás de uma observação sobre Gide, quanto ao resultado de dificilmente se atingir a modernidade

[15] Ibid.

quando "se usa uma novela como quadro para digressões psicanalíticas ou de outras áreas científicas".[16] Mas aí, nos primeiros ensaios e também em sua primeira autocrítica, ele estava interessado apenas em liberar a novela de sua "literariedade", sua sujeição à sociedade burguesa cujo lazer e avidez pela cultura tinham de ser alimentados com "entretenimento e instrução".[17] Ele indubitavelmente conseguiu, em *A morte de Virgílio*, transformar a forma da novela, apesar de suas tendências intrinsecamente especiosas ou naturalistas, em poesia autêntica — e, portanto, com esse exemplo demonstrou a insuficiência da poesia enquanto tal.

A menção a Tolstói sugere por que Broch julgava a literatura insuficiente. A literatura não impõe nenhum édito obrigatório. Suas percepções não têm o caráter forçoso do *mythos* a que ela serve numa visão religiosa intacta do mundo — sendo esse serviço a justificação real da arte. (Para Broch, o grande protótipo e exemplo de tal serviço sempre foi o sistema hierarquicamente ordenado de vida e pensamento que predominou durante a Idade Média católica.) E a arte, em especial a literatura, tampouco possui a força coercitiva, a incontrovertibilidade, das proposições lógicas; embora se manifeste na linguagem, ela carece da irrefutabilidade do *logos*. Broch provavelmente se deparou pela primeira vez com a questão "O que faremos então?" em relação à Primeira Guerra Mundial. Posteriormente foi-lhe posta, com insistência crescente, por todas as catástrofes subseqüentes de nossa época. Mais e mais vezes essa pergunta o esmagava "como um trovão". E concluiu que uma resposta, para ser de algum modo válida, teria de possuir a mesma força coercitiva que possuía o *mythos*, de um lado, e o *logos*, de outro.[18]

Pois, embora a questão lhe fosse posta no contexto do século XX, o século "da mais sombria anarquia, do mais sombrio atavismo, da mais sombria crueldade",[19] era também a questão bá-

---

[16] "James Joyce...", op. cit., vol. I, p. 195.
[17] "Hoffmannsthal...", op. cit., vol. I, p. 206.
[18] "Das Böse in Wertsystem der Kunst", op. cit., vol. I, p. 313.
[19] "Hofmannsthal...", op. cit., vol. I, p. 59.

sica do homem vivo e mortal. Por conseguinte, sua resposta devia ser compatível não só com os tempos, mas também com o fenômeno da própria morte. A pergunta sobre o que fazer pode ter sido iluminada pelas tarefas da época; mas, para Broch, era também uma investigação sobre a possibilidade de uma conquista terrena da morte. Sua resposta, portanto, devia possuir a mesma necessidade inelutável da própria morte.

Para Broch, essa formulação inicial do problema, que sustentou por toda sua vida, era governada pela alternativa entre *mythos* e *logos*. Em seus últimos anos, porém, provavelmente não tinha mais nenhuma fé no "novo *mythos*",[20] que constituíra toda sua esperança desde *Os sonâmbulos* até *A morte de Virgílio*. Ao longo de sua obra sobre *Psicologia de massas*, de qualquer modo, o peso de seus resultados se orientou cada vez mais do *mythos* para o *logos*, da literatura para a ciência. Ele buscava cada vez mais um modo estritamente lógico e demonstrável de conhecimento.

Mas, mesmo que não tivesse perdido essa crença, sua atitude em relação à literatura após *A morte de Virgílio*, o que significa evidentemente sua atitude em relação a si mesmo como poeta, dificilmente poderia assumir qualquer outra forma. Pois, por relevante que fosse a alteração no pensamento de Broch do *mythos* para o *logos*, por produtivos que se demonstrassem seus efeitos sobre sua epistemologia (na verdade, foi a origem real da epistemologia), ela não trazia nenhuma orientação sobre a questão básica de ser um poeta sem querer sê-lo. Era antes uma questão de crítica social e da posição do artista em seu tempo, a qual Broch colocou em muitos planos e quase sempre respondeu negativamente. Visto que a filosofia da arte de Broch sustentava que a real função cognitiva de uma obra de arte devia ser a de representar a totalidade de outra forma inatingível de uma era, bem podemos perguntar se um mundo em "desintegração valorativa" ainda pode ser representado como uma totalidade. Assim, por exemplo, a questão se põe no ensaio sobre Joyce. Mas,

---

[20] "James Joyce...", op. cit., vol. I, p. 210

nesse ensaio, a literatura ainda é encarada como "tarefa mítica e ação mítica",[21] ao passo que no estudo sobre Hofmannsthal, escrito doze anos depois, mesmo a poesia de Dante "dificilmente [pode] ser ainda caracterizada como propriamente mítica".[22] O ensaio sobre Joyce foi escrito com a mesma disposição que irrompe tão vigorosamente dos ritmos líricos ondulantes de *A morte de Virgílio* e conclui com a esperança de um "novo *mythos*", um "mundo se ordenando novamente", como culminação da realização literária total dos tempos. Mas no estudo sobre Hofmannsthal ouvimos apenas sobre a "ânsia de toda arte, toda grande arte [...] em poder se tornar *mythos* uma vez mais, representar uma vez mais a totalidade do universo".[23] E já essa ânsia é perigosamente próxima a uma ilusão.

Esse desencantamento foi decisivo no desenvolvimento de Broch como escritor, visto que, para ele, o próprio escrever deve ter sido indubitavelmente uma espécie de êxtase. Mas, pondo-se de lado todo o desencantamento, ele sempre soube uma coisa: nenhum poema pode se tornar a pedra fundamental de uma religião e, acima de tudo, nenhum poeta tem o direito de tentá-lo. Eis por que tinha uma consideração tão grande por Hofmannsthal (e por que as "declarações religiosas poéticas"[24] de Rilke lhe pareciam tão suspeitas, embora evidentemente soubesse que Rilke era um poeta maior), que nunca confundiu religião e literatura, nunca envolveu a beleza com "o nimbo da religiosidade".[25] E quando, ao prosseguir e ir além de Hofmannsthal, disse que a arte "nunca consegue se elevar a um absoluto e, portanto, deve se manter cognitivamente muda",[26] estava fazendo uma afirmação que não poderia ter formulado tão aguda e categoricamente em seus anos anteriores, mas que sempre fez parte de seu pensamento.

[21] Ibid., p. 184.
[22] "Hofmannsthal...", op. cit., vol. I, p. 65.
[23] Ibid., p. 60.
[24] Ibid., p. 125.
[25] Hugo von Hofmannsthal, op. cit., p. xv.
[26] Ibid.

II. A TEORIA DO VALOR

Em seu estágio mais baixo, inicial e plausível, a crítica de Broch a si mesmo como escritor e à literatura enquanto tal começa com a crítica a *l'art pour l'art*. Esse foi também o ponto de partida para a sua teoria do valor. (Broch, em contraste com os "filósofos do valor" acadêmicos, muito mais inócuos e insignificantes, estava muito ciente de dever seu conceito de valor a Nietzsche, como fica evidente a partir do único lugar em que o comenta.[27]) Para Broch, a desintegração do mundo ou a dissolução dos valores era o resultado da secularização do Ocidente. Ao longo desse processo, perdeu-se a crença em Deus. E mais, a secularização despedaçara a visão de mundo platônica que postulava um "valor" supremo, absoluto e portanto não terreno, o qual confere a todas as ações do homem um "valor" relativo estabelecido dentro de uma hierarquia de valores. Cada fragmento remanescente da visão de mundo religiosa e platônica agora reivindicava o absoluto. Assim surgiu a "anarquia de valores", onde cada um podia passar a seu bel-prazer de um sistema fechado e coerente de valores para outro qualquer. Além disso, cada um desses sistemas necessariamente se tornava adversário implacável de todos os outros, visto que cada um reivindicava o absoluto e não mais existia nenhum absoluto verdadeiro com que aferir aquelas reivindicações. Em outras palavras, a anarquia do mundo, e o desesperado debater-se do homem em meio a ela, deve-se basicamente à perda do padrão de medida e à resultante excessividade, um crescimento como que canceroso das áreas que assim se tornaram independentes. Por exemplo, a causa da filosofia da arte pela arte conduz, se tiver a coragem de seguir seus princípios até suas conclusões lógicas, à idolatria da beleza. Se calhar de considerarmos o belo em termos de tochas ardentes, estaremos preparados, como Nero, para atear fogo a corpos humanos.

---

[27] "Das Böse...", *Essays*, vol. I, p. 313. (Publicado pela primeira vez em 1933).

O que Broch entendia por *kitsch* (e quem antes dele sequer olhou a questão com a agudeza e a profundidade que ela exige?) não era de forma alguma uma simples questão de decadência. Tampouco julgava a relação entre o *kitsch* e a verdadeira arte comparável à relação entre a superstição e a religião numa era religiosa, ou entre a pseudociência e a ciência na era moderna de massas. Para ele, antes, o *kitsch* é arte, a arte uma vez se torna *kitsch* tão logo rompa com o sistema controlador de valores. Particularmente, *l'art pour l'art*, ainda que aparecendo sob um disfarce aristocrático e altivo, e nos proporcionando — como Broch evidentemente sabia — obras literárias tão convincentes, já é realmente *kitsch*, assim como, no âmbito comercial, o lema "Negócio é negócio" já contém em si a desonestidade do aproveitador inescrupuloso, e assim como, na Primeira Guerra Mundial, a máxima evidente "Guerra é guerra" já transformara a guerra numa carnificina em massa.

Há vários elementos característicos nessa filosofia do valor de Broch. Não é apenas que ele tenha definido o *kitsch* como "o mal no sistema valorativo da arte". É que ele viu o elemento criminoso e o elemento do mal radical personificados na figura do homem literário estetizante (categoria onde colocou, por exemplo, Nero e também Hitler), equivalentes e idênticos ao *kitsch*. E isso tampouco porque o mal se revelasse ao escritor, compreensivelmente antes de tudo, em seu "sistema valorativo" pessoal. Devia-se antes à sua percepção sobre o caráter peculiar da arte e sua imensa atração sobre o homem. Conforme considerava, o real caráter sedutor do mal, a qualidade de sedução na figura do demônio, é basicamente um fenômeno estético. Estético em seu sentido mais amplo; o homem de negócios cujo credo é "Negócio é negócio" e o estadista que sustenta "Guerra é guerra" são literatos estetizantes no "vácuo de valores". São estetas na medida em que estão encantados pela coerência de seu próprio sistema, e se convertem em assassinos pois estão preparados para sacrificar tudo a essa coerência, essa "bela" coerência. A partir de tais linhas de pensamento, que se encontrariam com muitas variações em seus primeiros ensaios, Broch desenvolveu, de modo absolutamente natural ou, de qualquer forma, sem nenhuma ruptura visível, a distinção posterior entre "sistemas abertos e fechados" e a identificação entre o dogmatismo e o próprio mal.

Falamos acima do platonismo de Broch. No período inicial de sua obra criativa, que se estendeu de *Os sonâmbulos* a *A morte de Virgílio*, ou seja, do final de seus vinte anos ao início ou meados dos quarenta, Broch se dizia com freqüência um platonista. Mas, se quisermos entender o sentido e a motivação do seu giro posterior para um absoluto terreno e uma epistemologia lógico-positivista, precisamos compreender que Broch nunca foi um platonista incondicional. Não é de importância central o fato de ter interpretado a teoria das idéias de Platão exclusivamente no sentido de uma teoria de padrões, isto é, de ter transformado a transcendência das idéias, originalmente de forma alguma absoluta, mas antes nitidamente vinculada à terra (na parábola da caverna em *A república*, o céu das idéias se curva sobre a terra e não é de modo algum absolutamente transcendente a ela), na transcendência absoluta e logicamente necessária de um padrão; os padrões, como as medidas, afinal não conseguem medir nada a menos que sejam de uma ordem totalmente diferente e se apliquem externamente aos objetos a serem medidos. Isso não é crucial mesmo porque essa transformação das idéias em padrões e medidas para se "medir" a conduta humana já pode se encontrar em Platão, e assim o mal-entendido, se o é, poderia ser atribuído ao mal-entendido de Platão em relação a si mesmo. O que é crucial é que, para Broch, a medida absoluta que se aplica a todas as "áreas de valor", de qualquer espécie, é sempre um padrão ético. Isso por si só explica por que, com o desaparecimento do padrão, todas as áreas de valor se transformaram, numa única investida violenta, em áreas de não-valor, todo o bem em mal: o padrão absoluto e absolutamente transcendente é um absoluto ético que, sozinho, confere "valor" à vida do homem em seus vários aspectos. E isso simplesmente não se aplicaria a Platão, mesmo porque o conceito de ética tal como encontramos em Broch está inseparavelmente ligado ao cristianismo.

Fiquemos com os próprios exemplos de Broch. Segundo ele, o "valor" inerente à vocação do homem de negócios, o valor com que se mede tudo e que seria também o único propósito da atividade comercial, é a honestidade. A riqueza que pode surgir da atividade comercial deve ser um subproduto, um efeito nunca pretendido enquanto tal, assim como a beleza é um subproduto para o artista, que deveria pretender apenas a "boa", e não a "bela" obra. Desejar a riqueza, desejar a beleza é, moralmente falando, representar para a galeria; esteticamente falando, é *kitsch*, e no sentido da teoria do valor é uma absolutização dogmática de uma área específica.[28] Se Platão tivesse alguma vez escolhido esse exemplo (o que não teria feito, visto que, mantendo as concepções gregas, ele via o comércio apenas em termos de ganância e, portanto, considerava-o como uma ocupação totalmente insensata), teria visto o objetivo inerente da vocação como um intercâmbio de bens entre homens e nações. A noção de honestidade provavelmente jamais lhe ocorreria nesse contexto. Ou, invertamos o caso e escolhamos um exemplo platônico apenas insinuado na obra de Broch. Platão define o objetivo real de toda a arte médica como a preservação ou recuperação da saúde. Broch substituiria saúde por *auxílio*. O médico como alguém preocupado com a saúde e o médico como auxiliar — as duas concepções são incompatíveis. O próprio Platão não permite dúvidas sobre a questão, pois explica, com se fosse uma verdade auto-evidente, que um dos deveres do médico é permitir que morram aqueles que ele não consegue curar, sem prolongar as vidas dos doentes por artes médicas injustificadas. Isto é, a vida humana não tem uma importância decisiva. Os assuntos dos homens estão subordinados a um padrão extra-humano. O homem "não [é] a medida de todas as coisas"; ademais, a vida mesma não pode ser a medida de todas as coisas humanas. Esses princípios se encontram no centro da filosofia política platônica. Mas toda a filosofia cristã e pós-cristã assume, de início

[28] "Das Weltbild des Romans", op. cit., vol. I, p. 216.

tacitamente e, a partir do século XVII, de modo cada vez mais explícito, que a vida é o mais alto bem, o valor em si, e que o não-valor absoluto é a morte. É o que faz Broch.

Essa avaliação fundamental da vida e da morte é a constante invariável na obra de Broch, do começo ao fim. Constitui também o eixo em torno do qual giram toda a sua crítica social, filosofia da arte, epistemologia, ética e política. Por um longo período de sua vida, essa concepção aproximou-o muito do cristianismo, de maneira totalmente não dogmática, independente de qualquer filiação à Igreja. Pois fora o cristianismo, afinal, que trouxe para o mundo agonizante da antiguidade clássica as "boas novas" da conquista da morte. O que quer que originalmente significasse a pregação de Jesus de Nazaré, e como quer que o cristianismo primitivo entendesse originalmente suas palavras, no mundo pagão essas novas só podiam significar uma coisa: seus temores pelo mundo, que vocês julgavam eterno e em nome do qual foram capazes de se reconciliar com a morte, são justificados; o mundo está condenado, e seu fim está realmente muito mais próximo do que vocês pensam; mas em compensação, aquilo que vocês sempre julgaram como a coisa mais transitória de todas, a vida humana em sua particularidade individual e pessoal, não terá fim. O mundo morrerá, mas vocês viverão. Eis como devem ter soado as "boas novas" para o mundo da antiguidade ameaçado de morte, e eis como Broch, com os ouvidos aguçados pela percepção poética, ouviu-as novamente no mundo agonizante do século XX. O que uma vez ele chamou de "crime" da Renascença, e repetidamente diagnosticou a qualidade assassina peculiar do processo de secularização, o "despedaçamento da visão católica estável do mundo",[29] é nos tempos modernos o sacrifício da vida em favor do mundo, em outras palavras, em favor de algo terrestre que, de qualquer forma, está destinado a morrer. Por sacrifício da vida humana ele entendia a perda da certeza absoluta quanto à eternidade da vida como tal.

---

[29] Ver "Politik. Ein Kondensat (Fragment)", op. cit., vol. II, p. 227.

Essa visão do cristianismo e da secularização deixa de ser importante para a compreensão dos escritos posteriores de Broch. Mas o que é importante, o que por si só permite compreender o mais abstrato e aparentemente, mas apenas aparentemente, mais especializado de todos os argumentos de Broch, é sua concepção original da vida e da morte. Ele se apegou durante toda a vida ao pensamento de que "a morte é o não-valor em si", que nós "experimentamos o sentido do valor apenas a partir do pólo negativo, a partir do ponto de vista da morte. O valor significa a superação da morte ou, mais precisamente, a ilusão salvadora que dissolve a consciência da morte".[30] É desnecessário levantar aqui a objeção que intervém de início: esta não é senão uma nova variante da confusão, tão crucial para a história da moralidade ocidental, entre maldade e mal, entre o radicalmente mau e o *summum malum*; para Broch, sua identidade profunda é antes a garantia de existência de uma norma ética absoluta. Por sabermos que a morte é o mal absoluto, o *summum malum*, podemos dizer que o assassínio é absolutamente mau. Se a maldade não se radicasse no mal, simplesmente não haveria nenhum padrão para medi-la.

É evidente que essa tese se baseia na convicção de que a pior coisa que pode fazer um homem é matar e, por conseguinte, não há nenhum castigo mais severo que a pena de morte.[31] (Aqui temos a base concreta para o limite do absoluto apresentado nos dois capítulos póstumos de sua *Política*.) Essa concepção da morte e do assassínio sugere uma limitação empírica peculiar não só a Broch, mas a toda sua geração. Foi característico da geração da guerra e da filosofia dos anos 1920 na Alemanha que a experiência da morte alcançasse uma dignidade filosófica até então desconhecida, dignidade que só tivera uma vez antes na filosofia política de Hobbes, e mesmo então apenas aparentemente. Pois, embora o medo à morte desempenhe um papel

---

[30] Ibid., pp. 232 e ss.
[31] Ibid., p. 248.

central em Hobbes, não é o medo à mortalidade inevitável, mas à "morte violenta". Sem dúvida, a experiência da guerra vinha ligada ao medo à morte violenta; mas o que foi precisamente característico da geração da guerra foi que esse medo se tornou o pretexto para a apresentação do fenômeno muitíssimo mais geral e central da ansiedade. Mas o que quer que pensemos acerca da dignidade filosófica da experiência da morte, é claro que Broch se manteve limitado a esse horizonte da experiência de sua geração; e é decisivo que esse horizonte tenha se rompido com a geração para quem a experiência básica crucial foram, não a morte, mas as formas totalitárias de governo. Pois hoje sabemos que o matar está longe de ser o pior que o homem pode infligir ao homem e que, por outro lado, a morte não é de forma alguma aquilo que o homem mais teme. A morte não é "a quintessência de todo o aterrorizante", e infelizmente podem existir penas muito mais severas que a pena de morte. A frase "Se não houvesse morte, não haveria medo na terra"[32] pode ser alterada, para dar lugar à dor insuportável, ao lado da morte. Além disso, não fosse a morte, tal dor seria ainda mais insuportável para o homem. O horror das punições eternas do inferno consiste exatamente nisso, e não teriam sido inventadas se não correspondessem a uma ameaça maior que a morte eterna. À luz de nossas experiências, pode ter chegado o momento para se investigar a dignidade filosófica da experiência da dor, que a filosofia atual encara com o mesmo desdém secreto com que a filosofia acadêmica de trinta ou quarenta anos atrás encarou a experiência da morte.

Dentro do seu horizonte, porém, Broch extraiu a conclusão mais ampla e radical da experiência da morte. Certamente não na teoria inicial do valor, onde a morte aparece apenas como o *summum malum* ou, numa antecipação do absoluto terreno, como a realidade metafísica enquanto tal: não há "nenhum fenômeno que, medido pelo seu conteúdo vital, possa ser mais afas-

---

[32] Ibid., p. 243.

tado deste mundo e mais metafísico do que a morte".[33] Essa conclusão radical aparece na epistemologia, segundo a qual "todo o conhecimento verdadeiro está voltado para a morte"[34] e não para o mundo, de modo que o valor do conhecimento, assim como o valor de toda a ação humana, deve ser medido pelo grau em que se presta para superar a morte. Finalmente — e isso marca o último período de sua vida criativa —, ele chegou à primazia absoluta do conhecimento. Já formulara esse princípio em anotações para a sua *Psicologia de massas*: "Aquele que consegue conhecer tudo aboliu o tempo e, portanto, também a morte".

III. A TEORIA DO CONHECIMENTO

Como conseguiria o conhecimento abolir a morte? Como conseguiria um homem "conhecer tudo"? Ao pôr essas questões, entramos diretamente no centro da teoria do conhecimento de Broch. A resposta de Broch nos dará alguma idéia do seu escopo. Assim, ele responde à primeira questão da seguinte forma: de todo o conhecimento abrangente resulta necessariamente a simultaneidade, que abole a sucessão temporal e, por conseguinte, a morte; estabelece-se na vida humana uma espécie de eternidade, uma imagem da eternidade. Quanto à segunda questão, a chave para ela se encontra na frase: "O que é preciso é uma teoria geral do empirismo",[35] isto é, um sistema que levará em consideração todas as experiências futuras possíveis. ("Se se pudesse realmente averiguar a soma total de todas as potencialidades humanas, tal modelo nos proporcionaria um esquema de todas as experiências futuras possíveis", escreve Broch no "Índice Preliminar" da *Psicologia de massas*.) Com uma tal

---

[33] Ver "Das Weltbild...", op. cit., vol. I, p. 231.
[34] Ver "Gedanken zum Problem der Erkenntnis in der Musik", op. cit., vol. II, p. 100.
[35] "Über syntaktische und kognitive Einheiten", op. cit., vol. II, p. 194.

teoria, o homem, "por virtude do absoluto que nele opera, por virtude da lógica de seu pensamento que a ele se impõe",[36] assegura uma "imaginabilidade" que é "uma imaginabilidade em si mesma",[37] que existiria mesmo que não houvesse nenhum Deus de quem o homem fosse a imagem. Nas palavras de Broch, seria uma tentativa de ver se a epistemologia não poderia conseguir "chegar por trás de Deus, por assim dizer, para dali olhá-lo".[38] E juntos — a abolição do tempo na simultaneidade do conhecimento e o estabelecimento de uma teoria abrangente da experiência onde a chocante casualidade das experiências individuais e dados empíricos é transformada na certeza e necessidade autoevidente e axiomática (e portanto sempre tautológica) das proposições lógicas — podem ser alcançadas com a descoberta de um "sujeito epistemológico" que, como o sujeito científico no campo de observação, representa "a personalidade humana em sua mais extrema abstração".[39] Mas, enquanto o sujeito científico no campo de observação representa apenas o "ato em si de ver, de observar", o "sujeito epistemológico" seria capaz de representar todo o homem, a personalidade humana em geral, visto que o conhecer é a mais elevada de todas as funções humanas.[40]

Antecipemos o mal-entendido mais provável. Essa teoria do conhecimento, que logo discutiremos em maiores detalhes, não é uma filosofia em sentido estrito, e as palavras "conhecer" e "pensar" não podem ser aqui tomadas como equivalentes entre si, não mais do que em qualquer outro lugar. Estritamente falando, apenas o conhecer pode ter um objetivo, seja ético, religioso ou político. O pensar não tem um objetivo real e, a menos que encontre seu sentido em si mesmo, não tem absolutamente nenhum sentido. (Isso, evidentemente, aplica-se apenas à atividade de pensar em si, não ao escrever pensamentos, ato este que

---

[36] "Politik...", op. cit., vol. II, p. 204.
[37] Ibid., p. 217.
[38] Ibid., p. 255.
[39] Ibid., p. 248.
[40] "James Joyce...", op. cit., vol. I, p. 297.

tem muito mais a ver com processos artísticos e criativos do que com o pensar em si. O escrever os pensamentos tem de fato um objetivo e um propósito; como todas as atividades produtoras, tem um começo e um fim.) Pensar não tem começo nem fim; pensamos enquanto vivemos, pois não podemos fazer de outra forma. É por isso que, em última análise, o "Eu penso" de Kant deve acompanhar não só todas as "noções", mas todas as atividades e passividades humanas.

Precisamente aquilo que Broch chamaria de "valor cognitivo" do pensar tem uma natureza antes dúbia, e o que a filosofia chama de verdade é totalmente diferente da determinação correta dos fatos objetivamente dados no mundo ou dos dados de consciência; mas também as proposições provável e demonstravelmente corretas ainda não constituem a verdade — sejam elas governadas pelo axioma aristotélico da não contradição ou pela dialética hegeliana ou, como no caso da lógica de Broch, exclusivamente por seu conteúdo aparecer como obrigatoriamente necessário, isto é, auto-evidente e, portanto, absolutamente válido. Que tal auto-evidência só possa ser expressa por proposições tautológicas não é de forma alguma, como Broch repetidas vezes ressalta, algo que a desacredite: o "valor cognitivo" da tautologia reside no fato de que apresenta diretamente a qualidade obrigatória que é o atributo de todas as proposições válidas. O problema está apenas em resgatar a tautologia de sua formalidade e do círculo que a prende; e Broch julgava ter resolvido esse problema com a sua descoberta do absoluto terreno, que possui tanto a força auto-evidente tautológica como um conteúdo demonstravelmente dado. Mas a cognição, seja sob a forma da descoberta ou da lógica, é diferente do pensar (como se manifesta na literatura e na filosofia), na medida em que apenas ela é obrigatória, apenas ela pode levar a uma necessidade e um absoluto obrigatório e, conseqüentemente, só ela pode dar origem a uma teoria da ação (política ou ética) que consiga esperar se alçar, por assim dizer, por sobre a imprevisibilidade e imprediziblidade da ação humana.

Broch sempre foi consciente dessa diferença entre filosofia e cognição. Revelou essa sua consciência em seus primeiros escritos ao atribuir maior potencial de conhecimento à arte do que à filosofia. Esta última, dizia ele, "desde que foi expulsa de sua associação teológica", não era mais capaz de "um conhecimento que abarque a totalidade", o qual agora teria de ser deixado à arte.[41] E no estudo sobre Hofmannsthal, declarou que este aprendera com Goethe "que a poesia, se é para levar à purificação e à auto-identificação do homem, tem de mergulhar nas profundezas das antinomias do homem, em contraste absoluto com a filosofia, que permanece à beira do abismo e, sem arriscar o salto, contenta-se com a simples análise do que viu".[42] Nos primeiros textos, ele relegou não só a filosofia, mas também a ciência a um lugar subordinado em relação à literatura, no que tange ao valor e ao conteúdo do conhecimento. Naqueles dias, Broch ainda podia dizer que "o sistema cognitivo da ciência nunca alcança aquele absoluto [que a arte atinge] da totalidade do mundo que, afinal, é o que importa", ao passo que cada "obra de arte individual é o espelho da totalidade".[43] Mas é precisamente essa concepção que se altera em seus escritos posteriores, notavelmente na oposição que estabelecera entre valor e verdade. Uma vez afastado o pensamento da associação teológica, a verdade "fora despojada de seu terreno real de demonstração".[44] A partir daí, a verdade teria de se transformar em conhecimento. Só assim o valor poderia surgir. De fato, o valor é "a verdade que foi transformada em conhecimento".[45] A objeção original à filosofia permanece: "o pensar (ao rejeitar abordagens místicas extralógicas do tipo hindu), puramente a partir de si mesmo e de sua lógica de cognição, não pode oferecer nenhum resultado final". Onde o tenta, torna-se "apenas fantasia verbal sem conteúdo".[46] Mas agora Broch não mais con-

---

[41] Ibid., pp. 203-4.
[42] Hugo von Hofmannsthal, op. cit., p. xl.
[43] "Das Böse...", op. cit., vol. I, p. 330.
[44] "James Joyce...", op. cit., vol. I, p. 203.
[45] "Werttheoretische Bemerkungen zur Psychoanalyse", op. cit., vol. II, p. 70.
[46] "Über syntaktische...", op. cit., vol. II, p. 168.

sidera a literatura como capaz de assumir a tarefa das mãos impotentes da filosofia. É antes a ciência que pode resgatá-la. Assim, "o problema da tautologia ilícita é, certamente, um problema filosófico, mas a decisão sobre sua resolubilidade está nas mãos da prática matemática", e a teoria da relatividade mostrou que a filosofia, encarada como antinomias insolúveis, pode se converter em "equações solúveis".[47]

Todas essas objeções por parte de Broch são inteiramente corretas. Dadas as exigências de Broch — vitória sobre a mortalidade do eu, sobre a contingência, sobre a "anarquia" do mundo, que fora obtida pela visão católica do mundo, através de seu *mythos* do filho do homem e filho de Deus morto e ressurrecto —, dadas essas exigências, a filosofia só poderia demonstrar sua inadequação. A filosofia apenas levanta as questões que o *mythos* outrora respondera na religião e na poesia, e que atualmente a ciência deve responder na pesquisa e na epistemologia. *Mythos* e *logos*, ou, para pôr em termos padronizados, a religião e a lógica se relacionam mutuamente na medida em que ambas "nasceram da estrutura fundamental do homem". Elas "dominam" a exterioridade do universo e, portanto, "representam a atemporalidade em si" para o homem.[48] Mas essa tarefa de superar a morte é imposta e atribuída à cognição humana, não simplesmente pelo desejo apaixonado de se manter vivo, a partir do impulso vital nu e cru que o homem partilha com os animais. Ela emerge antes do terreno do próprio eu cognitivo e, por assim dizer, incorpóreo. Pois, na medida em que o eu é o sujeito de conhecimento, é "completamente incapaz de imaginar sua própria morte".[49]

Dado que o eu é incapaz de conceber seu próprio começo e fim, a primeira experiência fundamental do homem, a qual ele deriva inteiramente do mundo empiricamente dado, é a ex-

---

[47] Ibid., pp. 201 e ss.
[48] "Die mythische Erbschaft...", op. cit., vol. I, p. 239.
[49] "Werttheoretische Bemerkungen...", op. cit., vol. II, p. 74.

periência do tempo, da transitoriedade e da morte. Assim, o mundo externo se apresenta ao "núcleo do eu" não só como inteiramente estranho, mas também como inteiramente ameaçador. Não é realmente reconhecido pelo eu como "mundo", mas como "não-eu". O "núcleo epistemológico do eu", visto nada conhecer da transitoriedade, também nada sabe sobre o mundo exterior e ignora que, nesse mundo estranho, nada é "tão inteiramente estranho a ele quanto o tempo".[50] Assim Broch chega à sua concepção de tempo, que lhe é muito característica e, tanto quanto sei, totalmente original. Enquanto todas as especulações ocidentais sobre o tempo, desde as *Confissões* de Agostinho até a *Crítica da razão pura* de Kant, vêem o tempo como um "sentido interior", para Broch, pelo contrário, o tempo assume a função comumente atribuída ao espaço. O tempo é o "mundo exterior mais interior",[51] isto é, o sentido pelo qual o mundo exterior nos é dado internamente. Mas essa exterioridade que se manifesta tão internamente não pertence à estrutura real do núcleo do eu, não mais que a morte, embora a morte se situe no interior da vida, escavando-a a partir de seu interior e, como tal, pertencendo a ela. A categoria de espaço, por outro lado, é para ele não a categoria do mundo exterior, pois está imediatamente presente dentro do homem, em seu "núcleo do eu". Se o homem quer dominar o "não-eu" através do *mythos* ou do *logos*, só pode fazê-lo "aniquilando" e abolindo o tempo, "e essa abolição se chama espaço".[52] Assim, para Broch, a música, normalmente vista como a arte mais ligada ao tempo, é pelo contrário "a transformação do tempo em espaço"; é a "abolição do tempo" e isso, evidentemente, significa sempre a "abolição do tempo que se apressa em direção à morte", metamorfose da seqüência em coexistência, o que ele chama de "arquiteturação da pas-

---

[50] Ibid., p. 73.
[51] Ibid., p. 74.
[52] "Der Zerfall der Werte. Diskurse, Exkurse und ein Epilog", op. cit., vol. II, p. 10.

sagem do tempo", na qual realiza-se "a abolição direta da morte na consciência da humanidade".[53]

Evidentemente, aqui se trata de realizar uma simultaneidade que transforma toda a seqüência em coexistência, onde o curso temporalmente estruturado do mundo, com sua riqueza empírica, é apresentado como se pudesse ser visto pelos olhos de um deus, que o abarcaria total e simultaneamente. O homem está fadado a se sentir aparentado a esse deus devido à alienação do eu humano em relação ao mundo e ao tempo (para Broch, são o mesmo). A estrutura do núcleo do eu, que é atemporal, indica que o homem está realmente destinado a viver em tal absoluto. Que assim é fica evidente em todos os modos especificamente humanos de comportamento. Fica evidente sobretudo na estrutura da linguagem, a qual, para Broch, nunca é um meio de comunicação, nem tem relação alguma com o fato de que, na Terra, habita uma pluralidade de homens, e não o Homem, os quais devem se comunicar entre si. Ele não o diz, mas é como se sustentasse que, para os fins de comunicação entre os seres humanos, bastariam sons animais. Para ele, o essencial quanto à linguagem é o fato de ela indicar sintaticamente uma anulação do tempo "no interior da frase", pois necessariamente "coloca o sujeito e o objeto numa relação de simultaneidade".[54] A "atribuição" que é imposta ao enunciador é a de "tornar audíveis e visíveis as unidades cognitivas", e é esta "a única tarefa da linguagem".[55] O que quer que se congele na simultaneidade da frase — a saber, o pensamento, que "num único momento pode abranger conjuntos de extensão extraordinária" — é arrancado à passagem do tempo. Certamente nem seria preciso dizer que essas considerações oferecem, *inter alia*, um comentário sobre o estilo lírico de Broch, que é lírico apenas na aparência, com suas frases extraordinariamente longas e as repetições extraordinariamente exatas em seu interior.

---

[53] "Gedanken zum Problem...", op. cit., vol. II, p. 99.
[54] "Über syntaktische...", op. cit., vol. II, p. 158.
[55] Ibid., p. 153.

Essas especulações lingüísticas datam dos últimos anos da vida de Broch, quando tentava resolver o problema da simultaneidade no âmbito do *logos*. Mas a convicção de que a simultaneidade da expressão lingüística oferece um vislumbre da eternidade, que nela o "*logos* e a vida" podem se converter "uma vez mais em uno",[56] e que na verdade "a exigência de simultaneidade é o objetivo real de toda época, de toda poesia"[57] — tudo isso já se pode encontrar no ensaio muito anterior sobre Joyce. Lá, como posteriormente, ele estava preocupado em "trazer para uma unidade a experiência e as impressões consecutivas, *empurrando* a sucessão de volta para a unidade do simultâneo, relegando o que é temporalmente restrito à atemporalidade da mônada", que mais tarde chamaria de "núcleo do eu"[58] (grifo meu). No período posterior, porém, não mais se satisfazia em "estabelecer a supratemporalidade na obra de arte", mas queria imprimir a mesma supratemporalidade da simultaneidade à própria vida. Na época do ensaio sobre Joyce, ele ainda concedia que "esse empenho pela simultaneidade [...] não pode romper a necessidade de que a coexistência e a concatenação devam ser expressas por uma seqüência, o único pela repetição", ao passo que, posteriormente, só o concederia na medida em que a literatura e a expressão literária não podem oferecer algo melhor, enquanto a matemática, ao fazer equações, e certamente a lógica absoluta que subjaz à matemática (é claro que não em algo concreto, mas como modelo de toda cognição possível) estão perfeitamente capacitadas para assumir essa função de transformar toda seqüência temporal em coexistência espacial.

É notável a freqüência com que Broch emprega palavras como "compulsão", "necessidade", "necessidade obrigatória" nesses contextos, e o quanto dependia do caráter coercitivo da argumentação lógica. No desvio radical do *mythos* para o *logos*, que

---

[56] "James Joyce...", op. cit., vol. I, p. 209.
[57] Ibid., p. 192.
[58] Ibid., p. 193.

constituiu o ponto de partida para a sua teoria do conhecimento, ele quis conscientemente substituir a coercitividade da visão mítica do mundo pela necessidade obrigatória do argumento lógico. A necessidade obrigatória é, por assim dizer, o denominador comum das visões mítica e lógica do mundo. Apenas aquilo que é necessário e, portanto, aparece ao homem como compulsório pode reivindicar validade absoluta. Dessa identificação entre necessidade e absoluto provém a atitude singularmente ambivalente de Broch em relação à questão da liberdade humana. Realmente ele não tinha uma opinião mais elevada da liberdade do que da filosofia: de qualquer forma, sempre a buscou apenas no âmbito da psicologia e nunca lhe concedeu a dignidade metafísica e fundante da ciência, que sempre concedeu à necessidade.

Para Broch, a liberdade é o esforço anárquico, latente em cada eu, em direção ao "desapego" diante dos companheiros humanos. Esse esforço já vem representado no mundo animal pelo "mais isolado". Se o homem segue apenas o empenho pela liberdade do seu eu, é "o animal anárquico".[59] Mas, como o homem é "incapaz de subsistir sem seus companheiros homens, portanto incapaz de viver plenamente suas tendências anárquicas", ele tenta subjugar e escravizar outros seres humanos. O aspecto rebeldemente anárquico do eu que, embora dependa de outros homens, prefere permanecer em total não-relação interior com eles, em nome da independência, já aparece nos seus textos iniciais como uma das fontes do mal radical. Mas nesses textos iniciais fica obscurecido pela análise de Broch sobre a forma puramente estética do mal real. Nos escritos posteriores, todos orientados em termos da teoria do conhecimento, a situação se inverte. Da teoria do conhecimento segue-se diretamente a conseqüência política de que o homem nas suas relações com seus companheiros humanos deve ser submetido à mesmíssima compulsão a que necessariamente se submete em sua cognição, em

[59] "Politik...", op. cit., vol. II, p. 209.

outras palavras, no seu intercurso consigo mesmo. Broch nunca acreditou que essa esfera política, onde o homem age externamente e é envolvido pela maquinaria do mundo exterior, pudesse ser ordenada por categorias que, em sua origem, fossem políticas. "Pois a agitação e o alvoroço do mundo pouco podem resultar em algo além da anarquia", e "a política é a mecânica do alvoroço exterior".[60] A agitação do mundo deve ser submetida à mesma necessidade evidente obrigatória à qual se sujeita o eu; e, para validar essa compulsão, deve-se demonstrar que a coerção é efetivamente uma coerção humana, isto é, emerge realmente da humanidade do homem. A tarefa ético-política da teoria do conhecimento é proceder a essa demonstração. A teoria deve mostrar que a humanidade do homem é uma necessidade obrigatória e assim oferece uma salvação ante a anarquia.

A essa altura, deve estar claro que o que de fato temos aqui é um sistema cujas linhas gerais podem ser facilmente esboçadas a partir dos fragmentos que chegaram a nós. A tarefa é ainda mais atraente porque os traços fundamentais do sistema de Broch, apesar de todas as alterações de ênfase que sofreu ao longo dos anos, permaneceram constantes desde o início. Nesse sistema, a simultaneidade e a função de abolir o tempo que cabem à cognição tinham de ser demonstráveis com a sua aplicação a duas ordens de problemas concretos: teriam de ser capazes de abolir a anarquia do mundo, isto é, coordenar o eu inteiramente desprovido de mundo com o mundo inteiramente desprovido de eu; e teriam de substituir a "profecia mítica" pela "profecia lógica", de modo a compelir o futuro para a simultaneidade com o presente, com a mesma certeza com que a memória redime o passado de sua perecibilidade, trazendo-o para o presente. Teriam de "demonstrar a unidade entre a memória e a profecia"[61] que fora invocada por *A morte de Virgílio* apenas poeticamente.

---

[60] Ibid., p. 210.
[61] "Die mythische Erbschaft...", op. cit., vol. I, p. 245.

No que concerne ao primeiro problema, a coordenação entre o eu e o mundo, a redenção do eu daquele subjetivismo radical onde "tudo o que 'é' o homem pertence ao eu, tudo o que ele 'tem' encontra-se junto ao eu, e tudo o mais, todo o resto do mundo [...] [é] estranho, hostil ao eu, repleto de morte"[62] — no que concerne a esse problema, Broch parece simplesmente ter tomado a via que todo subjetivismo sério tomara antes dele, e cujo grande predecessor é Leibniz. É a via da "harmonia preestabelecida", a via de construir duas "casas idênticas na planta e também nos alicerces, mas, devido à sua infinita extensão, *a priori* não suscetível de conclusão, casas cuja estrutura visível foi iniciada por ângulos diferentes, de modo que, durante seu tempo infinito de construção, tornam-se cada vez mais idênticas entre si, mas na prática nunca podem atingir uma identidade completa e, se se quiser, uma intercambialidade".[63]

À questão de como pode o homem "apreender intuitivamente o parentesco íntimo de sua própria natureza com a do mundo exterior"[64] Broch respondeu que "a harmonia preestabelecida é uma necessidade lógica",[65] e com essa resposta certamente deu um passo decisivo para além das teorias usuais, não só a de Leibniz, sobre todas as monadologias. A necessidade lógica de uma harmonia preestabelecida deriva do fato de que Broch (seguindo inteiramente as linhas de Husserl, a quem deve outras sugestões cruciais) encontra o objeto (o que equivale a dizer o modelo do mundo) já presente no ato de pensar, na medida em que não é possível nenhum "eu-penso" que não seja um "eu-penso-algo". Assim o eu encontra em si mesmo um esboço de um não-eu e, "embora o pensar seja uma parte indissolúvel do eu, ele se distingue do sujeito do eu e portanto pertence concordantemente a um não-eu".[66]

---

[62] "Politik...", op. cit., vol. II, p. 234.
[63] "Über syntaktische...", op. cit., vol. II, p. 169.
[64] Ibid., p. 151.
[65] "Das System als Welt-Bewältigung", op. cit., vol. II, p. 121.
[66] "Werttheoretische Bemerkungen...", op. cit., vol. II, p. 67.

Disso se segue que o eu pertence ao mundo de uma forma diferente da "expansão do eu", que atinge seu ápice no êxtase, ou da "privação do eu", que atinge seu nadir no pânico. O eu pertence ao mundo independentemente de êxtase ou pânico. Segue-se também que o mundo não é apenas experimentado a partir do exterior; antes de qualquer experiência dessas, ele já está dado no "inconsciente". Esse inconsciente não é alógico nem irracional. Pelo contrário, toda lógica real deve necessariamente incluir uma "lógica do inconsciente", deve se testar em relação ao conhecimento da "esfera epistemológica da inconsciência",[67] onde está situada não a experiência concreta, mas aquela cognição da experiência em geral que precede toda e qualquer experiência — em outras palavras, "a experiência em si".

Nessa mesma esfera do inconsciente, totalmente acessível à cognição, encontra-se a solução para o segundo problema: o domínio sobre a simultaneidade, o resgate do futuro e do passado da sua escravização à sucessão. Mas aqui o estabelecimento da coexistência para o futuro e o passado deve se realizar pelo aspecto onírico peculiar ao inconsciente. O "impulso para o futuro específico do homem e apenas do homem [faz] dele uma parte do presente"; uma lógica que ultrapasse a lógica aristotélica deveria algum dia poder antecipar essas "inspirações" a partir das quais se modela o futuro. Uma "determinação formal dessas áreas, supondo que algum dia se realize",[68] proporcionaria nada mais, nada menos do que uma "teoria da profecia" segura, pois nos ofereceria o "esquema de todas as experiências futuras possíveis". Essa "profecia lógica", cujo objeto é aquele inconsciente de onde surgem os impulsos e "inspirações" de toda novidade, é em si uma disciplina totalmente racional e lógica que decorrerá "com toda a naturalidade [...] do crescimento e aprofundamento da pesquisa sobre os fundamentos".[69] O pré-requisito para essa "teoria da novidade" — que é apenas um outro nome para a

---

[67] "Über syntaktische...", op. cit., vol. II, p. 166.
[68] "Die mystische Erbschaft...", op. cit., vol. I, p. 244.
[69] Ibid., pp. 245-6.

"profecia lógica" — evidentemente é o de que, embora o tempo mesmo seja considerado como o "mundo externo mais interno", tudo "verdadeiramente novo no mundo, mesmo que apareça sob um disfarce empírico, nunca brota da experiência atual, mas sempre e apenas do âmbito do eu, da alma, do coração, da mente".[70] Em outras palavras, o sujeito de conhecimento, o "homem na máxima abstração",[71] é de natureza tal que traz um mundo dentro de si mesmo, e o milagre da cognição resulta da harmonia preestabelecida, da harmonização entre esse mundo interior e o mundo empiricamente dado.

É especificamente essa harmonização que se realiza pelo "sistema", o qual, enquanto um "sistema de domínio", não aceita simplesmente o mundo e o inesgotável "conteúdo de experiência do mundo", mas o cria novamente ao dominá-lo;[72] essa criativa "função sistematizadora do *logos*" é "sua única e essencial manifestação",[73] por meio da qual "cria e recria o mundo novamente pela primeira vez". A cognição e a criação não são apenas idênticas no ato divino do *intuitus originarius* (Kant); essa identidade é um fato demonstrável, independente de toda revelação e presente no "dever de criação" do homem, onde ele deve "interminavelmente repetir a criação do universo",[74] dever este que pode ser demonstrado por argumentos lógico-positivistas. É o *logos* que tomará o lugar do *mythos* numa "ciência unitária futura",[75] restaurará um mundo desarticulado dentro da ordem de um "sistema" e conduzirá o homem perdido na anarquia de volta para os constrangimentos da necessidade.

Assim, em meados dos seus trinta anos, Broch expressara, sob a forma de premonição e esperança, a idéia de que o *logos* será capaz de redimir o homem pelo caminho da ciência. E, ao

---

[70] "Über syntaktische...", op. cit., vol. II, p. 187.
[71] "Politik...", op. cit., vol. II, p. 247.
[72] "Das System...", op. cit., vol. II, pp. 111 e ss.
[73] "Über syntaktische...", op. cit., vol. II, p. 200.
[74] "Politik...", op. cit., vol. II, p. 208.
[75] "Über syntaktische...", op. cit., vol. II, p. 169.

final de sua vida, essa noção se convertera numa certeza: "Se todo o conteúdo do mundo pudesse realmente chegar a um equilíbrio, se o mundo realmente pudesse ser formado e reformado num único sistema total, um sistema onde todas as partes se condicionam e se sustentam reciprocamente, se esse estado — que a ciência busca no âmbito estritamente racional — pudesse realmente existir, então se realizaria a pacificação última do Ser, a redenção do mundo, para onde fluirão todas as aspirações metafisicamente religiosas da humanidade".[76]

Quem leria essas frases sem possivelmente se lembrar do primeiro capítulo do Evangelho de São João: Ἐν ἀρχῇ ἦν ὁ λόγος [...] καὶ ὁ λόγος τὰρξ ἐγενετο (1:1 e 14). ("No início foi o Verbo [...] E o Verbo se fez carne") Mas a carne em que se converteu o *logos* não é mais o filho mítico de Deus; é o "homem em máxima abstração". Se se pode demonstrar, pensava Broch, em termos positivistas e não especulativamente metafísicos, que o verbo tornado carne é o próprio homem, então a demonstração, no interior do âmbito terreno e sem nenhum vôo transcendental, fica dotada de uma "imagem em si mesma", e visto que, na "imagem em si mesma", o homem também se tornou independente d'Ele de quem é imagem, o tempo e a morte foram por conseguinte anulados. Essa seria a redenção do homem na Terra.

IV. O ABSOLUTO TERRENO

Tudo o que Broch pensou segundo essas linhas e deixou sob forma fragmentária está contido, em sua quintessência, no conceito, ou antes, na descoberta do "absoluto terreno". Se quisermos entender o que realmente se entende pelo absoluto terreno, temos de evitar uma equivalência entre as primeiras observações de Broch acerca da morte enquanto absoluto da existência humana na Terra — observações que ocasionalmente podem ser encontradas mesmo nas obras posteriores — e a efetiva desco-

---

[76] "Gedanken zum Problem...", op. cit., vol. II, p. 98.

berta de seu último período. O que une as duas concepções é apenas o fato — embora seja certamente um grande fato — de que ambas estão associadas à morte, ambas são fundamentalmente determinadas pela experiência da morte. No entanto, a diferença é muito nítida. Quando a morte é entendida como o absoluto limite irremovível da vida, é possível afirmar que não há "nenhum fenômeno que consiga possivelmente ser mais distante deste mundo e mais metafísico no seu significado para a vida" do que a morte;[77] que, do ponto de vista humano, *sub specie aeternitatis* sempre significa também *sub specie mortis*;[78] que a busca de um valor absoluto é incitada pela morte, esse "não-valor em si"; e que "seu absoluto, que é o único absoluto da realidade e da natureza, deve encontrar uma contraposição num absoluto que, sustentado pela vontade humana, seja capaz de criar o absoluto da alma, o absoluto da cultura".[79] E sem dúvida Broch jamais abandonou sua convicção básica de que, "onde não existe uma relação autêntica com a morte e onde sua qualidade absoluta no aqui e no agora não é perpetuamente reconhecida, não pode haver nenhuma verdadeira ética".[80] Essa convicção básica era de fato tão forte que, em sua *Política* — isto é, na aplicação de sua teoria do conhecimento ao âmbito das coisas por natureza anárquicas —, novamente recorreu à morte como o único absoluto que surge no âmbito terreno. Isto é, ele baseou todo seu sistema legal e político no fato de que a pena de morte representa um máximo natural que estabelece um limite à punição. Contudo, o conceito do absoluto terreno de Broch não se referia apenas à morte. O absoluto inerente à morte, afinal, é por natureza não terreno; obviamente só se inicia, por assim dizer, após a morte; está para além da morte, embora se manifeste no âmbito terreno apenas através da morte. De fato, o pecado mortal do secularismo foi converter esse absoluto além-túmulo

---

[77] "Das Weltbild..." op. cit., vol. I, p. 231.
[78] "James Joyce...", op. cit., vol. I, p. 186.
[79] "Das Böse...", op. cit., vol. I, p. 317.
[80] "Hofmannsthal...", op. cit., vol. I, p. 123.

transcendente em algo mundano e finito, o que levou ao colapso dos valores e à desintegração do mundo.

A relação entre o absoluto terreno e a morte tem uma natureza diversa. Aí se trata de abolir na vida a consciência da morte, de liberar a vida, enquanto viva, da morte, de modo que a vida prossiga como se fosse eterna. Assim como a função cognitiva é a de superar "o tempo como o mundo exterior mais interior", e, assim, conquistar o mundo lá onde é mais próximo do eu, e portanto mais estranho e ameaçador para ele, da mesma forma a função do absoluto terreno é conquistar a morte na vida, enfrentando o "mundo prenhe de morte", através de um seu confronto com o eu que, em seu núcleo, seu núcleo cognitivo, sabe-se imortal. Mesmo quando se volta para o positivismo lógico (ainda que seja um positivismo lógico de tipo altamente idiossincrático e original), Broch se apega à sua convicção inicial basicamente cristã de que a morte e a perecibilidade estão enraizadas no mundo, mas a imortalidade e a eternidade estão ancoradas no eu, de modo que a vida que nos parece mortal é, na verdade, imortal, e o mundo que nos parece eterno na verdade é vítima da morte.

A mudança para o positivismo lógico, que se manifesta mais acentuadamente no conceito do absoluto terreno, evidentemente implicava uma revisão não expressa da *Zeitkritik* de Broch, originalmente montada em termos de um lamento contra o processo de secularização. Essa revisão, por sua vez, expressa-se mais claramente no desvio da esperança em um "novo mito" para a convicção de que se tornara necessária uma "desdeificação positivista". Mas a questão que, presumivelmente, provocou essa alteração, e que Broch começou a responder com uma terminologia lógico-positivista nas duas seções póstumas de sua Teoria do Conhecimento (o "conceito de sistema" e as "unidades sintáticas e cognitivas") — essa questão pode ser plausivelmente formulada como: De onde o eu deriva a convicção sobre sua própria imortalidade? A razão dessa convicção não pode, em si mesma, ser a prova dessa imortalidade?

Se vinculamos a mesma questão à teoria anterior sobre o valor, que se orientava tão exclusivamente pela morte, poderíamos formular a pergunta da seguinte maneira: A experiência puramente negativa da morte — puramente negativa pois que nunca previsível para o núcleo do eu — que provoca pânico súbito no homem (que, em sua ausência absoluta de mundo, sabe-se imortal), essa experiência puramente negativa não pode ser complementada por uma experiência positiva em que a imortalidade e o absoluto se manifestem tão tangível e faticamente como a morte? A resposta, reduzida a poucas palavras, se encontraria na seguinte frase, que data do período inicial de Broch, mas cujas plenas implicações não lhe ficaram visíveis até seu período final: "A estrutura da lógica formal repousa sobre fundamentos materiais".[81]

A cognição, para resumir a cadeia de pensamentos de Broch numa forma deliberadamente simplificada, manifesta-se em dois tipos de conhecimento que correspondem a dois tipos de ciência fundamentalmente diferentes. Em primeiro lugar, há as ciências empíricas indutivas que tateiam seu caminho de fato em fato, de pesquisa em pesquisa, e são em princípio não-finitas e sem completude, exigindo para seu progresso uma sucessão infindável de novos fatos e novas descobertas. Em segundo lugar, há as ciências formais dedutivas que chegam aos seus resultados axiomáticos a partir de si mesmas, por assim dizer, e são aparentemente independentes de todos os fatos empíricos. Para Broch, a ciência de tipo indutivo mais importante é a física (embora, para fins ilustrativos, usasse com freqüência o exemplo da arqueologia pois, nessa ciência, os "achados" das escavações coincidem com as novas "descobertas" tão indispensáveis ao avanço de qualquer ciência empírica), ao passo que a ciência dedutiva clássica é, evidentemente, a matemática. A cognição real que vai além do simples conhecimento dos fatos, sustentava ele, só pode ser alcançada nas ciências dedutivas que formam sistemas. Apenas depois que a matemática deduziu as fórmulas para os fatos empíricos observados pelos físicos, é permitido falar de um entendimento científico dos fatos físicos.

[81] "Der Zerfall der Werte...", op. cit., vol. II, p. 14.

Essa distinção entre as ciências dedutivas e indutivas corresponde à distinção de Broch entre "proto-sistema" e "sistema absoluto".[82] O proto-sistema serve ao domínio direto sobre o mundo, à sua assimilação, o que é o pré-requisito para a sobrevivência de toda vida, inclusive a vida animal; ao passo que o sistema absoluto, cuja perfeição é inatingível para o homem, conteria em si "a solução para todos os problemas que já ocorreram ou podem ocorrer no mundo, [...] em suma, seria o sistema cognitivo de um deus".[83] À primeira vista, é como se o sistema cognitivo do homem se adequasse entre esses dois sistemas, o sistema de toda vida e o sistema de um deus, mas, não obstante, os dois se mantêm tão opostos entre si quanto os métodos indutivo e dedutivo.

O próximo passo do raciocínio refere-se à eliminação dessa oposição ou, dito de outra forma, à demonstração de que tal oposição é apenas aparente. Isso se realiza primeiramente demonstrando-se a existência de uma ponte entre o proto-sistema e o sistema absoluto, ponte fundada na iteração específica de todos os processos cognitivos; em segundo lugar, demonstrando-se que não existe nada que corresponda a um sistema absolutamente dedutivo. Pelo contrário, a base de todo sistema formal é sempre empírica. Isso significa que todo sistema repousa sobre um fundamento transcendente a si próprio, que é preciso postular como absoluto pois, do contrário, o sistema nem sequer poderia iniciar suas várias cadeias dedutivas.

A ponte entre o proto-sistema e o sistema absoluto, que de um lado representa a ponte entre a ciência puramente indutiva e a cognição dedutiva, e de outro a ponte entre o animal e um deus, através do homem, dá-se da seguinte forma: o proto-sistema é um sistema de "experiências" que são "conhecidas", mas não "entendidas"; esse conhecimento, inerente a toda e qualquer experiência e que não seria possível fora dela, já é efetivamente um "conhecer sobre o conhecer", uma primeira iteração,

---

[82] "Das System...", op. cit., vol. II, pp. 122 e ss.
[83] Ibid.

sem a qual não existiria a memória, e a memória faz parte de toda experiência; Broch, ao identificá-lo com a consciência, também o atribui aos animais.[84]

Esse conhecer sobre o conhecer permanece diretamente vinculado ao mundo. Serve ao domínio direto das coisas do mundo em sua facticidade concreta; o que escapa ao seu domínio é a mundanidade do mundo, que Broch considera dada na "irracionalidade" primitiva do mundo (ou, em termos políticos, na sua "anarquia"). O "sistema cognitivo" agora se põe para efetuar o domínio dessa mundanidade, o que lhe é possível, pois já se liberou das coisas concretas do mundo e, portanto, pode apreender a mundanidade do mundo, sua "irracionalidade" enquanto tal, e assim se converte numa forma preliminar do sistema absoluto. Trata-se, não mais da experiência direta e do "conhecer sobre o conhecer" necessário a ela, mas antes de um "conhecer sobre o conhecer sobre o conhecer", em outras palavras, uma outra iteração que, contudo, decorre naturalmente da primeira iteração do "conhecer sobre o conhecer".

Entre o proto-sistema do conhecer sobre o conhecer, onde ainda não se realiza o conhecimento efetivo, e onde o ser vivo simplesmente se torna consciente de suas experiências, e o sistema absoluto de um deus, há uma série contínua de estágios iterativos que podem ser positivistamente demonstrados. E, embora Broch nos advirta explicitamente contra "conceber uma espécie de disposição estratificada de sistemas onde — partindo do proto-sistema e seguindo todo o curso até o sistema absoluto — se disponham em camadas uns sobre os outros, à proporção que diminui seu 'conteúdo empírico' e aumenta seu 'conteúdo cognitivo'", considera "explícito [...] que o curso [...] ainda que não sempre, mas majoritariamente segue na direção de um conteúdo cognitivo crescente e de uma expressividade decrescente".[85] O significado dessas demonstrações para produzir evi-

---

[84] Ibid., p. 134.
[85] Ibid., p. 123.

dências da existência fática de um absoluto terreno encontra-se na relação íntima entre essas operações cognitivas que pressupõem sua existência e a mera experiência; encontra-se na seqüência contínua que une a experiência ao saber cognitivo, de modo que é como se surgisse um absoluto a partir das condições de toda a vida na Terra.

O propósito dessas considerações é duplo: mostrar a origem terna do absoluto, mostrar que ele brota objetivamente da evolução da vida orgânica, e ao mesmo tempo demonstrar que todos os sistemas dedutivos repousam sobre um fundamento empírico absoluto que não pode ser derivado do próprio sistema, ou seja, pelo contrário, mostrar que toda forma se encrava no conteúdo.[86] Em outras palavras, a demonstração de que o terreno, por sua própria essência, alcança o absoluto, converte-se nele, por assim dizer, encontra seu paralelo na contrademonstração de que todo absoluto está vinculado ao terreno. Isso é mais evidente no caso da matemática. A coisa mesma que é matemática sobre a matemática obviamente não é comprovável ou demonstrável matematicamente; permanece para a matemática como um "desconhecido adicional", isto é, reside numa esfera que se encontra fora da matemática. Isso vale tanto para a base efetiva de onde surge toda matemática, que Broch identifica como "o número enquanto tal", como para os "impulsos do problema", que levam a avanços no entendimento matemático. De fato, para seus avanços, a matemática mantém-se na dependência da física.[87] Mas é verdadeiro também em relação à teoria do conhecimento, ou para a própria lógica, que se pode considerar tendo inicialmente suprido a matemática com "o número enquanto tal", e portanto tendo oferecido em primeiro lugar a base para as operações matemáticas. Pois "o lógico tem exatamente uma relação tão ingenuamente realista com suas investigações quanto o matemático na sua relação; isto é, de um lado — pelo menos en-

---

[86] "Politik...", op. cit., vol. II, p. 247.
[87] "Über syntaktische...", op. cit., vol. II, pp. 178 e ss.

quanto não volta suas considerações para o plano superior seguinte, o da metalógica — ele descartará o conhecimento sobre o sistema lógico como um todo e sobre a operacionalidade lógica como um concomitante auto-evidente da pesquisa, que dispensa qualquer atenção especial, e de outro lado será sempre menos inclinado que o matemático a dedicar qualquer atenção ao sujeito ou suporte daquele conhecimento".[88]

Há, portanto, duas coisas que as ciências dedutivas, lógica e matemática, sempre e necessariamente deixarão de lado: primeiramente, elas não conseguem ver o que faz da lógica ou da matemática precisamente o que são, isto é, sua logicidade ou matematicidade, tanto quanto uma pessoa de pé não consegue enxergar o próprio chão em que se sustenta; em segundo lugar, não conseguem observar o sujeito das operações lógicas e matemáticas. Sempre vêem, por assim dizer, suas próprias sombras, mas não a si mesmas. Assim é natural que a matematicidade da matemática, em outras palavras, "o número enquanto tal", deva ser o "absoluto" para a matemática; e esse mesmo absoluto é dado à matemática a partir de fora, existindo demonstravelmente fora de seu próprio sistema. Esse absoluto não é absolutamente transcendente, mas empiricamente dado, muito embora tenha de ser buscado de fora do sistema matemático. Podemos dizer que uma ciência sempre recebe o que lhe é absoluto a partir da ciência "superior seguinte", de modo que surge uma hierarquia entre as ciências cujo princípio poderia ser apreendido por uma via sistemática unificadora e totalmente abrangente. A física recebe seu absoluto da matemática, a matemática da epistemologia, a epistemologia da lógica, e a lógica depende de uma metalógica.

Mas essa cadeia, onde o absoluto é a cada vez transmitido de uma forma diferente de ciência a ciência, de sistema cognitivo a sistema cognitivo, a cada caso tornando afinal possíveis a ciência e a cognição, não continua nem se repete infinitamente. Em todos os casos, o que funciona como um absoluto, como um padrão ab-

[88] Ibid., p. 183.

soluto, não observado pela pessoa que o emprega justamente porque o está empregando, é o sujeito que usa o padrão; é o "ato de ver em si", a "pessoa física" na física, que corresponde à "pessoa matemática", ao suporte do "número enquanto tal", a pessoa lógica, o sujeito da "operacionalidade lógica" enquanto tal. Assim, o absoluto nessas ciências não é apenas dado "conteudisticamente" — nenhuma ciência poderia operar se seu conteúdo não lhe fosse trazido de fora —, mas sua fonte é totalmente terrena e positiva, o que em termos epistemológicos equivale a dizer: demonstrável numa base lógico-positivista; é a "personalidade humana em máxima abstração". O conteúdo dessa abstração pode variar — desde o "ato de ver enquanto tal" ao ato de contar enquanto tal e à operação lógica enquanto tal. Isso não significa que o homem com todas as propriedades do corpo, alma e mente tenha se tornado a medida de todas as coisas, mas sim que o homem, na medida em que não é senão o sujeito cognitivo, o suporte dos atos de cognição, é a fonte do absoluto. A origem do absoluto, em sua validade absoluta, necessária e obrigatória, pertence a este mundo.

Broch acreditava que sua teoria do absoluto terreno poderia ser diretamente aplicada à política, e nos dois capítulos da *Psicologia de massas* "condensada" ele efetivamente, ainda que de modo fragmentário, traduziu sua epistemologia em idéias da política prática. Isso lhe pareceu possível pois construiu todas as ações políticas em termos daqueles atos que desempenham o papel central em sua teoria do conhecimento, e que são concebidos como em si mesmos privados de mundo, ou, como colocou ele, "numa câmara escura".[89] Em outras palavras, não estava efetivamente preocupado com a ação política ou a ação em geral; o que queria era responder à pergunta que colocara em sua juventude: "O que faremos então?".

Agir e fazer diferm entre si tanto quanto pensar e conhe-

---

[89] "Werttheoretische Bemerkungen..", op. cit., vol. II, p. 71.

cer. Assim como o conhecer, enquanto oposto ao pensar, tem um objetivo de cognição e uma tarefa cognitiva, também o fazer tem propósitos específicos e deve ser governado por padrões específicos de modo a alcançá-los, ao passo que o agir sempre ocorre onde quer que os seres humanos estejam juntos, mesmo que não haja nada a se alcançar. A categoria fins-meios, a que estão necessariamente vinculados todo fazer e todo produzir, sempre se demonstra catastrófica quando aplicada ao agir. Pois o fazer, como o produzir, inicia-se com o pressuposto de que o sujeito dos "atos" conhece plenamente o fim a ser atingido e o objeto a ser produzido, de modo que o único problema é encontrar os meios adequados para realizar esses fins. Tal pressuposto por sua vez supõe um mundo onde há uma única vontade, ou que é disposto de tal forma que todos os sujeitos-eu ativos nele existentes estão suficientemente isolados entre si para não haver interferência mútua nos seus fins e propósitos. O inverso é verdadeiro para a ação; há uma infinidade de intenções e propósitos que se intersectam e se interferem reciprocamente e, tomados todos em conjunto em sua complexa imensidade, representam o mundo onde cada homem deve situar sua ação, embora nesse mundo nenhum fim e nenhuma intenção jamais tenham se realizado tal como originalmente se pretendera. Mesmo essa descrição, e a conseqüente natureza frustrante de todos os atos, a ostensiva futilidade da ação, é inadequada e enganadora pois vem efetivamente concebida em termos do fazer, e isso significa em termos da categoria meios-fins. Dentro dessas categorias, só podemos concordar com a frase do Evangelho: "Pois eles não sabem o que fazem"; nesse sentido, nenhum agente jamais sabe o que está fazendo; ele não pode saber e, para o bem da liberdade humana, não lhe é permitido saber. Pois a liberdade depende da imprevisibilidade absoluta das ações humanas. Se quisermos exprimi-lo paradoxalmente — e invariavelmente nos emaranhamos em paradoxos, tão logo tentemos julgar e agir segundo os padrões do fazer —, podemos dizer: toda boa ação por um mau fim efetivamente acrescenta ao mundo uma parcela de bem; toda má ação por um bom fim efetivamente acrescenta ao mundo uma parcela de mal. Em outras palavras, enquanto para o fazer e o produzir os fins predominam totalmente sobre os meios, para o agir é exatamente o oposto: os meios são sempre o fator decisivo.

Como Broch colocara epistemologicamente o eu privado de mundo na "câmara escura", naturalmente interpretou o agir no sentido de fazer, e o ator no sentido de um eu produtor isolado, o sujeito de atos específicos. Mas o que tem uma importância muito mais decisiva é que, sendo um artista, ele interpretou o fazer como uma espécie de criação do mundo e exigiu dele o tipo de "recriação do mundo" que originalmente requisitara da obra de arte. Se a política pudesse algum dia se converter no que ele dela exigiu, seria de fato uma "obra de arte ética". No fazer, coincidem as duas capacidades fundamentais do homem: a faculdade criativa envolvida na literatura e a faculdade cognitiva de domínio do mundo envolvida na ciência. Para Broch, portanto, a política era realmente uma arte, criação do mundo convertida em ciência e, simultaneamente, ciência convertida em arte. É verdade que ele nunca formulou as coisas dessa forma, mas o material fragmentário de que dispomos nos permite ao menos conjeturar sobre as linhas básicas de sua concepção fundamental.

Isso, de qualquer maneira, é o que em última análise pretende a cognição: ela deseja o feito. Como a literatura não fazia nada, Broch afastou-se da literatura, rejeitou a filosofia porque esta se limitava à mera contemplação e ao pensamento, e terminou por colocar todas as suas esperanças na política. A preocupação central de Broch é sempre a redenção, a redenção da morte, tanto em sua política, como em sua epistemologia e sua ficção. Os elementos utópicos de uma política orientada para a redenção não podem ser deixados de lado. Entretanto, devemos evitar subestimar o realismo que guiou Broch em suas reflexões concretas e que o impediu de aplicar dogmática e equivocadamente à política o absoluto terreno que vislumbrara na teoria do conhecimento.

A crença última de Broch encontrava-se no absoluto terreno. Reconfortou-se com a percepção de que se pode encontrar e demonstrar algo absoluto na Terra, e que mesmo o âmbito político — isto é, a conglomeração intrinsecamente anárquica de seres humanos nas condições da vida na Terra — contém um absoluto limitador. Isso significava que devia existir algo como uma "justiça absoluta" de onde derivaria uma nova declaração dos "direitos do homem", que então manteria a mesma relação com as atualidades políticas que mantém a matemática com a física. Sob sua soberania, um "sujeito criador de direito (e portanto mentalmente justo)" produtor de direito corresponderia exatamente à "pessoa física" ou ao "ato de ver em si".[90] Graças a essas percepções, que tendiam cada vez mais a se centrar em torno do "homem em sua máxima abstração", Broch podia se resignar aos fatos do âmbito político tal como o matemático está preparado para se resignar aos fatos do espaço físico. Assim talvez a bela figura poética de linguagem que uma vez empregou para formular os fatos e as possibilidades da vida política deva também ter lhe parecido como sua fórmula matemática. "A rosa-dos-ventos cuja função é mostrar de qual parte do mundo está soprando o vento da história; com sua inscrição 'O Justo Faz o Poder' ela aponta para o Paraíso, com 'O Poder faz o Injusto' aponta para o Purgatório, com 'O Injusto faz o Poder' aponta para o Inferno, mas com 'O Poder faz o Justo' aponta para a vida comum na Terra; e como o que repetidamente ameaça troar sobre a humanidade é a tempestade do demônio, o homem em geral se contenta modestamente com o terreno 'O Poder faz o Justo', embora à espera das brisas paradisíacas — quando então não haverá mais nenhuma pena de morte sobre toda a vasta orbe da Terra —, sabendo porém que o milagre só virá quando estiver pronto para vir. O milagre de 'O Justo faz o Poder' exige primeiro e acima de tudo que o Justo seja dotado de Poder."[91]

Por trás dessas frases, sentimos nitidamente o que Broch não diz e, nesse contexto, provavelmente nem pretendeu dizer. Sabemos, a partir de *A morte de Virgílio* e também do caráter do

[90] Ver "Politik...", op. cit., vol. II, pp. 219, 247 e ss.
[91] Ibid., p. 253.

doutor em *O tentador*, que para Broch todas as relações com os homens são ultimamente governadas pela idéia de "prestimosidade", pela imperatividade do pedido de auxílio. O absoluto do "apelo ético" ("a unidade do conceito se mantém inviolada, inviolado o requisito ético")[92] era algo que admitia tão plenamente que julgava não precisar sequer de demonstração. "O propósito do apelo ético reside no absoluto e no infinito",[93] o que significa que todo gesto ético é realizado na esfera do absoluto e o pedido de auxílio dos homens entre si é interminável e inesgotável. Assim como Broch admitia plenamente dever abandonar imediatamente qualquer trabalho, qualquer atividade, a fim de prestar auxílio quando necessário, da mesma forma admitia última e plenamente dever abandonar a literatura, pois começara a duvidar que esta pudesse satisfazer sua "obrigação para com o absoluto da cognição".[94] Começara sobretudo a duvidar que a literatura e a cognição pudessem sequer efetuar o salto a partir do conhecimento do que é necessário para auxiliar os que precisam. A "missão" de que tanto falava Broch, a "tarefa ineslutavelmente imposta" que via por todos os lugares, tinha uma natureza última que não era lógica nem epistemológica, embora a tomasse e demonstrasse sua presença geral na lógica e na epistemologia. A missão era o imperativo ético, e a tarefa à qual se podia escapar era o pedido de auxílio dos homens.

---

[92] "Der Zerfall der Werte...", op. cit., vol. II, p. 40.
[93] "Das Weltbild des Romans", op. cit., vol. I, p. 212.
[94] "James Joyce...", op. cit., vol. I, p. 204.

WALTER BENJAMIN: 1892-1940

I. O CORCUNDA

A Fama, aquela deusa muito cobiçada, tem muitas faces, e a fama vem sob muitas formas e tamanhos — desde a notoriedade de uma semana de capa de revista até o esplendor de um nome duradouro. A fama póstuma é uma das variantes mais raras e menos desejadas da FAMA, embora seja menos arbitrária e muitas vezes mais sólida que os outros tipos, pois raramente é concedida à mera mercadoria. Quem mais lucraria está morto e, portanto, não está à venda. Essa fama póstuma, não comercial e não lucrativa, chegou agora na Alemanha para o nome e a obra de Walter Benjamin, um escritor judaico-alemão que era conhecido, mas não famoso, como colaborador de revistas e seções literárias de jornais, durante menos de dez anos antes da tomada de poder por Hitler e sua própria emigração. Eram poucos os que ainda conheciam seu nome quando optou pela morte naqueles primeiros dias do outono de 1940 que, para muitos de sua origem e geração, marcaram o momento mais negro da guerra — a queda da França, a ameaça à Inglaterra, o ainda intacto pacto Hitler-Stálin, cuja conseqüência mais temida naquele momento era a íntima cooperação entre as duas forças policiais secretas mais poderosas da Europa. Quinze anos depois, foi publicada na Alemanha uma edição em dois volumes de seus escritos, o que lhe trouxe quase imediatamente um *succès d'estime* que ia muito além do reconhecimento entre os poucos que ele conhecera durante sua vida. E como a simples reputação, por mais elevada que seja, ao se fundar sobre o juízo dos melhores, nunca basta para a subsistência de escritores e artistas, a qual só pode ser assegurada pela fama, esse testemunho de uma multidão cujas dimensões não precisam ser astronômicas, sentimo-nos duplamente tentados a dizer (como Cícero) *Si vivi vicissent qui morte vicerunt* — como tudo seria diferente "se vencessem na vida aqueles que venceram na morte".

A fama póstuma é singular para ser atribuída à cegueira do mundo ou à corrupção de um ambiente literário. Nem se pode dizer que seja a recompensa amarga daqueles que estavam à frente de seu tempo — como se a história fosse uma pista de corrida onde alguns competidores corressem tão rápido que simplesmente desapareceriam do campo de visão do espectador. Pelo contrário, a fama póstuma da pessoa geralmente vem precedida pelo mais alto reconhecimento entre seus pares. Quando Kafka morreu em 1924, seus poucos livros publicados não tinham vendido mais que duas centenas de exemplares, mas seus amigos literários e os poucos leitores que haviam topado quase acidentalmente com suas pequenas peças de prosa (nenhuma das novelas fora ainda publicada) sabiam, além de qualquer dúvida, que ele era um dos mestres da prosa moderna. Walter Benjamin cedo obteve esse reconhecimento, e não apenas entre aqueles cujos nomes na época ainda eram desconhecidos, como Gerhard Scholem, seu amigo de juventude, e Theodor Wiesengrund Adorno, seu primeiro e único discípulo, que juntos são os responsáveis pela edição póstuma de suas obras e cartas.[1] Fica-se tentado a dizer que o reconhecimento imediato e instintivo veio de Hugo von Hofmannsthal, que publicou em 1924 o ensaio de Benjamin sobre as *Afinidades eletivas* de Goethe, e de Bertolt Brecht, que, dizem, ao receber a notícia da morte de Benjamin teria dito que essa era a primeira perda efetiva que Hitler causava à literatura alemã. Não podemos saber se existe algo como um gênio totalmente desprezado ou se é ilusão de quem não é gênio, mas podemos estar razoavelmente seguros de que seu quinhão não será a fama póstuma.

---

[1] Walter Benjamin, *Schriften*, Frankfurt a. M., Suhrkamp Verlag, 1955, 2 vols., e *Briefe*, Frankfurt a. M., 1966, 2 vols. As referências deste ensaio seguem estas edições.

A fama é um fenômeno social; *ad gloriam non est satis unius opinio* (como pedante e sabiamente observou Sêneca), "para a fama não basta a opinião de um", embora baste para a amizade e o amor. E nenhuma sociedade pode funcionar adequadamente sem uma classificação, sem uma disposição de coisas e homens em classes e tipos prescritos. Essa classificação necessária é a base de toda discriminação social, e a discriminação, não obstante a opinião contrária atual, é um elemento constituinte do âmbito social, tanto quanto a igualdade é um elemento constituinte do âmbito político. A questão é que, na sociedade, cada um deve responder à pergunta sobre o *que* é — diferente da pergunta sobre *quem* é —, qual seu papel e sua função, e a resposta, evidentemente, nunca pode ser: Sou único, não devido à arrogância aí implícita, mas porque a resposta seria sem sentido. No caso de Benjamin, o problema (se é que o era) pode ser retrospectivamente diagnosticado com grande precisão; quando Hofmannsthal leu o longo ensaio sobre Goethe, cujo autor era completamente desconhecido, considerou-o "*schlechthin unvergleichlich*" ("absolutamente incomparável"), e o problema é que ele estava literalmente certo: era algo que não se poderia comparar a nada mais na literatura existente. O problema com tudo o que escreveu Benjamin é que sempre demonstrava ser *sui generis*.

Assim, a fama póstuma parece ser o quinhão dos inclassificáveis, isto é, daqueles cuja obra não se adéqua à ordem existente, nem inaugura um novo gênero que, ele mesmo, constitua uma futura classificação. Inumeráveis tentativas de escrever *à la* Kafka, todas melancólicos fracassos, apenas serviram para acentuar o caráter único de Kafka, aquela originalidade absoluta que não pode recuar a nenhum predecessor, nem suportar nenhum seguidor. É com o que a sociedade menos pode concordar e sempre relutará muito em lhe conceder seu selo de aprovação. Para dizê-lo claramente, seria um equívoco hoje recomendar Walter Benjamin como ensaísta e crítico literário, tal como teria sido um equívoco em 1924 recomendar Kafka como novelista e escritor de histórias curtas. Para descrever adequadamente sua obra e seu perfil de autor dentro de nosso quadro habitual de referências, seria preciso apresentar uma série imensa de declarações negativas, tais como: sua erudição era grande, mas não era um erudito; o assunto dos seus temas compreendia textos e interpretação, mas não era um filólogo; sentia-se muitíssimo atraído não pela religião, mas pela teologia e o tipo teológico de interpretação pelo qual o próprio texto é sagrado, mas não era teólogo, nem se interessava particularmente pela Bíblia; era um escritor nato, mas sua maior ambição era produzir uma obra que consistisse inteiramente em citações; foi o primeiro alemão a traduzir Proust (juntamente com Franz Hessel) e St.-John Perse, e antes disso traduzira *Quadros parisienses* de Baudelaire, mas não era tradutor; resenhava livros e escreveu uma série de ensaios sobre autores vivos e mortos, mas não era um crítico literário; escreveu um livro sobre o barroco alemão e deixou um imenso estudo inacabado sobre o século XIX francês, mas não era historiador, literato ou o que for; tentarei mostrar que ele pensava poeticamente, mas não era poeta nem filósofo.

Todavia, nos raros momentos em que se preocupou em definir o que estava fazendo, Benjamin se considerava um crítico literário, e, se se pode dizer que tenha de algum modo aspirado a uma posição na vida, teria sido a de "o único verdadeiro crítico da literatura alemã" (como colocou Scholem em uma das poucas belíssimas cartas ao amigo que foram publicadas), com a ressalva de que a própria idéia de assim se tornar um membro útil da sociedade tê-lo-ia repugnado. Sem dúvida, concordava com Baudelaire: "*Être un homme utile m'a paru toujours quelque chose de bien hideux*". Nos parágrafos introdutórios ao ensaio sobre *Afinidades eletivas*, Benjamin expôs o que entendia ser a tarefa da crítica literária. Começa por distinguir entre um comentário e uma crítica. (Sem mencioná-lo, talvez sem sequer se dar conta disso, ele usou o termo *Kritik*, que no uso comum significa crítica, tal como Kant o empregou ao falar de uma *Crítica da razão pura*.)

A crítica [escreveu ele] se interessa pelo conteúdo verdadeiro de uma obra de arte, o comentário pelo assunto do seu tema. A relação entre ambas é determinada por aquela lei básica da literatura segundo a qual o conteúdo de verdade da obra é tanto mais relevante quanto mais invisível e intimamente está ligado ao seu tema. Se, portanto, permanecem precisamente aquelas obras cuja verdade está mais profundamente encravada em seu tema, o observador que as contempla muito tempo depois de sua própria época considera as *realia* tanto mais extraordinárias na obra por terem desaparecido do mundo. Isso significa que o tema e o conteúdo de verdade, unidos no período inicial da obra, separaram-se em sua vida póstuma; o tema se torna mais extraordinário, ao passo que o conteúdo de verdade mantém sua ocultação original. Portanto, a uma medida sempre crescente, a interpretação do extraordinário e do singular, isto é, do tema, torna-se um pré-requisito para qualquer crítico posterior. Pode-se compará-lo a um paleógrafo diante de um pergaminho cujo texto apagado está coberto pelos contornos mais fortes de uma escrita referente àquele texto. Assim como o paleógrafo teria de começar por ler o escrito, o crítico deve começar comentando seu texto. E, a partir dessa atividade, surge imediatamente um crítico inestimável de juízo crítico: só agora o crítico pode levantar a pergunta básica de toda a crítica — a saber, se o brilhante conteúdo de verdade da obra se deve a seu tema ou se a sobrevivência do tema se deve ao conteúdo de verdade. Pois, quando eles se separam na obra, decidem sobre a imortalidade dela. Nesse sentido, a história das obras de arte prepara a sua crítica, e é por isso que a distância histórica aumenta o seu poder. Se, para empregar uma analogia, encara-se a obra crescente como uma pira funerária, seu comentador pode ser comparado ao químico, seu crítico a um alquimista. Enquanto o primeiro retém a lenha e as cinzas, como únicos objetos de sua análise, o último se preocupa apenas com o enigma da própria chama: o enigma de estar viva. Assim, a crítica indaga sobre a verdade cuja chama viva continua a arder sobre os pesados troncos do passado e as leves cinzas da vida que se foi.

O crítico como um alquimista que pratica a obscura arte de transmutar os elementos fúteis do real no ouro brilhante e duradouro da verdade, ou antes de observar e interpretar o processo histórico que realiza tal transfiguração mágica — o que quer que pensemos dessa figura, dificilmente corresponde a alguma coisa que realmente temos em mente quando classificamos um escritor de crítico literário.

Há, porém, um outro elemento menos objetivo que o simples fato de ser inclassificável, envolvido na vida dos que "venceram na morte". É o elemento da má sorte, e esse fator, muito predominante na vida de Benjamin, não pode aqui ser ignorado, pois ele mesmo, que provavelmente nunca pensou ou sonhou com a fama póstuma, tinha uma extraordinária consciência dela. Em seus escritos, e também em conversa, costumava falar sobre o "pequeno corcunda", o "*bucklicht Männlein*", um personagem de conto de fadas alemão, de *Des Knaben Wunderhorn*, a famosa coletânea da poesia popular alemã.

> *Will ich in mein' Keller gehn,*
> *Will mein Weinlein zapfen;*
> *Steht ein bucklicht Männlein da,*
> *Tät mir'n Krug wegschnappen.*
> *Will ich in mein Küchel gehn,*
> *Will mein Süpplein kochen;*
> *Steht ein bucklicht Männlein da,*
> *Hat mein Töpflein brochen.*

> [Vou à minha adega
> Beber o meu vinho;
> Lá está um corcundinha,
> Pegou minha garrafinha.
> Vou à minha cozinha,
> Cozinhar minha sopinha;
> Lá está um corcundinha,
> Quebrou minha panelinha.]

O corcunda era um velho amigo de Benjamin, que o encontrou pela primeira vez quando, ainda criança, se deparou com o poema num livro infantil e nunca o esqueceu. Mas apenas uma vez (no final de *Uma infância berlinense em torno de 1900*), antecipando a morte, tentou apreender "sua 'vida inteira' [...] como, segundo dizem, passa ante os olhos do moribundo" e fixou nitidamente quem e o que o aterrorizara tão cedo na vida e o acompanharia até a morte. Sua mãe, como milhões de outras mães na Alemanha, costumava dizer "O sr. Desajeitado manda lembranças" (*Ungeschickt lässt grüssen*), sempre que ocorria uma das incontáveis pequenas catástrofes da infância. E a criança sabia, é claro, o que era essa estranha falta de jeito. A mãe se referia ao "corcundinha", que fazia com que os objetos pregassem suas peças travessas às crianças; foi ele que lhe passou uma rasteira quando você caiu, e tirou o objeto de sua mão quando se quebrou. E depois a criança se tornou o adulto que sabia o que a criança ainda ignorava, isto é, que não foi ele que provocou "o homenzinho" ao olhá-lo — como se fosse o menino que quisesse aprender o que é o medo —, mas foi o corcunda que olhou para ele, e que a falta de jeito era uma má sorte. Pois "entre os que olham o homenzinho, ninguém presta atenção; nem a si nem ao homenzinho. Consternado, detém-se diante de um monte de escombros" (*Schriften*, vol. I, pp. 650-2).

Graças à publicação recente de suas cartas, a história da vida de Benjamin agora pode ser traçada num amplo esboço; e, na verdade, seria tentador contá-la como uma seqüência desses montes de escombros, visto que dificilmente há dúvidas de que ele próprio a viu dessa forma. Mas o ponto da questão é que ele conhecia muito bem a atuação recíproca, o lugar "onde gênio e fraqueza coincidem", que tão magistralmente diagnosticara em Proust. Pois evidentemente ele também estava falando de si mesmo quando, em total acordo, citou o que Jacques Rivière dissera sobre Proust: "morreu da mesma inexperiência que lhe permitiu escrever suas obras. Morreu de ignorância [...] porque não sabia como acender um fósforo ou abrir uma janela" ("A imagem de Proust"). Como Proust, ele era totalmente incapaz de mudar "as condições de sua vida, mesmo quando estão prestes a esmagá-lo". (Com uma precisão semelhante à de um sonâmbulo, sua falta de jeito invariavelmente o guiava até o centro mesmo de uma desventura, ou a qualquer lugar onde algo do gênero pudesse se ocultar. Assim, no inverno de 1939-40, o perigo dos bombardeios fê-lo decidir deixar Paris por um lugar mais seguro. Bem, nenhuma bomba caiu jamais em Paris, mas Meaux, para onde seguira Benjamin, era um centro de concentração de tropas e provavelmente um dos pouquíssimos lugares da França seriamente ameaçados naqueles meses de embuste bélico.) Mas, como Proust, ele tinha toda razão em bendizer a maldição e repetir a estranha prece do final do poema, com a qual conclui suas memórias de infância:

> *Liebes Kindlein, ach, ich bitt,*
> *Bet fürs bucklicht Männlein mit.*
>
> [Peço, ó amada criancinha,
> Reze também pelo corcundinha.]

Respectivamente, a rede inextricável tecida de mérito, grandes dons, falta de jeito e desventura em que foi apanhada sua vida pode ser detectada mesmo no primeiro puro golpe de sorte que abriu para Benjamin a carreira de escritor. Graças aos bons serviços de um amigo, pôde colocar "*Afinidades eletivas* de Goethe" em *Neue Deutsche Beiträge* de Hofmannsthal (1924-5). Esse estudo, uma obra-prima da prosa alemã e ainda de envergadura única no campo geral da crítica literária alemã e no campo especializado da erudição goethiana, já fora várias vezes recusado, e a aprovação entusiástica de Hofmannsthal veio num momento em que Benjamin quase desistia de "encontrar quem o aceitasse" (*Briefe*, vol. I, p. 300). Mas houve também uma desventura decisiva, aparentemente nunca entendida de todo, que, sob as circunstâncias dadas, estava necessariamente ligada a essa sorte. A única segurança material a que poderia levar essa primeira aparição pública era a *Habilitation*, primeiro passo da carreira universitária para a qual se preparava Benjamin. Isso certamente ainda não bastaria para a sua subsistência — o chamado *Privatdozent* não recebia salário —, mas provavelmente induziria seu pai a sustentá-lo até obter docência plena, visto que essa era uma prática corrente naquela época. É difícil entender agora como ele e seus amigos jamais puderam duvidar de que uma *Habilitation* sob a autoridade de um professor universitário comum não estivesse fadada a um final catastrófico. Certamente pode-se acreditar quando os cavalheiros envolvidos declararam posteriormente não ter entendido uma única palavra do estudo *Origem do drama barroco alemão*, que Benjamin lhes submetera. Como entenderiam um escritor cujo maior orgulho era o de que "escrever consiste largamente em citações — a mais louca técnica mosaica imaginável" — e que colocava a maior ênfase sobre os seis motes que precediam o estudo: "Ninguém [...] conseguiria reunir outras mais raras e preciosas"? (*Briefe*, vol. I, p. 366). Era como se um autêntico mestre tivesse elaborado algum objeto único, apenas para pô-lo à venda no bazar de pechinchas mais próximo. Na verdade, nem foi preciso um anti-semitismo ou uma má vontade em relação a um forasteiro — Benjamin se formara na Suíça durante a guerra e não era discípulo de ninguém —, nem tampouco a habitual suspeita acadêmica em relação a tudo que não seja garantidamente medíocre.

Entretanto — e é aí onde entram a falta de jeito e a má sorte —, na Alemanha daquela época, havia uma outra forma, e foi exatamente o seu ensaio sobre Goethe que arruinou a única oportunidade de Benjamin para uma carreira universitária. Como ocorre com freqüência nos textos de Benjamin, esse estudo era inspirado pela polêmica, e o ataque se referia ao livro de Friedrich Gundolf sobre Goethe. A crítica de Benjamin era definitiva, e no entanto Benjamin pode ter esperado maior compreensão da parte de Gundolf e outros membros do círculo de Stefan George, grupo cujo mundo intelectual lhe fora inteiramente familiar na juventude, do que da parte do *establishment*; e provavelmente não precisaria ser membro do círculo para obter sua autorização acadêmica sob a cátedra de um daqueles homens que, na época, estavam justamente começando a obter uma posição segura muitíssimo confortável no mundo acadêmico. Mas a única coisa que não deveria ter feito era uma escalada contra o membro acadêmico mais proeminente e capaz daquele círculo, de modo tão veemente que todos ficavam condenados a saber, como mais tarde explicou retrospectivamente, que ele tinha "tão pouco a ver com a academia [...] como com os monumentos erigidos por homens como Gundolf ou Ernst Bertram" (*Briefe*, vol. II, p. 523). Sim, eis como foi. E foi a falta de jeito ou de sorte de Benjamin que fez com que o anunciasse ao mundo antes de ser admitido na universidade.

Mas certamente não se pode dizer que não tivesse levado em conta, conscientemente, o devido cuidado. Pelo contrário, tinha consciência de que "o sr. Desajeitado manda lembranças" e tomava mais precauções do que qualquer outra pessoa que conheci. Mas seu sistema de providências contra possíveis perigos, incluindo a "cortesia chinesa" mencionada por Scholem[2], invariavelmente, de modo estranho e misterioso, não levava em conta o perigo real. Pois, da mesma forma como, no início da guerra, fugira da segura Paris para a perigosa Meaux — para a frente, por assim dizer —, seu ensaio sobre Goethe lhe inspirou a preocupação totalmente desnecessária de que Hofmannsthal pudesse levar a mal uma observação crítica muito cuidadosa sobre Rudolf Borchardt, um dos principais colaboradores do seu periódico. Mas esperava apenas boas coisas do fato de ter encontrado para esse "ataque à ideologia da escola de George [...] esse único lugar onde lhes parecerá difícil ignorar a invectiva" (*Briefe*, vol. I, p. 341). Não lhes pareceu difícil de forma alguma. Pois ninguém estava mais isolado que Benjamin, tão totalmente sozinho como ele. Nem mesmo a autoridade de Hofmannsthal — "o novo patrono", como o chamou Benjamin no primeiro ímpeto de felicidade (*Briefe*, vol. I, p. 327) — poderia alterar a situação. Sua voz pouco importava em comparação com o poder muito efetivo da escola de George, um influente grupo onde, como em todas as

---

[2] Armário do Instituto Leo Baeck, 1965, p. 117.

entidades semelhantes, contava apenas a fidelidade ideológica, visto que somente a ideologia, não o nível e a qualidade, pode manter um grupo coeso. Apesar de afetarem se situar acima da política, os discípulos de George estavam tão inteiramente familiarizados com os princípios básicos de manobras literárias quanto os professores o estavam com os rudimentos da política acadêmica, ou os escritores por encomenda e jornalistas com o abecê do "um bom favor merece outro".

Benjamin, porém, não conhecia o jogo. Nunca soube como tratar dessas coisas, nunca foi capaz de se mover entre tais pessoas nem mesmo quando "as adversidades da vida exterior que às vezes vêm por todos os lados, como lobos" (*Briefe*, vol. I, p. 298), já tinham lhe permitido alguma percepção sobre os caminhos do mundo. Sempre que tentava se adaptar e cooperar, para conseguir de algum modo um pouco de terreno sólido sob os pés, as coisas certamente desandariam.

Um importante estudo sobre Goethe do ponto de vista do marxismo — em meados dos anos 1920, quase chegou a entrar para o Partido Comunista — não foi publicado, nem na Grande Enciclopédia Russa, à qual se destinava, nem na atual Alemanha. Klaus Mann, que encomendara uma resenha sobre *A ópera dos três vinténs* de Brecht para o seu periódico *Die Sammlung*, devolveu o manuscrito porque Benjamin pedira por ele 250 francos franceses — na época, cerca de dez dólares — e ele queria pagar apenas 150. Seu comentário sobre a poesia de Brecht não apareceu durante sua vida. E as dificuldades mais sérias finalmente se desenvolveram com o Instituto para a Pesquisa Social, que originalmente (e agora de novo) fizera parte da Universidade de Frankfurt e emigrara para os Estados Unidos, e do qual Benjamin dependia financeiramente. Seus espíritos-guia, Theodor W. Adorno e Max Horkheimer, eram "materialistas dialéticos" e, em sua opinião, o pensamento de Benjamin era "não dialético", movendo-se entre "categorias materialistas que não coincidem de forma alguma com as marxistas", e "carecia da mediação" na medida em que, num ensaio sobre Baudelaire, relacionara "certos elementos ostensivos da superestrutura [...] diretamente, talvez mesmo causalmente, a elementos correspondentes na infra-estrutura". O resultado foi que o ensaio original de Benjamin, "Paris do Segundo Império nas obras de Baudelaire", não foi publicado na época na revista do Instituto, nem posteriormente na edição póstuma de seus escritos em dois volumes. (Duas partes do artigo foram agora publicadas: "Der Flâneur" em *Die Neue Rundschau*, dezembro de 1967, e "Die Moderne" em *Das Argument*, março de 1968.)

Benjamin foi provavelmente o marxista mais singular já produzido por esse movimento que, sabe Deus, teve seu quinhão completo de excentricidades. O aspecto teórico que acabaria por fasciná-lo era a doutrina da superestrutura, que fora apenas rapidamente esquematizada por Marx, mas assumira então um papel desproporcional no movimento, quando este passou a contar com um número desproporcionalmente grande de intelectuais e, portanto, gente interessada apenas na superestrutura. Benjamin utilizou essa doutrina apenas como um estímulo heurístico-metodológico e dificilmente estava interessado em sua base histórica ou filosófica. O que aí o fascinava era que o espírito e sua manifestação material estavam tão intimamente ligados que parecia possível descobrir, em todas as partes, as *correspondances* de Baudelaire, as quais, se fossem adequadamente correlacionadas, se esclareceriam e se iluminariam umas às outras de modo que, ao final, não mais precisariam de nenhum comentário interpretativo ou explicativo. Ele estava interessado na correlação entre uma cena de rua, uma especulação na Bolsa de Valores, um poema, um pensamento, com a linha oculta que as une e permite ao historiador ou ao filólogo reconhecer que devem ser todos situados no mesmo período. Quando Adorno criticou a "apresentação aberta de atualidades" de Benjamin (*Briefe*, vol. II, p. 793), pegou o ponto exato; era precisamente o que Benjamin fazia e queria fazer. Fortemente influenciado pelo surrealismo, era a "tentativa de capturar o retrato da história nas representações mais insignificantes da realidade, por assim dizer em suas raspas" (*Briefe*, vol. II, p. 685). Benjamin tinha paixão pelas coisas pequenas, até minúsculas; Scholem conta da sua ambição de colocar cem linhas escritas na página comum de um caderno de notas, e da sua admiração por dois grãos de trigo na seção judaica do Museu Cluny, "onde uma alma irmã inscrevera na íntegra o *Shema Israel*.[3] Para ele, a dimensão de um objeto era inversamente proporcional à sua significação. E essa paixão, longe de ser um capricho, derivava diretamente da única concepção de mundo que teve uma influência decisiva sobre ele, a convicção de Goethe sobre a existência fática de um *Urphänomen*, um fenômeno arquetípico, uma coisa concreta a ser descoberta no mundo das aparências, na qual coincidiriam "significado" (*Bedeutung*, a mais goethiana das palavras, é recorrente nos textos de Benjamin) e aparência, palavra e coisa, idéia e experiência. Quanto menor fosse o objeto, tanto mais provável pareceria poder conter tudo sob a mais concentrada forma; daí seu deleite em que dois grãos de trigo contivessem todo o *Shema Israel*, a essência mesma do judaísmo, a mais minúscula essência aparecendo na mais minúscula entidade, de onde, em ambos os casos, tudo o mais se origina, embora em significado não possa ser comparado à sua origem. Em outras palavras, o que desde o início fascinou Benjamin nunca foi uma idéia, foi sempre um fenômeno. "O que parece paradoxal em tudo que é, com justiça, chamado de belo é o fato de que apareça" (*Schriften*, vol. I, p. 349), e esse paradoxo — ou, mais simplesmente, a maravilha da aparência — sempre esteve no centro de todas as suas preocupações.

A distância desses estudos em relação ao marxismo e ao materialismo dialético é confirmada pela sua figura central, o *flâneur*.[4] É a ele, vagueando a esmo entre as multidões nas grandes cidades, num estudado contraste com a atividade apressada e intencional delas, que as coisas se revelam em seu sentido secreto: "A verdadeira imagem do passado *passa rapidamente*" ("Sobre

---

[3] Op. cit.

[4] A descrição clássica do *flâneur* está no famoso ensaio de Baudelaire sobre Constantin Guys, "Le peintre de la vie moderne" — ver Édition Pléiade, pp. 877-83. Benjamin freqüentemente se refere a ele de modo indireto e cita-o no ensaio sobre Baudelaire.

o conceito da História"), e apenas o *flâneur*, que ociosamente vagueia, recebe a mensagem. Com grande acuidade Adorno indicou o elemento estático em Benjamin: "Para entender adequadamente Benjamin, é preciso sentir por trás de cada frase a conversão da extrema agitação em algo estático, na verdade, a noção estática do próprio movimento" (*Schriften*, vol. I, p. xix). Naturalmente, nada poderia ser mais "não dialético" que essa atitude, onde o "anjo da história" (na nona tese de "Sobre o conceito da História") não avança dialeticamente para o futuro, mas tem seu rosto "voltado para o passado". "Onde aparece para *nós* uma cadeia de acontecimentos, *ele* vê uma única catástrofe que continua a amontoar destroços sobre destroços e os arroja aos seus pés. O anjo gostaria de se deter, despertar os mortos e reunir o que foi despedaçado." (O que presumivelmente significaria o fim da história.) "Mas está soprando uma tempestade no Paraíso" e "impele-o irresistivelmente para o futuro a que volta suas costas, enquanto o monte de ruínas à sua frente cresce em direção ao céu. O que chamamos progresso é *esta* tempestade." Nesse anjo, que Benjamin viu no *Angelus Novus* de Klee, o *flâneur* vive a experiência de sua transfiguração final. Pois assim como o *flâneur*, com o *gestus* do vaguear a esmo, volta suas costas à multidão mesmo quando é por ela impelido e varrido, da mesma forma o "anjo da história", que não olha senão para o aumento das ruínas do passado, é empurrado de costas para o futuro pela tempestade do progresso. Parece absurdo que tal pensamento algum dia tenha se preocupado com um processo coerente, dialeticamente sensato, racionalmente explicável.

Também ficaria evidente que tal pensamento não pretendia nem poderia chegar a afirmações obrigatórias de validade geral, mas que estas foram substituídas, como Adorno observa criticamente, "por afirmações metafóricas" (*Briefe*, vol. II, p. 785). Em sua preocupação com fatos concretos direta e efetivamente demonstráveis, com eventos e acontecimentos únicos cujo "significado" é evidente, Benjamin não estava muito interessado em teorias ou "idéias" que não assumissem imediatamente a mais precisa forma exterior imaginável. Para esse modo de pensamento muito complexo, mas ainda altamente realista, a relação marxista entre superestrutura e infra-estrutura converteu-se, num sentido preciso, numa relação metafórica. Se, por exemplo — e isso certamente concordaria com o espírito do pensamento de Benjamin —, o conceito abstrato *Vernunft* (razão) é remontado até sua origem no verbo *vernehmen* (perceber, ouvir), pode-se pensar que uma palavra da esfera superestrutural recebeu de volta sua infra-estrutura sensorial, ou, inversamente, que um conceito foi transformado numa metáfora — desde que "metáfora" seja entendida em seu sentido original não alegórico de *metapherein* (transportar). Pois uma metáfora estabelece uma conexão que é sensorialmente percebida em sua imediaticidade e dispensa interpretações, ao passo que uma alegoria sempre procede de uma noção abstrata e então inventa algo palpável, para representá-lo praticamente à vontade. A alegoria deve ser explicada antes que adquira sentido, deve-se encontrar uma solução para o enigma que ela apresenta, de modo que a interpretação muitas vezes laboriosa das figuras alegóricas infelizmente sempre lembra a solução de quebra-cabeças, mesmo quando não se exige maior engenho do que na representação alegórica da morte por um esqueleto. Desde Homero, a metáfora tem arcado com aquele elemento do poético que transporta a cognição; o seu emprego estabelece as *correspondances* entre coisas fisicamente as mais remotas entre si — como quando na *Ilíada* a investida violenta do medo e da dor sobre os corações dos aqueus corresponde à rude investida combinada dos ventos do norte e oeste sobre as águas escuras (*Ilíada*, IX, 1-8); ou quando a aproximação do exército, seguindo para a batalha, linha após linha, corresponde às longas vagas do oceano que, impelidas pelo vento, alteiam-se encrespadas em alto-mar, correm linha a linha para a costa, e então explodem trovejantes na terra (*Ilíada*, IV, 422-8). As metáforas são os meios pelos quais se realiza poeticamente a unicidade do mundo. O que é tão difícil de entender em Benjamin é que, sem ser poeta, ele *pensava poeticamente* e, por conseguinte, estava fadado a considerar a metáfora como o maior dom da linguagem. A "transferência" lingüística nos permite dar forma material ao invisível — "Uma poderosa fortaleza é nosso Deus" — e assim torná-lo capaz de ser experimentado. Não lhe era problema entender a teoria da superestrutura como a doutrina final do pensamento metafórico — exatamente porque, sem muito trabalho e evitando todas as "mediações", ele relacionava diretamente a superestrutura com a chamada infra-estrutura "material", que para ele significava a totalidade dos dados sensorialmente experimentados. Estava evidentemente fascinado por aquilo mesmo que os outros rotulavam de pensamento "marxista vulgar" ou "não dialético".

Parece plausível que Benjamin, cuja existência espiritual se formara e enformara por Goethe, um poeta e não um filósofo, e cujo interesse era despertado quase que exclusivamente por poetas e romancistas, embora tivesse estudado filosofia, deveria achar mais fácil se comunicar com poetas do que com teóricos, fossem eles da variante dialética ou metafísica. E na verdade não há dúvida de que sua amizade com Brecht — única pelo fato de que, aqui, o maior poeta alemão vivo se encontrou com o crítico mais importante na época, coisa de que ambos tinham consciência — foi o segundo, e incomparavelmente mais importante, golpe de sorte na vida de Benjamin. Prontamente a amizade teve as conseqüências mais adversas; pôs contra si os poucos amigos que tinha, ameaçou sua relação com o Instituto de Pesquisa Social, a cujas "sugestões" tinha todas as razões "para ser dócil" (*Briefe*, vol. II, p. 683), e o único motivo por não ter lhe custado sua amizade com Scholem foi a lealdade constante e admirável generosidade de Scholem em todos os assuntos relacionados ao seu amigo. Tanto Adorno como Scholem acusaram a "desastrosa influência" (Scholem) de Brecht[5] sobre o uso claramente não dia-

---

[5] Ambos recentemente reiteraram essa posição — Scholem em sua Conferência em Memória de Leo Baeck, em 1964, quando disse: "Estou inclinado a considerar maléfica, e sob alguns aspectos desastrosa, a influência de Brecht sobre a produção de Benjamin nos anos 1930", e Adorno numa declaração a seu discípulo Rolf Tiedemann, segundo a qual Benjamin admitira para Adorno que havia escrito "seu ensaio sobre a Obra de Arte a fim de superar em radicalismo a Brecht, a quem

lético das categorias marxianas por Benjamin e sua ruptura categórica com toda a metafísica; e o problema era que Benjamin, em geral totalmente inclinado a compromissos, ainda que em sua maioria desnecessários, sabia e sustentava que sua amizade com Brecht constituía um limite absoluto não só à docilidade, mas também à diplomacia, pois "minha concordância com a produção de Brecht é um dos pontos mais importantes e estratégicos de toda a minha posição" (*Brief*, vol. II, p. 594). Em Brecht encontrou um poeta de raros poderes intelectuais e, quase tão importante para ele na época, alguém na esquerda que, apesar de todas as conversas sobre a dialética, tinha tanto de dialético quanto ele mesmo, mas cuja inteligência estava incomumente próxima da realidade. Com Brecht, ele podia praticar o que o próprio Brecht chamava de "pensamento cru" (*das plumpe Denken*): "A principal coisa é aprender a pensar cruamente. Pensamento cru, este é o pensamento dos grandes", dizia Brecht, e Benjamin acrescentava à guisa de esclarecimento: "Há muitas pessoas que imaginam que um dialético é um amante de sutilezas. [...] Os pensamentos crus, pelo contrário, deveriam fazer parte e parcela do pensamento dialético, pois não são senão a referência da teoria à prática [...] um pensamento deve ser cru para se converter em ação".[6] Bem, o que atraiu Benjamin ao pensar cru provavelmente não foi tanto uma referência à práti-

---

temia" (citado em Rolf Tiedemann, *Studien zur Philosophie Walter Benjamins*, Frankfurt, 1965, p. 89). É improvável que Benjamin tivesse expressado temor a Brecht, e Adorno não parece afirmar que o tenha feito. Quanto ao resto da declaração, é infelizmente muitíssimo provável que Benjamin o tenha feito por temer a Adorno. É verdade que Benjamin era muito tímido em seus contatos com pessoas que não conhecesse desde sua juventude, mas temia apenas as pessoas de quem dependia. Tal dependência em relação a Brecht só se teria efetivado se tivesse seguido sua sugestão para se mudar de Paris para as proximidades de Brecht, na Dinamarca, país consideravelmente menos dispendioso. Quando se pôs a questão, Benjamin teve sérias dúvidas quanto a uma tal exclusiva "dependência de uma só pessoa", num país estranho, com uma "língua totalmente desconhecida" (*Briefe*, vol. II, pp. 596, 599).

[6] Na resenha do *Dreigroschenroman*. Cf. *Versuche über Brecht*, Frankfurt, 1966, p. 90.

ca, mas antes à realidade, e para ele essa realidade se manifestava de modo mais direto nos provérbios e expressões idiomáticas da linguagem cotidiana. "Os provérbios são uma escola de pensamento cru", escreve ele no mesmo contexto; e a arte de tomar literalmente a linguagem proverbial e idiomática permitiu a Benjamin — como a Kafka, em quem muitas vezes se podem discernir nitidamente como fonte de inspiração figuras de linguagem que fornecem a chave de muitos "enigmas" — escrever uma prosa com uma proximidade tão singularmente encantadora e encantada da realidade.

Para qualquer ponto da vida de Benjamin que se olhe, encontrar-se-á o corcundinha. Muito antes da irrupção do Terceiro Reich, estava pregando suas peças maldosas, fazendo com que editores que tinham prometido a Benjamin um pagamento anual pela leitura de manuscritos ou edição de um periódico fossem à falência antes de surgir o primeiro número. Mais tarde, o corcunda permitiu que fosse impressa uma coletânea de magníficas cartas alemãs, feita com infinito cuidado e acompanhada dos comentários mais maravilhosos — com o título *Deutsche Menschen* e o lema "*Von Ehre ohne Ruhm/ Von Grösse ohne Glanz/ Von Würde ohne Sold*" [Da Honra sem Fama/ Da Grandeza sem Esplendor/ Da Dignidade sem Remuneração]; mas a seguir providenciou que terminasse no porão do editor suíço falido, ao invés de ser distribuída na Alemanha nazista, como pretendia Benjamin, que assinara a coletânea com um pseudônimo. E a edição foi descoberta nesse porão em 1962, no mesmo momento em que acabava de sair uma nova edição na Alemanha. (Também se poderia atribuir ao corcundinha o freqüente fato de que as poucas coisas que se encaminhariam bem inicialmente se apresentavam sob um disfarce desagradável. Um caso desses é a tradução de *Anábase*, de Alexis Saint-Léger Léger [St. John Perse], empreendida por Benjamin, que julgava a obra "de pouca importância" (*Briefe*, vol. I, p. 381), porque a tarefa, tal como a tradução de Proust, fora-lhe atribuída por Hofmannsthal. A tradução só apareceu na Alemanha depois da guerra, mas foi a ela que Benjamin deveu seu contato com Léger, o qual, sendo diplomata, pôde intervir e persuadir o governo francês a poupar Benjamin de um segundo internamento na França durante a guerra — privilégio de que pouquíssimos outros refugiados desfrutaram.) E, então, à desventura seguiram-se "os montes de escombros", sendo que o último antes da catástrofe na fronteira espanhola foi a ameaça, que sentia desde 1938, que o Instituto de Pesquisa Social em Nova York, o único "apoio material e moral" da sua vida em Paris (*Briefe*, vol. II, p. 839), o abandonasse. "As mesmas circunstâncias que ameaçam enormemente minha situação européia provavelmente tornarão impossível para mim a emigração para os EUA", escreveu em abril de 1939 (*Briefe*, vol. II, p. 810), ainda sob o impacto do "golpe" que a carta de Adorno, recusando a primeira versão do estudo sobre Baudelaire, aplicara a ele em novembro de 1938 (*Briefe*, vol. II, p. 790).

Scholem certamente tem razão quando diz que, entre os autores contemporâneos, depois de Proust, Benjamin sentia a afinidade pessoal mais próxima com Kafka, e sem dúvida Benjamin tinha em mente o "campo de ruínas e a área de desastres" de sua própria obra, ao escrever que "um entendimento da produção [de Kafka] envolve, entre outras coisas, o simples reconhecimento de que ele foi um fracasso" (*Briefe*, vol. II, p. 614). O que Benjamin disse de Kafka com um talento tão único aplica-se igualmente a ele: "As circunstâncias do seu fracasso são multifacetadas. Fica-se tentado a dizer: uma vez certo do fracasso final, tudo se resolvia para ele *en route* como num sonho" (*Briefe*, vol. II, p. 764). Ele não precisava ler Kafka para pensar como Kafka. Quando "O foguista" ainda era tudo o que tinha lido de Kafka, já citara a frase de Goethe sobre a esperança em seu ensaio sobre *Afinidades eletivas*: "A esperança passou por sobre suas cabeças como uma estrela que cai do céu"; e pode-se ler a frase com que conclui o estudo como se fosse da autoria de Kafka: "Só por consideração aos desesperançados é que nos foi dada a esperança" (*Schriften*, vol. I, p. 140).

Em 26 de setembro de 1940, Walter Benjamin, que estava prestes a emigrar para os Estados Unidos, tirou a vida na fronteira franco-espanhola. Houve várias razões para isso. A Gestapo tinha confiscado seu apartamento em Paris, onde estavam sua biblioteca (ele conseguira retirar da Alemanha "a metade mais importante") e muitos de seus manuscritos, e tinha razão para se preocupar também com os outros que, através dos bons serviços de George Bataille, tinham sido guardados na Biblioteca Nacional, antes de sua fuga de Paris para Lourdes na França não ocupada.[7] Como viveria sem uma biblioteca, como poderia ganhar a vida sem a imensa coleção de citações e excertos em seus manuscritos? Além do mais, nada o atraía para os Estados Unidos, onde, como costumava dizer, as pessoas provavelmente não achariam nenhuma outra utilidade para ele a não ser carregá-lo para cima e para baixo, através do país, exibindo-o como o "último europeu". Mas a causa imediata para o suicídio de Benjamin foi um golpe incomum de má sorte. Devido ao acordo de armistício entre a França de Vichy e o Terceiro Reich, os refugiados da Alemanha hitlerista — *les refugiés provenant d'Allemagne*, como na França se referiam oficialmente a eles — estavam sob o perigo de serem embarcados de volta para a Alemanha, presumivelmente apenas se fossem opositores políticos. Para salvar essa categoria de refugiados — que, deve-se notar, nunca incluiu a massa não política de judeus que posteriormente se demonstrou serem os mais ameaçados de todos —, os Estados Unidos distribuíram uma série de vistos de emergência, através de seus consulados na França não ocupada. Graças aos esforços do Instituto em Nova York, Benjamin estava entre os primeiros a receber o visto em Marselha. Também obteve rapidamente um visto de trânsito espanhol, que lhe permitia

---

[7] Agora parece que se salvou praticamente tudo. Os manuscritos escondidos em Paris foram enviados, conforme as instruções de Benjamin, a Theodor W. Adorno, segundo Tiedemann (op., cit., p. 212), estão agora na "coleção particular" de Adorno em Frankfurt. Há também reimpressões e cópias da maioria dos textos na coleção particular de Gershom Scholem em Jerusalém. O material confiscado pela Gestapo apareceu na República Democrática Alemã. Ver "Der Benjamin-Nachlass in Potsdam", por Rosemarie Heise in *Alternative*, outubro-novembro de 1967.

ir até Lisboa e lá tomar um navio. Contudo, não tinha um visto de saída francês, ainda exigido na época, o qual o governo francês, ansioso para agradar à Gestapo, invariavelmente recusava aos refugiados alemães. Em geral, isso não apresentava grandes dificuldades, pois havia um caminho bem conhecido, que não era vigiado pela polícia francesa de fronteira, relativamente curto e de modo algum muito árduo, que tinha de ser feito a pé pelas montanhas até Port Bou. Contudo, para Benjamin, que aparentemente tinha problemas cardíacos (*Briefe*, vol. II, p. 841), mesmo o passeio mais curto significava um grande esforço, e deve ter chegado num estado de grave exaustão. O pequeno grupo de refugiados a que ele se juntara alcançou a cidade da fronteira, para ali saber que a Espanha fechara suas fronteiras naquele mesmo dia e que os oficiais não aceitavam vistos expedidos em Marselha. Supostamente os refugiados teriam de voltar à França no dia seguinte, pelo mesmo caminho. Durante a noite, Benjamin se matou, com o que os oficiais da fronteira, impressionados com o suicídio, permitiram que seus companheiros seguissem até Portugal. Poucas semanas depois suspendeu-se novamente o embargo dos vistos. Um dia antes, Benjamin teria passado sem nenhum problema; um dia depois, as pessoas em Marselha saberiam que, de momento, era impossível passar pela Espanha. Apenas naquele dia particular foi possível a catástrofe.

II. OS TEMPOS SOMBRIOS

> *A pessoa que não consegue enfrentar a vida sempre precisa, enquanto viva, de uma mão para afastar um pouco de seu desespero pelo seu destino [...] mas com sua outra mão ela pode anotar o que vê entre as ruínas, pois vê mais coisas, e diferentes, do que as outras; afinal, está morto durante sua vida e é o verdadeiro sobrevivente.*
> Franz Kafka, *Diários*, apontamento de 19 de outubro de 1921

> *Como alguém que se mantém à tona num naufrágio por subir no topo de um mastro que já se desmorona. Mas dali ele tem uma oportunidade de fazer sinais que levem à sua salvação.*
> Walter Benjamin, numa carta a Gerhard Scholem datada de 17 de abril de 1931

Com freqüência uma era marca com seu selo mais distintamente os que menos foram influenciados por ela, os que estiveram mais distantes dela e, portanto, mais sofreram. Assim foi com Proust, com Kafka, com Karl Kraus e com Benjamin. Seus gestos e o modo como sustinha a cabeça ao ouvir e falar; a forma como se movia; suas maneiras, mas principalmente seu estilo de falar, até a escolha das palavras e a forma de sua sintaxe; por fim, seus gostos absolutamente idiossincráticos — tudo isso parecia tão antiquado como se tivesse vindo à deriva do século XIX ao XX, como alguém que é levado à praia de uma terra estranha. Algum dia sentiu-se ele à vontade na Alemanha do século XX? Há razões para se duvidar disso. Em 1913, quando muito jovem visitou a França pela primeira vez; depois de poucos dias as ruas de Paris eram "quase mais familiares" (*Briefe*, vol. I, p. 56) a ele do que as ruas costumeiras de Berlim. Pode até ter sentido então, e certamente sentiu vinte anos depois, o quanto a viagem de Berlim a Paris equivalia a uma viagem no tempo — não de um país a outro, mas do século XX para o século XIX. Era a *nation par excellence* cuja cultura determinara a Europa do século XIX, e para a qual Haussmann reconstruíra Paris, "a capital do século XIX", como a chamaria Benjamin. Essa Paris por certo ainda não era cosmopolita, mas era profundamente européia, e assim já desde meados do século anterior se oferecera com uma naturalidade incomparável como um segundo lar a todas as pessoas sem lar. Nem a acentuada xenofobia de seus habitantes, nem os deliberados embaraços postos pela polícia local jamais foram capazes de alterar isso. Muito antes de sua emigração, Benjamin sabia como era "muito excepcional fazer o tipo de contato com um francês que permitisse à pessoa prolongar uma conversa com ele por mais de um quarto de hora" (*Briefe*, vol. I, p. 445). Mais tarde, residindo em Paris como refugiado, sua nobreza inata o impediu de desenvolver relações a partir de conhecimentos ligeiros — o principal era Gide — e de fazer novos contatos. (Werner Kraft — assim soubemos recentemente — levou-o para ver Charles du Bos, que, devido ao seu "entusiasmo pela literatura alemã", era uma espécie de figura-chave para os emigrantes alemães. Werner Kraft tinha as melhores relações — que ironia![8]) Em sua resenha extraordinariamente judiciosa sobre as obras e cartas de Benjamin, e ainda sobre a literatura secundária, Pierre Missac observou o quanto Benjamin deve ter sofrido por não ter recebido na França a "recepção" que lhe era devida.[9] Decerto isso é correto, mas seguramente não foi uma surpresa.

Por mais exasperante e ofensivo que tudo isso pudesse ter sido, a cidade em si compensava tudo. Seus bulevares, descobrira Benjamin desde 1913, são formados por casas que "não parecem feitas para se viver nelas, mas são como cenários de pedra para as pessoas andarem entre eles" (*Briefe*, vol. I, p. 56). Essa cidade, onde a pessoa ainda podia passear em círculo em torno dos velhos portões, manteve-se o que foram outrora as cidades da Idade Média, solidamente muradas e protegidas do exterior: um interior, mas sem a estreiteza das ruas medievais, um *intérieur* ao ar livre generosamente planejado e construído, com o arco do céu como um majestoso forro por sobre ele. "Aqui, a coisa mais bela em todas as artes e atividades é o fato de manterem o esplendor dos poucos remanescentes do original e natural" (*Briefe*, vol. I, p. 421). Na verdade, ajudam-nos a adquirir novo brilho. São as fachadas uniformes, que se alinham nas ruas como muros internos, que fazem com que a pessoa se sinta nessa cidade mais protegida fisicamente do que em qualquer

---

[8] Cf. "Walter Benjamin hinter seinen Briefen", *Merkur*, março de 1967.

[9] Cf. Pierre Missac, "L'Eclat et le secret: Walter Benjamin", *Critique*, nº 231-2, 1966.

outra. As arcadas que unem os grandes bulevares e oferecem proteção contra o tempo inclemente exerceram um fascínio tão grande sobre Benjamin que este se referia à sua projetada importante obra sobre o século XIX e sua capital simplesmente como "As arcadas" (*Passagenarbeit*); e esses caminhos de passagem são realmente como que um símbolo de Paris, pois estão nitidamente dentro e fora ao mesmo tempo e, assim, representam sua verdadeira natureza sob a forma de uma quintessência. Em Paris, um estrangeiro se sente em casa pois pode morar na cidade da mesma forma como vive entre suas próprias quatro paredes. E assim como alguém mora num apartamento e o torna confortável, nele vivendo, ao invés de apenas usá-lo para dormir, comer e trabalhar, da mesma forma a pessoa mora numa cidade vagueando por ela sem intenção ou finalidade, com sua pausa assegurada pelos inúmeros cafés que delineiam as ruas, ao longo dos quais se move a vida da cidade, o fluxo de pedestres. Até hoje, Paris é a única cidade que pode ser comodamente percorrida a pé e, mais do que qualquer outra, sua animação depende das pessoas que passam pelas ruas, de modo que o tráfego automobilístico moderno ameaça, e não só por razões técnicas, sua própria existência. A desolação de um subúrbio americano, ou dos bairros residenciais de muitas cidades, onde toda a vida das ruas se concentra nas pistas e a pessoa pode andar pelas calçadas, agora reduzidas a trilhas, por quilômetros a fio sem encontrar um único ser humano, é o exato oposto de Paris. As ruas de Paris realmente convidam todos a fazer aquilo que as outras cidades parecem permitir com muita relutância apenas à escória da sociedade — a perambulação, o ócio, a *flânerie*. Assim, já desde o Segundo Império, a cidade foi o paraíso de todos os que não precisam correr atrás da subsistência, seguir uma carreira, alcançar um objetivo — o paraíso, então, dos boêmios, e não só dos artistas e escritores, mas de todos os que se reuniram a eles, por não conseguirem se integrar politicamente — não tendo lar ou Estado — nem socialmente.

Sem levar em consideração esse pano de fundo da cidade, que se tornou uma experiência decisiva para o jovem Benjamin, dificilmente pode-se entender por que o *flâneur* veio a ser a figura-chave de seus textos. À medida que esse vaguear determinava o ritmo de seu pensamento, talvez se revelasse mais nitidamente nas peculiaridades de seu modo de andar, que Max Rychner descreveu "ao mesmo tempo avançar e deter-se, uma estranha mescla de ambos".[10] Era o andar de um *flâneur*, e era tão extraordinário porque, como o dândi e o esnobe, o *flâneur* tinha seu lar no século XIX, uma era de segurança em que os filhos das famílias de classe média alta tinham um rendimento garantido sem terem de trabalhar e por isso não tinham motivos de pressa. E assim como a cidade ensinou a Benjamin a *flânerie*, o estilo secreto de andar e pensar do século XIX, naturalmente suscitou nele também um gosto pela literatura francesa, o que o apartou quase que irrevogavelmente da vida intelectual alemã usual. "Na Alemanha, sinto-me totalmente isolado em meus esforços e interesses entre os de minha geração, ao passo que na França há certas forças — os escritores Giraudoux e, em especial, Aragon; o movimento surrealista — onde vejo atuar aquilo que também me ocupa" — assim escreveu ele a Hofmannsthal em 1927 (*Briefe*, vol. I, p. 446), quando, tendo voltado de uma viagem a Moscou convencido de que os projetos literários sob a bandeira comunista eram inexeqüíveis, preparava-se para consolidar sua "posição de Paris" (*Briefe*, vol. I, pp. 444-5). (Oito anos antes, mencionara o "incrível sentimento de irmandade" que Péguy lhe inspirara: "Nenhuma obra escrita jamais me tocou tão intimamente e me proporcionou tal senso de comunhão" [*Briefe*, vol. I, p. 217].) Bem, ele não conseguiu consolidar nada, e dificilmente teria conseguido. Foi apenas no pós-guerra que os estrangeiros — e presumivelmente é assim que até hoje todos os que não nasceram na França são chamados em Paris —

---

[10] Max Rychner, o editor recém-falecido da *Neue Schweizer Rundschau*, era uma das figuras mais cultas e refinadas da vida intelectual da época. Como Adorno, Ernst Bloch e Scholem, publicou suas "Erinnerungen an Walter Benjamin" in *Der Monat*, setembro de 1960.

puderam ocupar "posições". Por outro lado, Benjamin fora levado a uma posição que realmente não existia em lugar algum e só depois poderia ser identificada e diagnosticada. Era a posição no "topo de mastro", de onde se poderia observar, melhor do que de um porto seguro, os tempos tempestuosos, muito embora os sinais aflitos sobre o "naufrágio" desse único homem que não aprendera a nadar, com ou contra a corrente, dificilmente seriam percebidos — seja por quem nunca se expusera a esses mares ou por quem conseguia se mover mesmo nesse elemento.

Vista de fora, era a posição do escritor freelance que vive de sua pena; contudo, como apenas Max Rychner parece ter notado, ele o fazia de um "modo peculiar", pois "suas publicações eram qualquer coisa, menos freqüentes" e "nunca ficou totalmente claro [...] até que ponto podia contar com outros recursos".[11] As suspeitas de Rychner se justificavam sob todos os aspectos. Não só havia "outros recursos" à sua disposição, antes de sua emigração, como por trás da fachada do escritor freelance ele levava a vida consideravelmente mais livre, embora constantemente ameaçada, de um *homme de lettres* cujo lar era uma biblioteca que fora montada com extremo cuidado, mas de modo algum entendida como instrumento de trabalho; consistia em tesouros cujo valor, como freqüentemente repetia Benjamin, era demonstrado pelo fato de que não os lera — uma biblioteca, pois, que tinha a garantia de não ser útil ou não estar ao serviço de nenhuma profissão. Tal existência era algo desconhecido na Alemanha, e quase igualmente desconhecida era a ocupação que Benjamin, só porque tinha de sobreviver, dela retirava: não a ocupação de um historiador e erudito da literatura, com a quantidade exigida de grossos volumes a seu crédito, mas a de um crítico e ensaísta que considerava até mesmo a forma de ensaio como vulgarmente extensa demais, e, se não fosse pago por linha, teria preferido o aforismo. Certamente não ignorava o fato de que suas ambições profissionais estavam

[11] Ibid.

dirigidas a algo que simplesmente não existia na Alemanha, onde, apesar de Lichtenberg, Lessing, Schlegel, Heine e Nietzsche, os aforismos nunca foram apreciados e as pessoas julgavam em geral que a crítica era algo desrespeitavelmente subversivo que podia ser desfrutado — no máximo — apenas na seção cultural de um jornal. Não foi casual que Benjamin tenha escolhido expressar essa ambição em língua francesa: "*Le but que je m'avais proposé* [...] *c'est d'être considéré comme le premier critique de la littérature allemande. La difficulté c'est que, depuis plus de cinquante ans, la critique littéraire en Allemagne n'est plus considérée comme un genre sérieux. Se faire une situation dans la critique, cela* [...] *veut dire: la recréer comme genre*" [O fim que eu me propusera [...] é o de ser considerado como o primeiro crítico da literatura alemã. O problema é que há mais de cinqüenta anos, a crítica literária na Alemanha não é mais considerada um gênero sério. Obter uma posição na crítica [...] significa: recriá-la como gênero] (*Briefe*, vol. II, p. 505).

Não há dúvida de que Benjamin devia essa escolha profissional a influências francesas precoces, à proximidade da grande vizinha do outro lado do Reno, que lhe inspirava um sentimento tão íntimo de afinidade. Mas é muito mais sintomático que mesmo essa escolha de uma profissão fosse realmente motivada por tempos duros e desgraças financeiras. Se se quiser expressar em categorias sociais a "profissão" para a qual se preparara espontaneamente, ainda que talvez não deliberadamente, é preciso recuar à Alemanha guilhermina sob a qual crescera e onde tomaram forma seus primeiros planos para o futuro. Então se poderia dizer que Benjamin não se preparou senão para a "profissão" de colecionador particular e estudioso totalmente independente, o que na época se chamava *Privatgelehrter*. Sob as condições da época, seus estudos, que iniciara antes da Primeira Guerra Mundial, só poderiam desembocar numa carreira universitária, mas os judeus não batizados ainda estavam impedidos de seguir essa carreira, assim como de qualquer outra carreira no serviço público civil. Esses judeus podiam prestar uma *Habilitation* e, no máximo, alcançar o nível de um *Extraordinarius* não remunerado; era uma carreira que antes pressupunha que assegurava um rendimento garantido. O doutorado que Benjamin decidira fazer apenas "por consideração pela minha família" (*Briefe*, vol. I, p. 216) e sua posterior tentativa de *Habilitation* destinavam-se a constituir a base para a boa vontade de sua família em pôr esse rendimento à sua disposição.

Essa situação se alterou bruscamente após a guerra: a inflação empobrecera, até arruinara, vastos contingentes da burguesia, e na República de Weimar a carreira universitária estava aberta mesmo para judeus não batizados. A infeliz história da *Habilitation* mostra claramente quão pouco Benjamin levara em consideração essas novas circunstâncias e o quanto continuava dominado por idéias pré-guerra em relação a todos os assuntos financeiros. Pois desde o início a *Habilitation* fora apenas pretendida para chamar "à ordem" seu pai, fornecendo-lhe "evidências do reconhecimento público" (*Briefe*, vol. I, p. 293), para fazer com que ele garantisse ao seu filho, que na época estava nos seus trinta anos, um rendimento que fosse adequado e, poder-se-ia acrescentar, proporcional à sua posição social. Em nenhum momento, nem mesmo quando já se aproximara dos comunistas, duvidou de que, apesar de seus conflitos crônicos com os pais, não tivesse direito a tal subvenção e que a exigência deles — a de "trabalhar para viver" — não fosse "inqualificável" (*Briefe*, vol. I, p. 292). Quando mais tarde seu pai disse que não queria nem poderia aumentar a mesada que já lhe pagava, mesmo que seu filho obtivesse a *Habilitation*, isso naturalmente eliminou a base de todo o compromisso de Benjamin. Até a morte de seus pais em 1930, Benjamin conseguiu resolver o problema de sua subsistência voltando para a casa deles, lá vivendo inicialmente com sua família (ele tinha mulher e filho) e, depois da separação — que veio bastante cedo —, ele próprio. (Benjamin só se divorciou em 1930.) É evidente que esse arranjo lhe provocou muito sofrimento, mas é igualmente evidente que, com todas as probabilidades, nunca pensou seriamente em nenhuma outra solução. É também notável que, apesar de seus permanentes problemas financeiros, conseguiu ao longo de todos esses anos aumentar constantemente sua biblioteca. Sua única tentativa de se recusar essa dispendiosa paixão — ele visitava as grandes casas de leilão como outros freqüentam cassinos de apostas — e sua resolução de até vender alguma coisa "numa emergência" resultaram em se sentir obrigado a "minorar a dor dessa disposição" (*Briefe*, vol. I, p. 340) fazendo novas aquisições; e sua única tentativa comprovável de se libertar da dependência financeira em relação à família resultou na proposta de que seu pai desse imediatamente "fundos que me permitam comprar uma participação numa livraria de livros usados" (*Briefe*, vol. I, p. 292). Foi o único emprego rentável que algum dia imaginou Benjamin. Nada resultou, é claro.

Em vista das realidades da Alemanha dos anos 1920 e da consciência de Benjamin de que nunca conseguiria sobreviver com sua pena — "há lugares em que consigo ganhar um mínimo e lugares em que consigo viver com um mínimo, mas não há nenhum lugar onde consigo ambos" (*Briefe*, vol. II, p.563) —, toda a sua atitude pode surpreender como imperdoavelmente irresponsável. Mas era tudo, menos um caso de irresponsabilidade. É razoável supor que é tão difícil que ricos empobrecidos acreditem em sua pobreza quanto pobres enriquecidos acreditem em sua riqueza; os primeiros parecem levados por uma imprudência de que são totalmente inconscientes; os últimos parecem possuídos por uma avareza que realmente não é senão o velho temor arraigado pelo que pode trazer o dia seguinte.

Além disso, em sua atitude diante dos problemas financeiros, Benjamin não era de modo algum um caso isolado. De certa forma, sua postura era típica de toda uma geração de intelectuais judaico-alemães, embora provavelmente ninguém se desse tão mal quanto ele. Sua base era a mentalidade dos pais, homens de negócio bem-sucedidos que não faziam juízos muito elevados sobre suas realizações pessoais e cujo sonho era o de que seus filhos fossem destinados a coisas superiores. Era a versão secularizada da antiga crença judaica de que os que "aprendem" — a Torá ou o Talmude, isto é, a lei de Deus — são a verdadeira elite do povo e não devem ser incomodados com uma ocupação tão vulgar como a de ganhar dinheiro ou trabalhar por ele. Isso não significa que, nessa geração, não houvesse conflitos entre pais e filhos; pelo contrário, a literatura de época está repleta deles, e se Freud tivesse vivido e empreendido suas investigações num país e num idioma que não fosse o ambiente judaico-alemão que fornecia seus pacientes, possivelmente nunca teríamos ouvido falar de um complexo de Édipo.[12] Mas, como regra, esses conflitos se resolviam com a alegação dos filhos acerca de sua genialidade ou, no caso dos numerosos comunistas oriundos de lares abastados, de sua dedicação ao bem-estar da humanidade — em qualquer caso, aspirando a coisas mais elevadas do que ganhar dinheiro —, e os pais se mostravam mais do que dispostos a reconhecer que esta era uma desculpa válida para não ganharem sua subsistência. Onde não se faziam ou não se reconheciam tais alegações, era iminente a catástrofe. Benjamin foi um caso: seu pai nunca reconheceu suas alegações, e as relações entre eles eram extraordinariamente ruins. Um outro caso foi Kafka, que — possivelmente por ser realmente algo como um gênio — estava totalmente livre da mania de genialidade de seu meio ambiente, nunca alegou ser um gênio e assegurava sua independência financeira com um emprego comum num escritório de pagamentos de trabalhadores em Praga. (Suas relações com seu pai evidentemente eram ruins do mesmo modo, mas por razões diferentes.) E ainda assim, tão logo Kafka assumiu essa posição, viu nela a "partida de uma corrida de suicidas", como se estivesse obedecendo a uma ordem que dissesse "Você tem de ganhar sua tumba".[13]

Para Benjamin, de qualquer forma, a mesada continuava a

---

[12] Kafka, cujo ponto de vista sobre essas questões era mais realista do que qualquer um de seus contemporâneos, disse que "o complexo paterno que é o alimento intelectual de muitos [...] se refere ao judaísmo dos pais [...] a vaga anuência dos pais (essa vaguza era o ultraje)" ao abandono do aprisco judaico por parte de seus filhos: "com a perna de trás ainda presa ao judaísmo de seus pais, e com a perna da frente sem encontrar nenhum solo novo" (Franz Kafka, *Briefe*, p. 337).

[13] Ibid., p. 55.

ser a única fonte possível de renda, e depois da morte de seus pais, para conseguir um estipêndio mensal, ele se dispôs, ou pensou que se dispôs, a fazer muitas coisas: estudar hebraico por trezentos marcos mensais, se os sionistas achassem que isso lhes traria algum bem, ou pensar dialeticamente, com todos os adornos das mediações, por mil francos franceses, se não houvesse outra forma de fazer negócios com os marxistas. O fato de, ainda que arruinado, nada ter feito a seguir é digno de admiração, e igualmente admirável é a infinita paciência com que Scholem, que se empenhara muito arduamente para conseguir para Benjamin um pagamento pelo estudo do hebraico da parte da Universidade de Jerusalém, permitiu-se ser posto de lado durante anos. Evidentemente ninguém estava preparado para subsidiá-lo na única "posição" para a qual nascera, a de um *homme de lettres*, de cujas perspectivas únicas nem os sionistas nem os marxistas tinham, ou poderiam ter, consciência.

Atualmente o *homme de lettres* nos surpreende antes como uma figura inofensiva e marginal, como se realmente equivalesse à figura do *Privatgelehrter*, que sempre teve um toque cômico. Benjamin, que se sentia tão próximo do francês que a língua se tornou para ele uma "espécie de álibi" (*Briefe*, vol. II, p. 505), provavelmente conhecia as origens do *homme de lettres* na França pré-revolucionária, bem como sua extraordinária carreira na Revolução Francesa. Em contraste com os escritores e literatos posteriores, os "*écrivains et littérateurs*", como até Larousse define os *hommes de lettres*, esses homens, embora vivessem no mundo da palavra escrita e impressa e estivessem cercados, acima de tudo, por livros, não eram obrigados nem se sentiam dispostos a ler e escrever profissionalmente, para ganhar a vida. Ao contrário da classe dos intelectuais, que oferecem seus serviços como especialistas e funcionários ao Estado, ou à sociedade como diversão e instrução, os *hommes de lettres* sempre se empenharam em se manter distantes tanto do Estado como da sociedade. Sua existência material se baseava em rendas sem trabalho, e sua atitude intelectual se fundava em sua decidida recusa a se integrarem social ou politicamente. Na base dessa dupla independência, podiam-se permitir aquela atitude de superior desdém que deu origem às observações depreciativas de La Rochefoucauld sobre a natureza humana, à sabedoria mundana de Montaigne, à mordacidade aforismática do pensamento de Pascal, à intensidade e abertura das reflexões políticas de Montesquieu. Não posso aqui discutir as circunstâncias que finalmente converteram no século XVIII os *hommes de lettres* em revolucionários, nem a forma como seus sucessores no século XIX e XX se dividiram entre a classe dos "cultivados", de um lado, e a dos revolucionários profissionais, de outro. Menciono esse pano de fundo histórico apenas porque em Benjamin o elemento da cultura se combinou de modo único com o elemento do revolucionário e rebelde. É como se, logo antes de sua desaparição, a figura do *homme de lettres* estivesse destinada a se mostrar uma vez mais na plenitude de suas possibilidades, embora — ou possivelmente porque — tivesse perdido sua base material de modo tão catastrófico, e assim a paixão puramente intelectual que torna tão adorável essa figura pudesse se desdobrar em todas as suas possibilidades mais expressivas e impressionantes.

Certamente não faltaram razões para se rebelar contra suas origens, o ambiente da sociedade judaico-alemã na Alemanha imperial, onde cresceu Benjamin, nem faltariam justificativas para uma posição contra a República de Weimar, na qual se recusou a assumir uma profissão. Em *Uma infância berlinense em torno de 1900*, Benjamin descreve a casa de que proviera como um "mausoléu há muito destinado a mim" (*Schriften*, vol. I, p. 643). De modo bastante característico, seu pai era antiquário e negociante de arte; era uma família rica e assimilada como tantas outras; um de seus avós era ortodoxo, o outro pertencia a uma congregação reformada. "Em minha infância fui um prisioneiro entre o velho e o novo Ocidente. Naqueles dias meu clã habitava nesses dois bairros com uma atitude mesclada de obstinação e autoconfiança, transformando-os num gueto que considerava como seu feudo" (*Schriften*, vol. I, p. 643). A obstinação se referia ao seu judaísmo; era apenas a obstinação que os fazia a ele se apegarem. A autoconfiança era inspirada pela sua posição no ambiente não judeu onde, afinal, tinham realizado um tanto de coisas. Esse tanto se mostrava nos dias em que havia convidados. Nessas ocasiões, o interior do guarda-louças, que parecia ser o centro da casa e, assim, "com boas razões se assemelhava às montanhas do templo", ficava aberto e então era possível "exibir tesouros tais como ídolos com que ficariam rodeados". Assim aparecia "o estoque de prata da casa", e o que se exibia lá era não dez, mas vinte ou trinta vezes mais. E quando eu olhava para essas longas, longas filas de colherinhas de café ou descansos de facas, garfos para ostras ou facas para frutas, o gozo dessa profusão se debatia com o medo de que os esperados pudessem todos parecer iguais, como o nosso faqueiro" (*Schriften*, vol. I, p. 632). Até o menino sabia que havia algo radicalmente errado, e não só porque havia gente pobre ("Os pobres — para as crianças ricas da minha idade, eles só existiam como mendigos. E foi um grande avanço na minha compreensão quando, pela primeira vez, a pobreza mostrou-se a mim sob a ignomínia do trabalho mal pago" [*Schriften*, vol. I, p. 632]), mas porque a "obstinação" por dentro e a "autoconfiança" por fora produziam uma atmosfera de insegurança e autoconsciência que realmente não era nada conveniente para a educação das crianças. Isso foi verdadeiro não só para Benjamin ou Berlim Oeste[14] ou para a Alemanha. Com que paixão Kafka tentou persuadir sua irmã a colocar seu filho de dez anos de idade num internato, de forma a protegê-lo da "mentalidade especial que é particularmente virulenta entre os judeus ricos de Praga e que não se consegue manter distante das crianças [...] essa mentalidade mesquinha, suja, velhaca".[15]

O que aí estava envolvido, então, era o que desde os anos 1870 ou 1880 fora chamado de a questão judaica, e só existia daquela forma na Europa central de língua alemã daquelas décadas. Hoje essa questão foi, por assim dizer, lavada pela catástrofe

---

[14] Uma área residencial elegante de Berlim.
[15] Ibid., p. 339.

do povo judeu europeu e está justamente esquecida, embora ainda se encontre ocasionalmente na linguagem da geração mais antiga de sionistas alemães cujos hábitos de pensamento derivam das primeiras décadas do século. Ademais, nunca foi senão uma preocupação da *intelligentsia* judaica e não teve nenhuma significação para a maioria do povo judeu da Europa central. Para os intelectuais, contudo, ela tinha grande importância, pois seu próprio judaísmo, que dificilmente desempenhava algum papel em seu espaço espiritual, determinava extraordinariamente sua vida social e, portanto, apresentava-se a eles como uma questão moral de primeira ordem. Sob essa forma moral, a questão judaica marcou, segundo as palavras de Kafka, "a terrível condição interior dessas gerações".[16] Por mais insignificante que tal problema possa nos parecer, em vista do que mais tarde realmente ocorreu, não podemos aqui desconsiderá-lo, pois nem Benjamin, nem Kafka, nem Karl Kraus podem ser entendidos sem ele. Por uma questão de simplicidade, colocarei o problema exatamente como foi colocado e interminavelmente discutido na época — a saber, num artigo intitulado "Deustsch-jüdischer Parnass" ("Parnaso judaico-alemão"), que provocou um grande alvoroço quando foi publicado em 1912 por Moritz Goldstein no importante periódico *Der Kunstwart*.

Segundo Goldstein, o problema tal como aparecia para a *intelligentsia* judaica tinha um duplo aspecto, o ambiente não judaico e a sociedade judaica assimilada, e do seu ponto de vista o problema era insolúvel. Com respeito ao ambiente não judaico, "Nós judeus administramos a propriedade intelectual de um povo que nos nega o direito e a capacidade de fazê-lo". E adiante: "É fácil mostrar o absurdo dos argumentos de nossos adversários e provar que sua inimizade é infundada. O que se ganharia com isso? Que seu ódio é *genuíno*. Quando todas as calúnias forem refutadas, todas as distorções retificadas, todos os falsos juízos sobre nós rejeitados, a antipatia permanecerá como algo

---

[16] Ibid., p. 337.

irrefutável. Quem não o percebe, fica desprotegido". Era o fracasso em perceber isso que era tido como insuportável na sociedade judaica, cujos representantes, de um lado, queriam permanecer judeus e, de outro, não desejavam reconhecer seu judaísmo: "Insistiremos abertamente sobre o problema ao qual eles se esquivam dentro de si. Nós os obrigaremos a confessar seu judaísmo ou a se batizar". Mas mesmo que desse certo, mesmo que se pudesse expor e evitar a hipocrisia desse ambiente — o que se ganharia com isso? Um "salto dentro da literatura hebraica moderna" era impossível para a geração da época. Portanto: "Nossa relação com a Alemanha é a de um amor não correspondido. Sejamos viris o suficiente para finalmente arrancar o amado de nossos corações, [...] coloquei o que *devemos* querer fazer; também coloquei por que não *podemos* querê-lo. Minha intenção foi a de indicar o problema. Não é por minha culpa que não conheço a solução". (Quanto a ele mesmo, *Herr* Goldstein resolveu o problema seis anos depois, tornando-se editor de cultura de *Vossische Zeitung*. O que mais poderia fazer?)

Seria possível se descartar de Moritz Goldstein dizendo que ele simplesmente reproduziu o que Benjamin, em outro contexto, chamou de "uma parcela importante da ideologia anti-semita *vulgar*, bem como da ideologia sionista" (*Briefe*, vol. I, pp. 152-3), se não se encontrassem em Kafka, a um nível muito mais sério, uma formulação semelhante do mesmo problema e a mesma confissão de sua insolubilidade. Numa carta a Max Brod sobre escritores judaico-alemães, disse que a questão judaica ou "O desespero sobre ela era a inspiração deles — uma inspiração tão respeitável como qualquer outra, mas, com um exame mais próximo, cheia de singularidades penosas. Por uma razão, aquilo em que se descarregava seu desespero não podia ser a literatura alemã que parecia ser à superfície", pois o problema não era realmente um problema alemão. Assim viviam "entre três impossibilidades [...] : a impossibilidade de não escrever", quando só podiam se libertar de sua inspiração ao escrever; "a impossibilidade de escrever em alemão" — Kafka considerava seu uso da língua alemã como a "usurpação aberta ou oculta, ou possivelmente automartirizadora de uma propriedade alheia, que não foi adquirida, mas sim roubada, agarrada (relativamente) rápido e que continua a ser posse de outrem, mesmo que não se consiga indicar um único erro lingüístico", e finalmente "a impossibilidade de escrever diferente", visto que não havia nenhuma outra língua disponível. Quase se poderia acrescentar uma quarta impossibilidade", diz Kafka como conclusão, "a impossibilidade de escrever, pois esse desespero não era algo que pudesse ser mitigado pelo escrever" — como é normal para os poetas, a quem foi dado um deus que diz o que sofrem e suportam os homens. Aqui, o desespero se converteu antes em "um inimigo da vida *e* do escrever; o escrever aqui era apenas uma moratória, como para alguém que escreve seu testamento logo antes de se enforcar".[17]

Nada seria mais fácil do que demonstrar que Kafka estava errado e que sua própria obra, que traz a prosa alemã mais pura do século, é a melhor refutação de seus pontos de vista. Mas tal demonstração, além de ser de mau gosto, é totalmente supérflua, pois o próprio Kafka estava muito consciente dela — "Se escrevo indiscriminadamente uma frase", anotou uma vez em seus *Diários*, "ela já é perfeita"[18] —, assim como era o único a saber que o "*Mauscheln*" (falando um alemão iidichizado), embora desprezado por todos que falavam o alemão, judeus ou não judeus, tinha um lugar legítimo na língua alemã, não sendo senão um entre os numerosos dialetos alemães. E como ele corretamente pensava que, "dentro da língua alemã, somente os dialetos e, além deles, o alto-alemão mais pessoal estão realmente vivos", era naturalmente tão legítimo mudar do *Mauscheln* ou do iídiche para o alto-alemão, quanto mudar do baixo-alemão ou do dialeto alemânico. Se se lêem as anotações de Kafka sobre a trupe de atores judeus que tanto o fascinou, torna-se claro que o que o atraiu foram menos os elementos especificamente judaicos do que a vivacidade da língua e dos gestos.

---

[17] Ibid., p. 336-8.
[18] Franz Kafka, *Tagebücher*, p. 42.

Obviamente hoje temos uma certa dificuldade em entender ou levar a sério esses problemas, principalmente visto que é muito tentador interpretá-los mal e descartá-los como mera reação ao ambiente anti-semita e, portanto, como expressão de auto-aversão. Mas nada seria mais enganador, ao se tratar de homens com a estatura humana e o nível intelectual de Kafka, Kraus e Benjamin. O que deu a amarga agudeza às suas críticas nunca foi o anti-semitismo como tal, mas sim a reação a ele da classe média judaica, com que os intelectuais de modo algum se identificavam. Aí também não era questão da atitude apologética freqüentemente vil do judaísmo oficial, com a qual os intelectuais dificilmente mantinham qualquer contato, mas a recusa mentirosa da própria existência de um anti-semitismo generalizado, do isolamento da realidade organizado e efetuado com todos os recursos da auto-ilusão por parte da burguesia judaica, isolamento que para Kafka, e não só para ele, incluía a separação muitas vezes hostil e sempre arrogante em relação ao povo judeu, os chamados *Ostjuden* (judeus da Europa oriental) a quem responsabilizavam, embora se soubesse que não era verdade, pelo anti-semitismo. O fator decisivo nisso tudo era a perda da realidade, auxiliada e favorecida pela riqueza dessas classes. "Entre as pessoas pobres", escreveu Kafka, "o mundo, a afobação do trabalho, por assim dizer, entra irresistivelmente nas choças [...] e não permite que se crie o ar bolorento, poluído e destruidor da infância de um aposento familiar belamente mobiliado".[19] Eles lutavam contra a sociedade judaica pois esta não lhes permitia viver no mundo tal como ele era, sem ilusões — assim, por exemplo, a estarem preparados para o assassinato de Walther Rathenau (em 1922): para Kafka, era "incompreensível que tivessem-no deixado viver por tanto tempo".[20] O que finalmente determinava a agudeza do problema era o fato de não se ter manifestado simplesmente, ou mesmo primariamente, como

[19] Franz Kafka, *Briefe*, p. 347.
[20] Ibid., p. 378.

uma ruptura com a geração a que se poderia escapar abandonando lar e família. O problema se apresentou dessa forma apenas a pouquíssimos escritores judaico-alemães, e esses poucos estavam cercados por todos os outros já esquecidos, mas dos quais só hoje se distinguem nitidamente, depois que a posteridade definiu quem é quem. ("Sua função política", escreveu Benjamin, "é estabelecer não partidos, mas panelinhas, sua função literária é produzir não escolas, mas modas, e sua função econômica é pôr no mundo não produtores, mas vendedores. Vendedores ou espertinhos que sabem como gastar sua miséria como se fossem ricos e que se regozijam com sua tediosa vacuidade. Não é possível se estabelecer mais comodamente numa situação incômoda."[21]) Kafka, que exemplificou essa situação na carta acima mencionada com "impossibilidades lingüísticas", acrescentando que "também [poderiam] ser chamadas de algo completamente diferente", indica uma "classe média lingüística" entre, por assim dizer, o dialeto proletário e a prosa da classe alta; não são "nada além de cinzas que podem ganhar uma aparência de vida somente com mãos judaicas ultra-ávidas remexendo ansiosamente entre elas". Nem é preciso acrescentar que a maioria esmagadora dos judeus intelectuais pertencia a essa "classe média"; segundo Kafka, constituíam "o inferno das letras, judaico-alemãs", onde Karl Kraus dominava como "o grande supervisor e chefe de serviços", sem perceber o quanto "ele mesmo pertence a esse inferno entre os que ali estão para serem punidos".[22] O fato de que essas coisas podem ser vistas de modo totalmente diferente de uma perspectiva não judaica torna-se evidente quando se lê, num dos ensaios de Benjamin, o que disse Brecht a respeito de Karl Kraus: "Quando a era morreu por suas próprias mãos, ele foi essa mão" (*Schriften*, vol. II, p. 174).

Para os judeus daquela geração (Kafka e Moritz Goldstein

---

[21] In "Der Autor als Produzent", palestra feita em Paris em 1934, onde Benjamin cita um ensaio anterior sobre a esquerda intelectual. Ver *Versuche über Brecht*, p. 109.

[22] Citado in Max Brod, *Franz Kafkas Glauben und Lehre*, Winterthur, 1948.

tinham apenas dez anos a mais que Benjamin), as formas disponíveis de rebelião eram o sionismo e o comunismo, e é de se notar que seus pais muitas vezes condenavam a rebelião sionista mais asperamente que a comunista. Ambas eram caminhos de fuga da ilusão para a realidade, da hipocrisia e auto-engano para a existência honesta. Mas assim aparece apenas retrospectivamente. Na época em que Benjamin tentou pela primeira vez um sionismo sem entusiasmo e a seguir um comunismo basicamente não mais entusiasta, as duas ideologias se confrontavam com a maior hostilidade: os comunistas difamavam os sionistas como fascistas judeus,[23] e os sionistas chamavam os jovens judeus comunistas de "assimilacionistas vermelhos". De modo notável e provavelmente único, Benjamin manteve ambos os caminhos abertos para si durante anos; continuou a considerar o caminho para a Palestina muito tempo depois de ter se tornado marxista, sem se permitir ser desviado, por mínimo que fosse, pelas opiniões de seus amigos de orientação marxista, principalmente os judeus. Isso mostra claramente quão pouco lhe interessava o aspecto "positivo" dessas ideologias, e que o que lhe importava em ambos os casos era o fator "negativo" de crítica às condições existentes, um caminho para fora da hipocrisia e das ilusões burguesas, uma posição fora da instituição literária e também acadêmica. Ele era muito jovem quando adotou essa atitude radicalmente crítica, provavelmente sem suspeitar a que isolamento e solidão ela ao final o conduziria. Assim, por exemplo, lemos numa carta escrita em 1918 que Walther Rathenau, reivindicando representar a Alemanha nos assuntos estrangeiros, e Rudolf Borchardt, fazendo uma reivindicação semelhante em relação aos assuntos espirituais alemães, tinham em comum a "*vontade* de mentir", "a hipocrisia objetiva" (*Briefe*, vol. I, pp. 189 e ss.). Nenhum queria "servir" uma causa com suas obras — no caso de Borchardt, os "recursos espirituais e lingüísticos" do povo; no de Rathenau, a

---

[23] Brecht, por exemplo, disse a Benjamin que seu ensaio sobre Kafka auxiliava e reconfortava o fascismo judeu. Ver *Versuche*, p. 123.

nação —, mas ambos usavam suas obras e talentos como "meios soberanos a serviço de uma vontade absoluta de poder". Além do mais, havia os *littérateurs* que punham seus dotes a serviço de uma carreira e *status* social: "Ser um *littérateur* é viver sob o signo do mero intelecto, assim como a prostituição é viver sob o signo do mero sexo" (*Schriften*, vol. II, p. 179). Assim como uma prostituta trai o amor sexual, um *littérateur* trai a mente, e era essa traição da mente que os melhores dentre os judeus não podiam perdoar aos seus colegas de vida literária. Com o mesmo tom, Benjamin escreveu cinco anos depois — um ano após o assassinato de Rathenau — a um amigo íntimo alemão: "os judeus hoje arruínam até a melhor causa alemã que publicamente defendem, porque sua declaração pública é necessariamente venal (num sentido mais profundo) e não pode dar provas de sua autenticidade" (*Briefe*, vol. I, p. 310). Continuava dizendo que apenas as relações privadas, quase "secretas entre alemães e judeus", eram legítimas, ao passo que "tudo nas relações judaico-alemãs que opera publicamente é prejudicial". Havia muita verdade nessas palavras. Escritas da perspectiva da questão judaica naquela época, fornecem evidências sobre o caráter sombrio de um período em que se poderia dizer com razão: "A luz do público obscurece tudo" (Heidegger).

Já em 1913, Benjamin avaliou a posição do sionismo "como uma possibilidade e então talvez um compromisso necessário" (*Briefe*, vol. I, p. 44), no sentido dessa rebelião dupla contra o lar familiar e a vida literária judaico-alemã. Dois anos depois, encontrou Gerhard Scholem, vendo nele pela primeira e única vez o "judaísmo em forma viva"; logo a seguir, veio o começo daquela avaliação curiosa e interminável, que se estendeu por um período de quase vinte anos, sobre a emigração para a Palestina. "Sob certas, mas de modo algum impossíveis, condições, estou pronto, se não determinado [a ir para a Palestina]. Aqui na Áustria, os judeus (os decentes, aqueles que não estão ganhando dinheiro) não falam de outra coisa." Assim escreveu em 1919 (*Briefe*, vol. I, p. 222), mas ao mesmo tempo considerava esse plano como um "ato de violência" (*Briefe*, vol. I, p. 208), impraticável a menos que se mostrasse necessário. Sempre que surgia essa necessidade política ou financeira, ele reconsiderava o projeto e não ia. É difícil dizer se ainda levava isso a sério, depois da sua separação da esposa, que provinha de um ambiente sionista. Mas é certo que, mesmo durante seu exílio em Paris, anunciou que poderia ir "a Jerusalém em outubro ou novembro, após uma conclusão mais ou menos definitiva de meus estudos" (*Briefe*, vol. II, p. 655). O que surpreende como uma indecisão nas cartas, como se estivesse vacilando entre o sionismo e o marxismo, na verdade provavelmente se devia à sua amarga percepção de que todas as soluções eram não só objetivamente falsas e inadequadas à realidade, mas também o conduziriam pessoalmente a uma falsa salvação, chamasse-se ela Moscou ou Jerusalém. Sentia que se privaria das oportunidades cognitivas positivas de sua própria posição — "no alto de um mastro que já se desmorona" ou "morto durante a vida e o verdadeiro sobrevivente" entre as ruínas. Ele se estabelecera nas condições desesperadas que correspondiam à realidade; lá queria permanecer a fim de "desnaturar" seus textos "como álcool metílico [...] sob o risco de torná-los impróprios para consumo" de qualquer pessoa então viva, mas com a chance de serem preservados da forma mais confiável para um futuro desconhecido.

Pois a insolubilidade da questão judaica para aquela geração de forma alguma consistia apenas no fato de falarem e escreverem em alemão, ou de que sua "fábrica de produção" se localizasse na Europa — no caso de Benjamin, em Berlim Oeste ou em Paris, coisa sobre a qual ele "não [tinha] a menor ilusão" (*Briefe*, vol. II, p. 531). O decisivo era que esses homens não queriam "voltar" para as fileiras do povo judeu ou para o judaísmo, e nem poderiam querê-lo — não só porque acreditavam no "progresso" e num desaparecimento automático do anti-semitismo ou por estarem muito "assimilados" e muito alienados de sua herança judaica, mas porque todas as tradições e culturas, bem como todas as "pertenças", tinham se tornado igualmente questionáveis para eles. Era isso o que sentiam estar errado no "retorno" para o aprisco judaico, tal como propunham os sionistas; todos podiam dizer o que Kafka uma vez disse sobre o fato de ser um membro do povo judeu: "Meu povo, desde que eu tenha um".[24]

Não há dúvidas de que a questão judaica tinha grande importância para essa geração de escritores judeus e explica boa parte do desespero pessoal tão predominante em quase tudo que escreveram. Mas os que tinham uma visão mais clara entre eles foram conduzidos por seus conflitos pessoais a um problema muito mais geral e radical, a saber, o questionamento da relevância da tradição ocidental como um todo. Não só o marxismo enquanto doutrina, mas o movimento revolucionário comunista exerciam uma poderosa atração sobre eles, pois implicavam algo mais que uma crítica às condições sociais e políticas existentes, e levavam em conta a totalidade das tradições políticas e espirituais. Para Benjamin, de qualquer forma, essa questão do passado e da tradição enquanto tal era decisiva, e precisamente no sentido em que Scholem colocou, ainda que sem consciência do problema, ao advertir seu amigo contra os perigos intrínsecos do marxismo para o seu pensamento. Benjamin, escreveu ele, corria o risco de perder a oportunidade de se tornar "o legítimo sucessor das tradições mais profícuas e genuínas de um Hamann e um Humboldt" (*Briefe*, vol. II, p. 526). O que ele não entendia era que tal retorno e continuação do passado era exatamente o que "a moralidade das percepções" de Benjamin, à qual apelava Scholem, por força excluiria.[25]

Parece tentador crer, e realmente seria um pensamento reconfortante, que os poucos que se aventuraram nas posições mais expostas da época e pagaram o alto preço do isolamento pelo menos se consideravam os precursores de uma nova era. Certa-

---

[24] Franz Kafka, *Briefe*, p. 183.
[25] No artigo acima mencionado, Pierre Missac trata da mesma passagem e escreve: "*Sans sous-estimer la valeur d'une telle réussite [d'être le sucesseur de Hamann et de Humboldt], on peut penser que Benjamin recherchait aussi dans le Marxisme un moyen d'y échapper*" [Sem subestimar o valor de um tal sucesso (de ser o sucessor de Hamann e Humboldt), pode-se pensar que Benjamin também buscava no marxismo um meio de escapar a isso].

mente não era este o caso. Em seu ensaio sobre Karl Kraus, Benjamin levantou essa pergunta: Kraus está "no limiar de uma nova era?". "Ai, de forma alguma. Ele está no limiar do Juízo Final" (*Schriften*, vol. II, p. 174). E nesse limiar realmente estavam todos os que posteriormente se tornaram os mestres da "nova era"; viam a aurora de uma nova era basicamente como um declínio e consideravam a história, junto com as tradições que conduziram a esse declínio, como um campo de ruínas.[26] Ninguém o exprimiu mais claramente que Benjamin em suas teses "Sobre o conceito da História", e em parte alguma formulou-o mais inequivocamente do que numa carta de Paris, datada de 1935: "Atualmente mal me sinto forçado a tentar entender essa condição do mundo. Nesse planeta, um grande número de civilizações pereceu em sangue e horror. Naturalmente é preciso desejar ao planeta que algum dia experimente uma civilização que tenha abandonado o sangue e o horror; de fato, estou [...] inclinado a supor que nosso planeta espera por isso. Mas é terrivelmente duvidoso que *nós* consigamos trazer tal presente em sua festa de aniversário de 100 milhões ou 400 milhões de anos. E se não o fazemos, o planeta

---

[26] Lembra-se imediatamente o poema de Brecht, "Sobre o Pobre B.B.":

Von diesen Städten wird bleiben: der durch sie hindurchging, der Wind!
Fröhlich machet das Haus den Esser: er leert es.
Wir wissen, dass wir Vorläufige sind
Und nach uns wird kommen: nichts Nennenswertes.

[Dessas cidades ficará o que por elas soprou, o vento!
A casa alegra o visitante: ele a consome.
Sabemos que somos transitórios
E depois de nós virá: nada digno de comentários.]
(*The manual of piety*, Nova York, 1966)

É de se notar também um notável aforismo de Kafka nas "Notas do ano 1920", sob o título "ELE": "Tudo o que ele faz lhe aparece como extraordinariamente novo mas também, devido à impossível abundância do novo, extraordinariamente amador, na verdade dificilmente suportável, incapaz de se tornar histórico, de despedaçar a cadeia das gerações, de romper pela primeira vez a

finalmente punirá a nós, com nossos irrefletidos bons votos a ele, presenteando-nos com o Juízo Final"[27] (*Briefe*, vol. II, p. 698).

Bem, a esse respeito, os últimos trinta anos dificilmente trouxeram algo que se pudesse chamar de novo.

III. O PESCADOR DE PÉROLAS

> *A cinco braças jaz teu pai,*
> *De seus ossos fez-se coral,*
> *Essas são pérolas que foram seus olhos.*
> *Nada dele desaparece*
> *Mas sofre uma transformação marinha*
> *Em algo rico e estranho.*
>
> *A tempestade*, I, 2

Na medida em que o passado foi transmitido como tradição, possui autoridade; na medida em que a autoridade se apresenta historicamente, converte-se em tradição. Walter Benjamin sabia que a ruptura da tradição e a perda de autoridade que ocorriam durante sua vida eram irreparáveis e concluiu que teria de descobrir novas formas de tratar o passado. Nisso tornou-se mestre ao descobrir que a transmissibilidade do passado fora substituí-

---

música do mundo que, até agora, podia pelo menos ser adivinhada em toda a sua profundidade. Às vezes, em sua vaidade ele se preocupa mais com o mundo do que consigo mesmo".

O predecessor desse ânimo é outra vez Baudelaire: "*Le monde va finir. La seule raison pour laquelle il pouvait durer, c'est qu'elle existe. Que cette raison est faible, comparée à toutes celles qui annoncent le contraire, particulièrement à celle-ci: qu'est-ce que le monde a désormais à faire sous le ciel?* [...] *Quant à moi qui sens quelquefois en moi le ridicule d'un prophète, je sais que je n'y trouverai jamais la charité d'un médicin. Perdu dans ce vilain monde, coudoyé par les foules, je suis comme un homme lassé dont l'oeil ne voit en arrière, dans les années profondes, que désaubusement et amertume, et devant lui qu'un orage où rien de neuf n'est contenu, ni enseignement ni douleur*". In *Journaux intimes*, Pléiade, pp. 1195-7.

[27] *Weltgericht* (Juízo Final) joga com o duplo sentido de *Gericht* (juízo; prato de refeições). (Nota do tradutor inglês).

da pela sua citabilidade e que, no lugar de sua autoridade, surgira um estranho poder de se assentar aos poucos no presente e de privá-lo da "paz mental", a paz descuidada da complacência. "As citações em minhas obras são como assaltantes à beira da estrada que fazem um assalto armado e aliviam um ocioso de suas convicções" (*Schriften*, vol. I, p. 571). Essa descoberta da função moderna das citações, segundo Benjamin, que a exemplificava com Karl Kraus, nascera do desespero — não o desespero de um passado que recusa "lançar sua luz sobre o futuro" e deixa a mente humana "vaguear na escuridão", como em Tocqueville, mas o desespero do presente e o desejo de destruí-lo; daí que seu poder seja "não a força para preservar, mas para limpar, arrancar do contexto, destruir" (*Schriften*, vol. II, p. 192). Ainda assim, os descobridores e amantes desse poder destrutivo estavam originalmente inspirados por uma intenção totalmente diferente, a intenção de preservar; e só porque não se deixaram enganar pelos "preservadores" profissionais a seu redor é que finalmente descobriram que o poder destrutivo das citações era "o único que ainda traz a esperança de que sobreviva algo deste período — por nenhuma outra razão além da de ter sido arrancado dele". Sob essa forma de "fragmentos do pensamento", as citações têm a dupla tarefa de interromper o fluxo da apresentação com uma "força transcendente" (*Schriften*, vol. I, pp. 142-3) e, ao mesmo tempo, de concentrar em si o que é apresentado. Quanto ao seu peso nos textos de Benjamin, as citações só se comparam às referências bíblicas muito díspares que tantas vezes substituem a coerência interna da argumentação nos tratados medievais.

Já mencionei que a paixão central de Benjamin eram as coleções. Começou cedo com o que ele mesmo chamou de sua "bibliomania", mas logo se estendeu para algo muito mais característico não tanto da pessoa, mas da sua obra: a coleção de citações. (Não que tenha jamais parado de colecionar livros. Pouco antes da queda da França, pensou seriamente em trocar sua edição das *Obras reunidas* de Kafka, que aparecera recentemente em cinco volumes, por umas poucas primeiras edições dos textos iniciais de Kafka — um empreendimento que, naturalmente, se manteria incompreensível para qualquer não-bibliófilo.) A "necessidade íntima de possuir uma biblioteca" (*Briefe*, vol. I, p. 193) afirmou-se por volta de 1916, na época em que Benjamin voltou seus estudos para o romantismo, enquanto o "último movimento que uma vez mais salvou a tradição" (*Briefe*, vol. I, p. 138). Benjamin só descobriu muito mais tarde, quando já perdera sua fé na tradição e na indestrutibilidade do mundo, que havia uma certa força destrutiva ativa mesmo nessa paixão pelo passado, tão característica dos herdeiros e recém-chegados. (Isso logo será discutido.) Naqueles dias, encorajado por Scholem, ainda acreditava que seu estranhamento em relação à tradição se devia provavelmente ao seu judaísmo e que para ele podia haver um retorno, tal como havia para seu amigo, que se preparava para emigrar para Jerusalém. (Já em 1920, quando ainda não estava seriamente assediado por preocupações financeiras, ele pensou em aprender hebraico.) Nunca foi tão longe nessa via quanto Kafka, que após todos os seus esforços afirmou redondamente que não tinha nenhum uso para nada que fosse judaico, exceto os contos hassídicos que Buber acabara de preparar para usos modernos — "em tudo o mais apenas vagueio, e uma outra corrente de ar me leva outra vez embora".[28] Teria então, apesar de todas as dúvidas, de voltar ao passado e ao auxílio alemão ou europeu, com a tradição de sua literatura?

Presumivelmente foi como o problema se apresentou a ele no início dos anos 1920, antes de se voltar para o marxismo. Foi quando optou pelo período barroco alemão como tema para sua tese de *Habilitation*, escolha muito característica da ambigüidade de todo esse conjunto de problemas ainda não resolvidos. Pois, na tradição poética e literária alemã, o barroco, à exceção dos grandes corais de igreja da época, nunca esteve realmente vivo. Goethe disse corretamente que, quando tinha dezoito anos, a literatura alemã tinha a mesma idade. E a escolha de Benjamin, barroca num duplo sentido, tem um exato correlato na estranha

---

[28] Cf. Kafka, *Briefe*, p. 173.

decisão de Scholem de se aproximar do judaísmo através da Cabala, isto é, a parte da literatura hebraica intransmitida e intransmissível nos termos da tradição judaica, onde sempre teve o odor de algo totalmente vergonhoso. Nada, além da escolha desses campos de estudos, mostrava mais claramente — assim tem-se a tendência de dizer hoje em dia — que não existia algo como um "retorno", fosse à tradição judaica ou à tradição alemã ou européia. Era uma admissão implícita de que o passado só falava diretamente através de coisas que não haviam se transmitido, cuja aparente proximidade do presente se devia, pois, precisamente ao seu caráter exótico, que excluía qualquer reivindicação de autoridade obrigatória. As verdades obrigatórias foram substituídas pelo que, em algum sentido, era significativo ou interessante, e isso evidentemente significava — como Benjamin sabia melhor do que ninguém — que a "consistência da verdade [...] se perdeu" (*Briefe*, vol. II, p. 763). O que se destacava entre as propriedades que formavam essa "consistência da verdade" era que, pelo menos para Benjamin, cujo interesse filosófico inicial tinha inspiração teológica, a verdade se referia a um segredo e que a revelação desse segredo possuía autoridade. A verdade, disse Benjamin logo antes de se tornar plenamente consciente da ruptura irreparável da tradição e da perda de autoridade, não é "um desvelamento que destrói o segredo, mas a revelação que lhe faz justiça" (*Schriften*, vol. I, p.146). Uma vez vinda essa verdade ao mundo humano no momento apropriado da história — seja como a *a-letheia* grega, visualmente perceptível aos olhos da mente e compreendida por nós como "des-ocultação" ("*Unverborgenheit*", Heidegger), ou como a palavra acusticamente perceptível de Deus, tal como a conhecemos a partir das religiões reveladas européias —, era essa "consistência" peculiar a ela que a fazia tangível, por assim dizer, de modo a poder ser transmitida pela tradição. A tradição transforma a verdade em sabedoria, e a sabedoria é a consistência da verdade transmissível. Em outras palavras, mesmo que a verdade aparecesse em nosso mundo, não levaria à sabedoria, pois não possui mais as características que só poderia adquirir com o reconhecimento universal de sua validade. Benjamin discute esses assuntos em relação a Kafka e diz que, evidentemente, "Kafka estava longe de ser o primeiro a encarar essa situação. Muitos se acomodaram a ela, aderindo à verdade ou ao que quer que considerassem verdade num dado momento, de coração mais ou menos pesado, renunciando à sua transmissibilidade. O verdadeiro gênio de Kafka foi ter tentado algo inteiramente novo: sacrificou a verdade a favor da adesão à transmissibilidade" (*Briefe*, vol. II, p. 763). Fê-lo executando alterações decisivas em parábolas tradicionais ou inventando novas parábolas em estilo tradicional;[29] contudo, estas "não se estendem modestamente aos pés da doutrina", como os contos hagádicos do Talmude, mas "levantam inesperadamente uma pesada garra" contra ela. Mesmo esse mergulho de Kafka até o fundo do oceano do passado tinha essa singular dualidade de querer preservar e querer destruir. Queria preservá-la, mesmo que não fosse a verdade, mesmo que apenas em prol dessa "nova beleza no que está desaparecendo" (ver o ensaio de Benjamin sobre Leskov); e sabia, por outro lado, que não há nenhum modo mais eficaz de romper a magia da tradição do que recortando o "rico e estranho", coral e pérolas, daquilo que fora transmitido numa única peça maciça.

Benjamin exemplificou essa ambigüidade de atitudes em relação ao passado analisando a paixão do colecionador, em que consistia a sua própria paixão. O colecionar se origina de uma diversidade de motivos que não são facilmente compreendidos. Como Benjamin foi provavelmente o primeiro a ressaltar, o colecionar é a paixão das crianças, para quem as coisas ainda não são mercadorias e não são avaliadas segundo sua utilidade, e também o passatempo dos ricos, que possuem o suficiente para não precisar de nada útil e portanto podem se permitir fazer da "transfiguração de objetos" (*Schriften*, vol. I, p. 416) o seu negócio. Nisso têm de descobrir, por necessidade, o belo, que para ser

---

[29] Foi lançada uma coletânea sob o título *Parables and paradoxes*, em edição bilíngüe (Nova York, Schocken Books, 1961).

reconhecido demanda um prazer desinteressado" (Kant). Em qualquer caso, um objeto colecionado possui apenas um valor diletante e nenhum valor de uso, qualquer que seja. (Benjamin ainda não tinha consciência do fato de que a coleção também pode ser uma forma de investimento eminentemente segura e muitas vezes altamente lucrativa.) E na medida em que o colecionar pode se voltar para qualquer categoria de objetos (não só objetos de arte, que de qualquer forma são retirados do mundo cotidiano dos objetos de uso por não serem "bons" para nada) e portanto, por assim dizer, redimir o objeto como coisa, visto não ser mais um meio para um fim, mas ter um valor intrínseco, Benjamin podia entender a paixão do colecionador como uma atitude semelhante à do revolucionário. Como o revolucionário, o colecionador "sonha com o seu caminho não só para um mundo remoto ou passado, mas ao mesmo tempo para um mundo melhor onde certamente as pessoas estão providas do que precisam como no mundo cotidiano, mas onde as coisas estão liberadas do trabalho humilhante da utilidade" (*Schriften*, vol. I, p. 416). O colecionar é a redenção das coisas que complementaria a redenção do homem. Mesmo a leitura dos livros é algo questionável para um verdadeiro bibliófilo: "'E você leu todos esses?', dizem que perguntou a Anatole France um admirador de sua biblioteca. 'Nem um décimo deles. Suponho que você não use porcelana de Sèvres todos os dias, não?'" ("Desempacotando minha biblioteca"). (Na biblioteca de Benjamin havia coleções de livros infantis raros e livros de autores mentalmente perturbados; como ele não estava interessado em psicologia infantil nem em psiquiatria, esses livros, como muitos outros entre seus tesouros, literalmente não serviam para nada, nem para divertir, nem para instruir.) Intimamente relacionado a isso está o caráter de fetiche que Benjamin explicitamente atribuía aos objetos colecionados. O valor de autenticidade, decisivo para o colecionador e também para o mercado determinado por ele, substituiu o "valor de culto" e é sua secularização.

Essas reflexões, como muitas outras em Benjamin, têm um certo brilho engenhoso que não é característico de suas percepções essenciais que, em sua maioria, são absolutamente aterradas ao mundo. Contudo, são exemplos surpreendentes da *flânerie* em seu pensamento, da forma como operava sua mente quando, como o *flâneur* pela cidade, confiava-se ao caso como guia de suas viagens intelectuais de exploração. Assim como o passeio por entre os tesouros do passado é o privilégio luxuoso do herdeiro, da mesma forma a "atitude do colecionador, no sentido mais elevado, [é] a atitude do herdeiro" ("Desempacotando minha biblioteca"), que, ao tomar posse das coisas — e "a propriedade é a relação mais profunda que se pode ter com os objetos" (ibid.) —, estabelece-se no passado, de modo a conseguir "uma renovação do velho mundo" imperturbado pelo presente. E visto que esse "impulso mais profundo" do colecionador não tem qualquer significação pública, mas consiste num passatempo estritamente privado, tudo "o que se diz do ângulo do verdadeiro colecionador" está destinado a aparecer como tão "extravagante" quanto a visão tipicamente jeanpauliana de um daqueles escritores "que escrevem livros não por serem pobres, mas porque estão insatisfeitos com os livros que poderiam comprar, mas dos quais não gostam" (ibid.). Num exame mais detido, porém, essa extravagância tem algumas peculiaridades notáveis e não tão inofensivas. De um lado, há a atitude, tão significativa numa época publicamente sombria, com que o colecionador não só se retira do público para a privacidade de suas quatro paredes, mas leva consigo, para decorá-las, todos os tipos de tesouros que outrora eram de propriedade pública. (Este, evidentemente, não é o atual colecionador, que se apodera de tudo que tem ou, segundo seus cálculos, terá um valor de mercado ou que pode realçar seu *status* social, mas sim o colecionador que, como Benjamin, busca coisas estranhas consideradas sem valor.) E ainda, na sua paixão pelo passado por seu próprio bem, nascida do desdém pelo presente enquanto tal e portanto negligenciando a qualidade objetiva, já aparece um fator perturbador a anunciar que a tradição pode ser a última coisa a guiá-lo e que os valores tradicionais de forma alguma estarão tão seguros em suas mãos como se poderia supor à primeira vista.

Pois a tradição ordena o passado não apenas cronológica, mas antes de tudo sistematicamente, ao separar o positivo do negativo, o ortodoxo do herético, o que é obrigatório e relevante dentre a massa de opiniões e dados irrelevantes ou simplesmente interessantes. A paixão do colecionador, por outro lado, é não só assistemática, como beira o caótico, não tanto por ser uma paixão, mas por não ser basicamente inflamada pela qualidade do objeto — algo classificável —, e sim atiçada pela sua "autenticidade", sua qualidade única, algo que desafia qualquer classificação sistemática. Por conseguinte, enquanto a tradição discrimina, o colecionar nivela todas as diferenças; e esse nivelamento — de forma que "o positivo e o negativo [...] a predileção e a rejeição aqui são intimamente contíguas" (*Schriften*, vol. II, p. 313) — ocorre mesmo quando o colecionador escolhe a tradição como seu campo específico e cuidadosamente elimina tudo que não seja por ela reconhecido. À tradição o colecionador opõe o critério de autenticidade; à autoridade, contrapõe o signo da origem. Para exprimir esse modo de pensar em termos teóricos: ele substitui o conteúdo pela pura originalidade ou autenticidade, coisa que apenas o existencialismo francês estabeleceu como qualidade *per se* destacada de todas as características específicas. Se se leva esse modo de pensar à sua conclusão lógica, o resultado é uma estranha inversão da direção inicial do colecionador: "O quadro autêntico pode ser antigo, mas o autêntico pensamento é novo. Pertence ao presente. É certo que o presente pode ser pobre e considerado o certo. Mas, como quer que seja, é preciso agarrá-lo firmemente pelos chifres, para poder consultar o passado. É o touro cujo sangue deve preencher o poço para que as sombras dos mortos possam aparecer à sua borda" (*Schriften*, vol. II, p. 314). Desse passado, quando sacrificado para a invocação do passado, surge então "o impacto fatal do pensamento" dirigido contra a tradição e a autoridade do passado.

Assim o herdeiro e preservador inesperadamente se converte em um destruidor. "A verdadeira paixão muito mal compreendida do colecionador é sempre anárquica, destrutiva. Pois essa é sua dialética: combinar com a lealdade a um objeto, a artigos individuais, a coisas protegidas pelo seu cuidado, um obstinado protesto subversivo contra o típico, o classificável."[30] O colecionador destrói o contexto onde seu objeto outrora apenas fez parte de uma entidade viva maior, e como somente o único genuíno interessa a ele, é preciso purificar o objeto escolhido de tudo o que há de típico nele. A figura do colecionador, tão antiquada quanto a do *flâneur*, podia assumir traços tão eminentemente modernos em Benjamin porque a própria história — isto é, a ruptura da tradição que ocorreu no início do século XX — já o liberara dessa tarefa de destruição, e só lhe foi preciso, por assim dizer, inclinar-se para selecionar seus preciosos fragmentos entre o monte de destroços. Em outras palavras, as próprias coisas ofereciam, principalmente a um homem que encarava o presente com firmeza, um aspecto que antes só poderia ser descoberto a partir da perspectiva extravagante do colecionador.

Não sei quando Benjamin descobriu a notável coincidência entre suas inclinações antiquadas e a realidade dos tempos; deve ter sido em meados dos anos 1920, quando iniciou o estudo sério de Kafka, apenas para logo depois descobrir em Brecht o poeta que estava mais à vontade no século XX. Não pretendo afirmar que Benjamin desviou sua ênfase da coleção de livros para a coleção de citações (exclusiva dele) em um dia ou mesmo em um ano, embora haja algumas evidências nas cartas de uma alteração consciente dessa ênfase. De qualquer forma, nada lhe era mais característico nos anos 1930 do que os pequenos cadernos de notas, com capas pretas, que sempre levava consigo e onde incansavelmente introduzia, sob forma de citação, o que a leitura e a vida diária lhe rendiam como "pérolas" e "coral". Por vezes lia-as alto, mostrava-as como artigos de uma coleção seleta e preciosa. E nessa coleção, que então era tudo, menos extravagante, era fácil encontrar junto a um obscuro poema de amor do século XVIII a última notícia dos jornais; junto a "Der erste Schnee" de Goecking uma reportagem de Viena, datada do verão de 1939,

---

[30] Benjamin, "Lob der Puppe", *Literarische Welt*, 10 de janeiro de 1930.

dizendo que a companhia de gás local tinha "parado de fornecer gás aos judeus. O consumo de gás da população judaica significava um prejuízo para a companhia de gás, visto que os maiores consumidores eram os que não pagavam suas contas. Os judeus usavam o gás principalmente para cometer suicídio" (*Briefe*, vol. II, p. 820). Aqui realmente as sombras dos mortos eram invocadas apenas a partir do poço de sacrifícios do presente.

A íntima afinidade entre a ruptura da tradição e a figura aparentemente extravagante do colecionador que reúne seus fragmentos e restos dos destroços do passado talvez seja mais bem ilustrada pelo fato, espantoso apenas à primeira vista, de que provavelmente não houve nenhum período antes do nosso em que coisas velhas e antigas, muitas delas há tempos esquecidas pela tradição, tornaram-se material didático geral, distribuído a escolares de todos os lugares em centenas de milhares de exemplares. Essa surpreendente revivescência, em particular da cultura clássica, que desde os anos 1940 se percebe em especial nos Estados Unidos relativamente desprovidos de tradição, começou na Europa nos anos 1920. Lá foi iniciada pelos mais conscientes quanto ao caráter irreparável da ruptura da tradição — assim na Alemanha, e não apenas lá primeiramente por Martin Heidegger, cujo êxito extraordinário e extraordinariamente precoce nos anos 1920 se deveu essencialmente a uma "escuta da tradição que não se entrega ao passado, mas pensa sobre o presente".[31] Sem percebê-lo, Benjamin realmente tinha mais em comum com o notável senso de Heidegger para os olhos e ossos vivos que marinhamente se transformaram em coral e pérolas, e como tal só podiam ser recolhidos e alçados ao presente com uma violência ao seu contexto, interpretando-os com "o impacto fatal" de novos pensamentos, do que com as sutilezas dialéticas de seus amigos marxistas. Pois assim como a frase de encerramento do ensaio sobre Goethe, antes citada, soa como se fosse de Kafka, as palavras seguintes de uma carta a Hofmanns-

---

[31] Ver Martin Heidegger, *Kants These über das Sein*, Frankfurt, 1962, p. 8.

thal, datada de 1924, fazem pensar em alguns dos ensaios de Heidegger escritos entre os anos 1940 e 1950: "A convicção que me guia em minhas tentativas literárias [...] [é] a de que cada verdade tem seu lar, seu palácio ancestral, na linguagem, que esse palácio foi construído com os mais antigos *logoi*, e que para uma verdade assim fundada as percepções das ciências sempre serão inferiores enquanto fizerem andar aqui e acolá pela área da linguagem, digamos como nômades, na crença do caráter sígnico da linguagem que produz a arbitrariedade irresponsável de sua terminologia" (*Briefe*, vol. I, p. 329). No espírito das primeiras obras de Benjamin sobre a filosofia da linguagem, as palavras são "o oposto de toda comunicação dirigida para o exterior", assim como a verdade é "a morte da intenção". Quem procura a verdade se assemelha ao homem na fábula sobre o quadro velado em Saïs: "isso se deve não a alguma monstruosidade misteriosa do conteúdo a ser desvelada, mas à natureza da verdade ante a qual mesmo a chama mais pura da busca se extingue como sob a água" (*Schriften* vol. I, pp. 131, 152).

A partir do ensaio sobre Goethe, as citações estão no centro de toda a obra de Benjamin. Esse próprio fato diferencia seus textos de todos os tipos de obras eruditas, onde a função das citações é verificar e documentar opiniões, e por isso podem ser seguramente relegadas às notas. Isso está fora de questão em Benjamin. Quando trabalhava em seu estudo sobre a tragédia alemã, gabou-se de uma coleção de "mais de seiscentas citações muito sistemática e claramente organizadas" (*Briefe*, vol. I, p. 339); como os cadernos de notas posteriores, essa coleção não era um acúmulo de excertos destinados a facilitar o texto do estudo, mas constituía o trabalho principal, tendo o texto como algo secundário. O trabalho principal consistia em arrancar fragmentos do seu contexto e dispô-los novamente de modo tal que se ilustrassem reciprocamente e pudessem provar sua *raison d'être* num estado, por assim dizer, de livre flutuação. Era definitivamente uma espécie de montagem surrealista. O ideal de Benjamin de produzir uma obra que consistisse inteiramente em citações, montada com tanta maestria que dispensaria qualquer texto de acompanhamento, pode surpreender como, no limite, extravagante e, além do mais, autodestrutiva, mas não o era, não mais que as experiências surrealistas contemporâneas surgidas de impulsos semelhantes. Na medida em que um texto de acompanhamento do autor se mostrasse inevitável, era uma questão de modelá-lo de forma a preservar "a intenção de tais investigações", a saber, "sondar as profundezas da linguagem e do pensamento [...] antes perfurando que escavando" (*Briefe*, vol. I, p. 329), para não arruinar tudo com explicações que tentassem fornecer uma relação causal ou sistemática. Assim fazendo, Benjamin tinha plena consciência de que esse novo método de "perfuração" implicava um certo "forcejar das percepções [...] cujo pedantismo deselegante, contudo, é preferível ao atual hábito quase universal de falsificá-las"; era igualmente claro para ele que esse método estava fadado a ser "a causa de certas obscuridades" (*Briefe*, vol. I, p. 330). O que lhe importava acima de tudo era evitar qualquer coisa que pudesse lembrar a empatia, como se um determinado tema de investigação tivesse uma mensagem de prontidão que facilmente se comunicaria, ou poderia ser comunicada, ao leitor ou ao espectador: "*Nenhum poema é destinado ao leitor, nenhuma pintura ao observador, nenhuma sinfonia ao ouvinte*" ("A tarefa do tradutor"; grifo meu).

Essa frase, escrita muito cedo, poderia servir de mote a toda a crítica literária de Benjamin. Não deveria ser mal entendida como uma outra afronta dadaísta a uma audiência que desde então já se tornara inteiramente habitual em todos os tipos de efeitos e "simulações" de choque meramente caprichosos. Benjamin aqui trata de coisas do pensamento, em particular das de natureza lingüística que, segundo ele, "retêm seu sentido, possivelmente sua melhor significação, se não são aplicadas *a priori* exclusivamente ao homem. Por exemplo, alguém poderia falar de uma vida ou de um momento inesquecível, mesmo que todos os homens os tivessem esquecido. Se a natureza de uma tal vida ou momento exigisse que não se os esquecessem, aquele predicado não conteria uma falsidade, mas simplesmente uma reivindicação que não está sendo preenchida pelos homens, e talvez também uma referência a um âmbito onde *é* preenchida: a recordação de Deus" (ibid.). Benjamin mais tarde renunciou a essa base teológica, mas não à teoria nem ao seu método de perfurar para obter o essencial sob a forma de citação — como se obtém água perfurando-se até uma fonte oculta nas profundezas da terra. Esse método é como o equivalente moderno das invocações rituais, e os espíritos que agora surgem são invariavelmente aquelas essências espirituais de um passado que sofreram a "transformação marinha" shakespeariana dos olhos vivos em pérolas, dos ossos vivos em coral. Para Benjamin, citar é nomear, e o nomear antes que o falar, a palavra antes que a frase, traz a verdade à luz. Como se pode ler no prefácio à *Origem do drama barroco alemão*, Benjamin via a verdade como um fenômeno exclusivamente acústico: "Não Platão, mas Adão", que deu às coisas os seus nomes, era para ele o "pai da filosofia". Portanto, a tradição era a forma como se transmitiam essas palavras nomeadoras; era também um fenômeno essencialmente acústico. Ele mesmo se sentia tão semelhante a Kafka justamente porque este, não obstante as más interpretações correntes, não tinha "nenhuma visão de longo alcance ou 'visão profética'", mas escutava a tradição e "quem muito escuta, não vê" ("Livro de Max Brod sobre Kafka").

Há boas razões para que o interesse filosófico de Benjamin desde o início tenha se concentrado na filosofia da linguagem, e para que finalmente o nomear através de citações tenha se convertido para ele na única forma possível e adequada de tratar com o passado sem o auxílio da tradição. Qualquer período para o qual seu próprio passado tenha se tornado tão questionável quanto para nós deve finalmente erguer-se contra o fenômeno da linguagem, pois nela o passado está contido de modo inelimínavel, frustrando todas as tentativas de se libertar dele de uma vez por todas. A *polis* grega continuará a existir na base de nossa existência política — isto é, no fundo do mar — enquanto usarmos a palavra "política". É isso que os semânticos, que com boas razões atacam a linguagem como o único baluarte por trás do qual se esconde o passado — sua confusão, como dizem eles —, não conseguem entender. Estão absolutamente certos: em última análise, todos os problemas são problemas lingüísticos; eles simplesmente ignoram as implicações do que dizem.

Mas Benjamin, que ainda não poderia ter lido Wittgenstein, e muito menos seus sucessores, sabia muito dessas mesmas coisas, pois desde o começo o problema da verdade se apresentou a ele como uma "revelação [...] que deve ser ouvida, isto é, que se encontra na esfera metafisicamente acústica". Para ele, portanto, a linguagem não era de modo algum primariamente o dom da fala que distingue o homem dos outros seres vivos, mas, pelo contrário, "a essência do mundo [...] de onde brota a fala" (*Briefe*, vol. I, p. 197), o que incidentalmente se aproxima muitíssimo da posição de Heidegger, segundo a qual "o homem só pode falar na medida em que é ele quem diz". Assim há "uma linguagem da verdade, o depositório sem tensões e mesmo silencioso dos segredos últimos a que se refere todo o pensamento" ("A tarefa do tradutor"), e esta é "a verdadeira linguagem" cuja existência pressupomos inconscientemente tão logo traduzimos de uma para outra língua. Eis por que Benjamin coloca no centro de seu ensaio "A tarefa do tradutor" a surpreendente citação de Mallarmé, onde as línguas faladas em sua multiplicidade e diversidade sufocam, por assim dizer, em virtude de seu tumulto babélico, a *immortelle parole*, que não pode ser sequer pensada, visto que "pensar é escrever sem implementos ou sussurros, silenciosamente", e assim impede que a voz da verdade seja ouvida na Terra com a força da evidência material e tangível. Quaisquer revisões teóricas que Benjamin possa posteriormente ter efetuado nessas convicções teológico-metafísicas, sua abordagem básica, decisiva para todos os seus estudos literários, manteve-se inalterada: não investigar as funções utilitárias ou comunicativas das criações lingüísticas, mas compreendê-las em sua forma cristalizada, e portanto finalmente fragmentária, como enunciações não intencionais e não comunicativas de uma "essência do mundo". O que isso significa senão que ele entendia a linguagem como um fenômeno essencialmente poético? E é precisamente o que a última frase do aforismo de Mallarmé, que ele não cita, diz com clareza inequívoca: "*Seulement, sachons n'existerait pas le vers: lui, philosophiquement remunère le défaut des langues, complément supérieur*" — tudo isso seria verdadeiro se a poesia não existisse, o poema que filosoficamente torna bom o defeito das línguas é o seu complemento superior.[32] Tudo isso diz apenas, ainda que de forma ligeiramente mais complexa, o que mencionei antes — a saber, tratamos aqui de algo que pode não ser único, mas com certeza é extremamente raro: o dom de *pensar poeticamente*.

E esse pensar, alimentado pelo presente, trabalha com os "fragmentos do pensamento" que consegue extorquir do passado e reunir sobre si. Como um pescador de pérolas que desce ao fundo do mar, não para escavá-lo e trazê-lo à luz, mas para extrair o rico e o estranho, as pérolas e o coral das profundezas, e trazê-los à superfície, esse pensar sonda as profundezas do passado — mas não para ressuscitá-lo tal como era e contribuir para a renovação de eras extintas. O que guia esse pensar é a convicção de que, embora o vivo esteja sujeito à ruína do tempo, o processo de decadência é ao mesmo tempo um processo de cristalização, que nas profundezas do mar, onde afunda e se dissolve aquilo que outrora era vivo, algumas coisas "sofrem uma transformação marinha" e sobrevivem em novas formas e contornos cristalizados que se mantêm imunes aos elementos, como se apenas esperassem o pescador de pérolas que um dia descerá até elas e as trará ao mundo dos vivos — como "fragmentos do pensamento", como algo "rico e estranho" e talvez mesmo como um perene *Urphänomene*.

---

[32] Para o aforismo de Mallarmé, ver "Variations sur un sujet", no subtítulo "Crise des vers", Pléiade, pp. 363-4.

BERTOLT BRECHT: 1898-1956

Você espera, sim,
  que seus livros o desculparão,
salvarão do inferno:
  porém,
sem parecer triste,
  sem de modo algum
parecer culpar
  (Ele não precisa,
  bem sabendo
    a que um amante da arte
  como você presta atenção),
    Deus pode lhe obrigar
  no Dia do Juízo Final
    a lágrimas de vergonha,
  recitando de cor
    os poemas que poderia
  ter escrito, tivesse
    sua vida sido boa.
                         W. H. Auden

I

Quando Bertolt Brecht procurou, e encontrou, refúgio neste país em 1941, foi a Hollywood "para se reunir aos vendedores" no "mercado onde se compram mentiras", e onde fosse ouvia as palavras "Soletre seu nome".[1] Ele fora famoso nos países

---

[1] Quase todos os poemas de Brecht existem em várias versões. Citarei, exceto em indicação contrária, pelas *Obras reunidas* publicadas a partir do final dos anos 1950 pela Suhrkamp, na Alemanha Ocidental, e Aufbau-Verlag em Berlim Oriental. As duas primeiras citações estão em "Hollywood" e "Sonett in der Emigration", *Gedichte 1941-1947*, vol. VI. As duas primeiras estrofes do "Sonett in der Emigration" são notáveis pois contém uma queixa pessoal — algo muito raro na poesia de Brecht.

de língua alemã desde o início dos anos 1920 e não gostou muito de ser novamente pobre e desconhecido. Em 1947 foi chamado perante a Comissão contra Atividades Antiamericanas; surgiu com uma passagem para Zurique no bolso, foi muito elogiado por ser tão "cooperativo" e deixou o país. Mas, quando Brecht tentou se estabelecer na Alemanha Ocidental, as autoridades militares da ocupação lhe recusaram a autorização necessária.[2] Isso se mostrou quase tão desafortunado para a Alemanha quanto para o próprio Brecht. Em 1949 estabeleceu-se em Berlim Oriental, onde recebeu o cargo de direção de um teatro e, pela primeira vez em sua vida, uma ampla oportunidade para observar de perto a variante comunista da dominação total. Morreu em agosto de 1956.

Desde a morte de Brecht, sua fama se espalhou por toda a Europa — até para a Rússia —, e também para os países de língua inglesa. Com exceção de *Os sete pecados mortais do pequeno-*

Verjagt aus meinem Land muss ich nun sehn
Wie ich zu einem neuen Laden komme, einer Schenke
Wo ich verkaufen kann das, was ich denke.
Die alten Wege muss ich wieder gehn
Die glatt geschliffenen durch den Tritt der Hoffnungslosen!
Schon gehend, weiss ich jetzt noch: zu wem?
Wohin ich komme hör' ich: Spell your name!
Ach, dieser "name" gehörte zu den grossen!

(Acossado para fora do meu país, agora preciso ver como abrir uma nova loja, algum lugar onde possa vender o que penso. Preciso retomar os velhos caminhos, gastos pelos passos dos desesperançados! Já a caminho, ainda não sei: para onde? Onde vou, ouço: Soletre seu nome! Oh, esse "nome" era um dos grandes!)

[2] Martin Esslin, autor de *Brecht: The man and his work* (Anchor Books, 1961), afirmou recentemente que Brecht "podia ter voltado para a Alemanha quando quisesse [...]; o difícil na época para os alemães era *sair*, não entrar na Alemanha". ("Brecht at Seventy", in *tdr*, outono de 1967). É um erro; mas é cerco que Brecht "queria documentos de viagem não alemães precisamente para manter aberta sua retirada".

burguês, obra menor traduzida por W. H. Auden e Chester Kallman (sua magnífica tradução de *A ascensão e queda da cidade de Mahagonny* nunca foi publicada), e *Galileu*, traduzida por Charles Laughton e o próprio Brecht, nenhuma de suas peças e, ai!, poucos poemas apareceram numa tradução em inglês digna desse grande poeta e dramaturgo; tampouco nenhuma peça sua — exceto *Galileu*, com Charles Laughton, que fez seis apresentações em Nova York no final dos anos 1940, e talvez *O círculo de giz caucasiano*, no Lincoln Center em 1966 — recebeu encenação digna em língua inglesa. Uma tradução adequada, ainda que não muito notável, do primeiro livro de poemas de Brecht — *Die Hauspostille*, de 1927 —, por Eric Bentley, com boas notas de Hugo Schmidt, foi publicada pela Grove Press sob o título *Manual of piety* [Manual de devoção]. (Usarei essa tradução em algumas partes que se seguem.) Mas a fama tem seu impulso próprio e, embora às vezes seja um pouco difícil entender por que pessoas que não conhecem uma palavra de alemão se animam e se entusiasmam com Brecht em inglês, a animação e entusiasmo são bem-vindos, pois que inteiramente merecidos. A fama também encobriu as circunstâncias que tornaram necessária a ida de Brecht a Berlim Oriental, e também isso é bem-vindo por qualquer um que pense retrospectivamente na época em que críticos de segunda ordem e escritores de terceira categoria podiam denunciá-lo com impunidade.[3]

No entanto, a biografia política de Brecht, uma espécie de história de caso sobre a relação incerta entre poesia e política, não é um assunto ligeiro, e agora, quando sua fama é sólida, po-

[3] Para evitar mal-entendidos, Brecht não se dava melhor com os críticos literários comunistas, e o que disse a respeito deles em 1938 aplica-se igualmente aos "anticomunistas": "Lukács, Gabor, Kurella [...] são inimigos da produção. A produtividade levanta-lhes suspeitas. Ela é inconfiável, imprevisível. Nunca se sabe o que vai ocorrer com a produtividade. E eles mesmos não querem produzir. Querem brincar de ser *apparatchicks*, de ter controle sobre os outros. Cada crítica sua contém uma ameaça". (Ver Walter Benjamin, "Gespräche mit Brecht", in *Versuche über Brecht*, Frankfurt, 1966).

de ter chegado o momento em que é possível levantar certas questões sem ser mal entendidas. Certamente o fato da adesão doutrinária e muitas vezes ridícula à ideologia comunista como tal dificilmente deve suscitar um interesse sério. Num poema escrito nos Estados Unidos durante a guerra, mas publicado apenas recentemente, o próprio Brecht definiu o único ponto importante. Dirigindo-se aos seus companheiros poetas alemães sob Hitler, disse: "Fiquem de guarda, vocês que cantam esse homem Hitler. Eu [...] sei que ele logo morrerá e, morrendo, terá sobrevivido à sua fama. Mas, mesmo que ele tivesse tornado a terra inabitável ao conquistá-la, nenhum poema em seu louvor poderia durar. Certo, muito rapidamente o lamento de dor de continentes inteiros se desvanece a abafar o hino ao torturador. Certo, os que louvam o ultraje têm, eles também, vozes primorosas. E no entanto é o canto do cisne moribundo que é considerado o mais belo: ele canta sem medo".[4] Brecht estava certo e errado; nenhum poema em louvor a Hitler ou à guerra hitlerista sobreviveu à morte de Hitler, porque nenhum celebrante tinha uma "voz primorosa". (O único poema alemão da última guerra que perdurará é *Cruzada das crianças de 1939*, do próprio Brecht, balada escrita no comovente tom triste e amargo das canções populares, contando a história de 55 órfãos de guerra e um cachorro na Polônia que partiram para "*ein Land, wo Frieden war*" — "uma terra onde estava a paz" — e não sabiam o caminho.) Mas a voz de Brecht soa nos versos bastante primorosa para seus companheiros poetas, e simplesmente não se entende por que não os publicou — a menos que pudesse saber como uma mera alteração de nomes faria o poema se voltar como um bumerangue contra si: e sua ode a Stálin e seu louvor aos crimes stalinistas, escritos e publicados quando estava em Berlim Oriental, mas misericordiosamente omitidos da coleção de suas obras? Ele não sabia o que estava fazendo? Oh, sim, sabia: "Ontem à noite num sonho vi dedos apontados a mim como se eu

---

[4] "Briefe über Gelesenes", *Gedichte*, vol. VI.

fosse um leproso. Eram velhos e estavam mutilados. 'Vocês não sabem!', gritei com consciência de culpa".[5]

Falar sobre poetas é uma tarefa incômoda; os poetas são para se citar, não para se falar. Os especializados em literatura, entre os quais agora encontramos os "especialistas em Brecht", aprenderam a superar esse incômodo, mas não sou um deles. A voz dos poetas, porém, concerne a todos nós, não apenas aos críticos e especialistas; concerne a nós em nossas vidas privadas e também na medida em que somos cidadãos. Não precisamos tratar de poetas *engagés* para nos sentirmos justificados por falar sobre eles de um ponto de vista político, como cidadãos, mas para uma pessoa fora da área literária parece mais fácil empenhar-se nessa atividade se as atitudes e compromissos políticos desempenharam um papel totalmente importante na vida e obra de um autor, como no caso de Brecht.

A primeira coisa a ser indicada é que os poetas muitas vezes não foram cidadãos bons e confiáveis; Platão, ele mesmo um grande poeta sob o disfarce do filósofo, não foi o primeiro a ser gravemente molestado e perturbado por poetas. Sempre houve problemas com eles; com freqüência demonstraram uma deplorável tendência a se comportarem mal, e no século XX seu mau comportamento foi por vezes motivo de preocupações mais profundas para os cidadãos do que em qualquer outra época anterior. Basta-nos lembrar o caso de Ezra Pound. O governo dos Estados Unidos decidiu não encaminhá-lo a um julgamento por traição em tempo de guerra, pois poderia alegar insanidade, com o que uma comissão de poetas fez, de certa forma, o que o governo decidira não fazer — ela o julgou —, e o resultado foi um

---

[5] "Böser Morgen", *Gedichte 1948-1956*, vol. VII. O elogio de Brecht a Stálin foi cuidadosamente eliminado de suas *Obras reunidas*. Os únicos vestígios se encontram em *Prosa*, vol. V, nas notas para *Me-ti* postumamente publicadas (ver nota 33). Ali Stálin é elogiado como "o útil" e se justificam os seus crimes (pp. 60 e ss. e 100 e ss.). Logo após sua morte, Brecht escreveu que ele fora "a encarnação da esperança" para "os oprimidos dos cinco continentes". (*Sinn und Form*, vol. 2, 1953, p. 10). Cf. também o poema em op. cit., II, 2, 1950, p. 128.

prêmio a ele por ter escrito a melhor poesia de 1948. Os poetas o homenagearam sem levar em consideração seu mau comportamento ou insanidade. Julgaram o poeta; não era sua tarefa julgar o cidadão. E como eles próprios eram poetas, podiam pensar nos termos de Goethe: "*Dichter sündgen nicht schwer*"; isto é, os poetas não arcam com uma carga tão pesada de culpa quando se comportam mal — não se deveriam levar seus pecados tão a sério. Mas o verso de Goethe se referia a pecados diferentes, pecados leves, como o que cita Brecht quando, em seu desejo irreprimível de dizer as verdades menos bem-vindas — o que, de fato, era uma de suas grandes virtudes —, afirma dirigindo-se às mulheres: "Em mim vocês têm um homem em quem não podem confiar",[6] sabendo muito bem que o que as mulheres, em sua maioria, querem dos homens é a confiabilidade — a coisa que os poetas menos podem conceder. Não podem concedê-la porque os que têm como atividade o elevar-se devem evitar a força da gravidade. Não devem se prender e, portanto, não podem suportar tanta responsabilidade que é necessária aos outros.

E Brecht, como agora se mostra, sabia muito bem disso, embora nunca o tivesse admitido publicamente. Muitas vezes pensou, disse numa conversa em 1934, "num tribunal que me interrogaria: 'Como é? Você é mesmo sério?'. Então eu teria de admitir: Inteiramente sério, não. Há muitíssimos assuntos artísticos, assuntos relativos ao teatro, em que penso ser inteiramente sério. Mas tendo respondido 'não' a essa importante pergunta, eu poderia acrescentar uma declaração ainda mais importante, a saber, que minha atitude é *legítima*". Para esclarecer o que queria dizer, ele propôs o seguinte: "Suponhamos que você leia um excelente romance político e saiba depois que o autor é Lênin; você mudaria de opinião sobre o livro e o autor, em detrimento de ambos".[7] Mas há pecados e pecados. Inegavelmente, os pecados

---

[6] "*In mir habt ihr einen, auf den könnt ihr nicht bauen*", in "Vom armen B. B.", o último poema de *Hauspostille, Gedichte 1918-1928*, vol. I.

[7] Walter Benjamin, op. cit., pp. 118-9.

de Ezra Pound eram mais graves; não foi apenas o caso de sucumbir tolamente aos exercícios oratórios de Mussolini. Em seus viciosos programas de rádio, foi muito além dos piores discursos de Mussolini, fazendo o jogo de Hitler e demonstrando ser um dos piores perseguidores dos judeus entre os intelectuais de ambos os lados do Atlântico. Certamente odiava os judeus antes da guerra e, com ela, continuou a odiá-los, e esse ódio é um assunto privado seu, dificilmente com qualquer importância política. Já é totalmente outra questão alardear esse tipo de aversão ao mundo num momento em que se estava matando judeus aos milhões. Contudo, Pound podia alegar insanidade e manter sua impunidade em coisas que Brecht, inteiramente são e altamente inteligente, não era capaz de fazer impunemente. Os pecados de Brecht foram menores que os de Pound, mas pecou com maior gravidade, pois era apenas um poeta, não um louco.

Pois, apesar da falta de seriedade, confiabilidade e responsabilidade dos poetas, claro que não podem se comportar com total impunidade. Mas a linha a ser traçada dificilmente é um assunto que nós, seus companheiros cidadãos, possamos decidir. Villon quase acabou na forca — sabe Deus se com razão —, mas suas canções ainda alegram nossos corações, e o homenageamos por elas. Não há nenhuma forma mais segura de se fazer de tolo do que montar um código de conduta para os poetas, embora uma grande quantidade de homens sérios e responsáveis tenham-no feito. Felizmente para nós e para os poetas, não precisamos chegar a esse problema absurdo, nem temos de confiar em nossos padrões cotidianos de julgamento. Um poeta deve ser julgado pela sua poesia e, embora muito lhe seja permitido, não é verdade que "os que louvam o ultraje têm vozes primorosas". Pelo menos não foi verdade no caso de Brecht; suas odes a Stálin, aquele grande pai e assassino de povos, soam como se tivessem sido fabricadas pelo imitador menos talentoso que Brecht jamais teve. O pior que pode acontecer a um poeta é deixar de ser poeta, e foi o que aconteceu a Brecht nos últimos anos de sua vida. Pode ter pensado que as odes a Stálin não importavam. Não tinham sido escritas por medo, e não acreditara sempre que quase tudo se justifica diante da violência? Era essa a sabedoria do seu "sr. Keuner" que, no entanto, por volta de 1930 era ainda um pouco mais exigente na escolha de seus meios do que seu autor vinte anos mais tarde. Em tempos sombrios, conta uma das histórias, veio um enviado dos dirigentes até a casa de um homem que "aprendera a dizer não". O agente tomou para si a casa e os alimentos do homem e lhe perguntou: "Você me servirá?". O homem o pôs na cama, cobriu-o com um lençol, velou seu sono e obedeceu-lhe por sete anos. Mas em tudo o que fazia nunca pronunciou uma única palavra. Depois de passados os sete anos, o agente engordara de tanto comer, dormir e dar ordens, e morreu. O homem envolveu-o no lençol apodrecido, lançou-o fora da casa, lavou a cama, pintou as paredes, suspirou com alívio e respondeu: "Não".[8] Esquecera Brecht a sabedoria do sr. Keuner em não dizer "Sim"? De qualquer forma, o que nos interessa aqui é o triste fato de que os poucos poemas de seus últimos anos, publicados postumamente, são fracos e pobres. São poucas as exceções. Há o chiste muito citado depois da revolta dos trabalhadores em 1953: "Depois da revolta de 17 de junho [...] podia-se ler que o povo perdera a confiança do governo e só poderia reobtê-la se redobrasse seus esforços no trabalho. Não seria mais simples para o governo dissolver o grupo e eleger outro".[9] Há uma série de versos muito tocantes em poemas de amor e rimas infantis. E, mais importante, há elogios à não-intencionalidade, e entre eles o melhor soa como uma variação do famoso "Ohne Warum" de Angelus Silesius ("A rosa não tem por quê; floresce porque floresce,/ Não se importa consigo, não indaga se é vista").[10] Brecht escreve:

> *Ach, wie sollen wir die kleine Rose buchen?*
> *Plötzlich dunkelrot und jung und nah?*
> *Ach, wir kamen nicht, sie zu besuchen*
> *Aber als wir kamen, war sie da.*

---

[8] No "Geschichten vom Herrn Keuner", *Versuche 1-3*, Berlim, 1930.

[9] *Gedichte*, vol. VII, intitulado "Die Lösung".

[10] Angelus Silesius, *Cherubinischer Wandersmann* (1657), livro I, 289, in *Werke*, Munique, 1949, vol. III.

> *Eh sie da war, ward sie nicht erwartet.*
> *Als sie da war, ward sie kaum geglaubt.*
> *Ach, zum Ziele kam, was nie gestartet.*
> *Aber war es so nicht überkaupt?*[11]

Que Brecht pudesse escrever tais versos pura e simplesmente indica uma alteração inesperada e decisiva no ânimo do poeta; apenas sua primeira poesia no *Manual de devoção* mostra a mesma liberdade em relação a propósitos e preocupações mundanas, e ao invés do tom anterior de júbilo ou desafio há agora a calma peculiar do maravilhamento e da gratidão. O único produto perfeito desses últimos anos, consistindo em duas quadras de amor, é uma variação de uma rima infantil alemã, e portanto intraduzível.[12]

> *Sieben Rosen hat der Strauch*
> *Sechs genör'n dem Wind*
> *Aber eine bleibt, dass auch*
> *Ich noch eine find.*

> *Sieben Male ruf ich dich*
> *Sechsmal bleibe fort*
> *Doch beim siebten Mal, versprich*
> *Komme auf ein Wort.*

Tudo indicava que o poeta encontrara uma nova voz — talvez "o canto do cisne moribundo que é considerado o mais belo" — mas, quando chegou o momento de se ouvir a voz, parecia ter perdido sua força. Este é o único sinal objetivo, e portanto

---

[11] "Oh, como podemos responder pela pequena rosa? Subitamente púrpura e jovem e próxima? Oh, não fomos visitá-la, mas quando chegamos, ela ali estava.

"Antes de ali estar, não era esperada: quando apareceu, era difícil de acreditar. Oh, chegou algo que nunca se iniciara. Mas não é assim que sempre foi?" In *Gedichte*, vol. VII.

[12] Ibid., p. 84.

inquestionável, que temos de que ele transgrediu os limites até amplos postos aos poetas, de que cruzou a linha que demarcava o que lhe era permitido. Pois esses limites, ai!, não podem ser detectados do exterior, e dificilmente mal podem ser adivinhados. São como cumes indistintos, quase invisíveis a olho nu e, uma vez atravessados — ou nem mesmo realmente atravessados, mas apenas ao se deparar com eles —, subitamente se transformam em muralhas. Não há volta; o que quer que se faça, tem-se sempre a muralha às costas. E mesmo agora, *après coup*, é difícil definir a causa, nossa única evidência de que foi dado o passo é fornecida pela poesia, e tudo o que nos diz é o momento em que isso ocorreu, em que a punição o alcançou. Pois a única punição significativa que pode sofrer um poeta, afora a morte, é evidentemente a perda súbita daquilo que, ao longo de toda a história humana, apareceu como um dom divino.

Para Brecht, a perda veio inequivocamente tarde, e portanto pode nos ensinar uma lição sobre a grande permissividade desfrutada pelos que vivem sob as leis de Apolo. Ela não veio quando ele se tornou comunista; ser um comunista na Europa dos anos 1920, e mesmo no início dos anos 1930 (pelo menos para pessoas que não estavam no centro das coisas e não podiam saber até que ponto Stálin convertera o Partido num movimento totalitário, pronto a cometer qualquer crime e todas as traições, inclusive a traição à revolução), não era um pecado, mas apenas um erro. Contudo, ela também não veio quando Brecht não conseguiu romper com o Partido durante os Processos de Moscou, onde entre os réus encontravam-se alguns de seus amigos, ou durante a Guerra Civil Espanhola, quando devia saber que os russos fizeram tudo o que puderam em detrimento da República espanhola, usando as desventuras dos espanhóis para se desforrarem de todos os anti-stalinistas dentro e fora do Partido. (Ele disse em 1938: "Realmente não tenho amigos lá [em Moscou]; e as pessoas em Moscou tampouco têm amigos — como os mortos".[13]) E não veio quando, na

---

[13] Benjamin, op. cit., p. 133.

época do pacto Hitler-Stálin, Brecht não foi capaz de falar claramente, muito menos de romper suas relações com o Partido; pelo contrário, os anos que passou no exílio, primeiro na cidade dinamarquesa de Svendborg e a seguir em Santa Monica, foram em termos criativos os melhores anos de sua vida, comparável em pura produtividade apenas à sua juventude, quando ainda não estava influenciado pela ideologia e não se submetera a nenhuma disciplina política. Ela finalmente veio depois de ter se estabelecido em Berlim Oriental, onde podia ver, dia após dia, o que significava para as pessoas viver sob um regime comunista.

Não que ele quisesse se estabelecer lá; de dezembro de 1947 ao outono de 1949 esperara em Zurique a permissão para se estabelecer em Munique,[14] e apenas quando teve de abandonar qualquer esperança de obtê-la é que decidiu ir para casa como melhor conseguisse — bem prevenido contra todos os riscos, com um passaporte tchecoslovaco a ser logo trocado por um austríaco, uma conta bancária na Suíça e um editor alemão ocidental. Até aquele infeliz momento, tivera o máximo cuidado em não entrar em contato íntimo com seus amigos no Leste. Em 1933, quando muitos de seus amigos tolamente acreditavam que encontrariam asilo na Rússia Soviética, ele foi para a Dinamarca e, quando fugiu da Europa no início da guerra, embora chegasse aos Estados Unidos via Vladivostok, mal parou em Moscou, nunca sequer considerando a Rússia — era a época do pacto Hitler-Stálin — como um possível local de refúgio. Independentemente do fato de nunca ter caído nas graças do Partido Comunista Russo — do princípio ao fim ele só foi apreciado por platéias livres dos países ocidentais —, deve ter tido um pressentimento de que a distância poética que conseguiria manter em

---

[14] Esslin, op. cit., observa que "na versão oficial alemã oriental, o retorno de Brecht a Berlim geralmente é datado de outubro de 1948; Brecht realmente visitou a cidade nessa data, mas voltou novamente a Zurique" e foi somente "no final de 1949 [que] Brecht concordou em seguir para Berlim Oriental". Em outubro daquele ano, ainda escreveu: "Não tenho nenhum tipo de função ou obrigação oficial em Berlim Oriental e não recebo nenhum salário".

relação à política comunista, mesmo quando se encontrava mais profundamente comprometido com a "causa" (ao que parece, nunca chegou a se filiar ao Partido), não resistiria à violência da realidade soviética, tal como não resistiu à violência infinitamente menos horrível da realidade da Alemanha de Ulbricht. O elemento jocoso, tão importante em sua obra, possivelmente não conseguiria sobreviver com a proximidade dos mesmos horrores que jocosamente ele abordava. Afinal, uma coisa é dizer aos amigos e conhecidos com opiniões discordantes: "Fuzilaremos vocês também quando tomarmos o poder", e outra coisa totalmente diferente é viver num lugar onde ocorrem coisas piores que o fuzilamento àqueles que discordam dos que tomaram o poder de fato. O próprio Brecht não foi molestado — nem mesmo nos anos que precederam à morte de Stálin. Mas, como não era bobo, devia saber que sua segurança pessoal derivava do fato de que Berlim Oriental era um lugar excepcional, a vitrina de exposição do Leste durante os anos 1950, em concorrência desesperada com o setor ocidental da cidade, apenas a duas estações de metrô adiante. Nessa concorrência, o Berliner Ensemble — a companhia de teatro que Brecht, sob a égide do governo alemão oriental, formou, liderou, produziu e dirigiu — era, e continua até hoje a ser, o maior trunfo do regime alemão oriental, da mesma forma como é talvez a única realização cultural importante da Alemanha pós-guerra. Assim, por sete anos, Brecht viveu e trabalhou em paz sob as vistas — de fato, sob a proteção — de observadores ocidentais, mas agora em contato infinitamente mais próximo do que nunca com um Estado totalitário, vendo os sofrimentos de seu próprio povo com seus próprios olhos. E a conseqüência foi que nesses sete anos não produziu uma única peça nem um único grande poema, tampouco concluiu a *Salzburger Totentanz*, iniciada em Zurique, e que — a julgar pelos fragmentos que só conheço pela tradução de Eric Bentley — poderia ter sido uma de suas grandes peças.[15] Brecht sabia desse

---

[15] In *The jewish wife and other short plays*, Evergreen Paperbacks.

transe, sabia que não conseguiria escrever em Berlim Oriental. Pouco antes de sua morte, segundo registros, ele comprou uma casa na Dinamarca e também pensou em se mudar para a Suíça.[16] Ninguém se mostrara mais ansioso para voltar para casa — "Não ponha nenhum prego na parede, jogue o paletó na cadeira. [...] Por que abrir a gramática estrangeira? A notícia que o chama para casa está escrita em língua familiar" — e, quando estava para morrer, tudo em que pensava era no exílio.

Portanto, ao lado do grande poeta e dramaturgo, há também o caso de Bertolt Brecht. E esse caso se refere a todos os cidadãos que desejam partilhar seu mundo com os poetas. Não pode ser deixado aos departamentos de literatura, mas é também assunto dos cientistas políticos. O mau comportamento crônico dos poetas e artistas é um problema político, e às vezes moral, que vem desde a antiguidade. Na discussão subseqüente deste caso, eu me prenderei aos dois pressupostos mencionados. Em primeiro lugar, embora no geral Goethe estivesse certo e aos poetas seja permitido mais do que aos comuns mortais, eles também podem pecar tão gravemente que têm de arcar com toda sua carga de culpa e responsabilidade. E, em segundo lugar, a única forma de determinar inequivocamente o peso de seus pecados é ouvir sua poesia — o que significa, suponho, que a faculdade de escrever um bom verso não depende exclusivamente do poeta, mas demanda algum auxílio, isso significa que essa faculdade lhe é concedida e ele pode perdê-la.

II

Para começar, devo citar umas poucas, pouquíssimas, circunstâncias biográficas. Não precisamos entrar na vida pessoal de Brecht, sobre a qual ele foi mais reticente — menos dispos-

---

[16] Ver a monografia de Marianne Kesting, *Bertolt Brecht*, Hamburgo, 1959, p. 155.

to a comentar — do que qualquer outro autor do século XX (e essa reticência, como veremos, era uma de suas virtudes, que aliás eram muitas), mas evidentemente temos de seguir as requintadas insinuações em seus poemas. Brecht, nascido em 1898, pertencia ao que se poderia chamar de a primeira das três gerações perdidas. Os homens de sua geração, cuja iniciação no mundo foram as trincheiras e os campos de batalha da Primeira Guerra Mundial, inventaram ou adotaram essa expressão pois sentiam que haviam se tornado incapazes de terem vidas normais; a normalidade era uma traição a toda a experiência do horror e à camaradagem em meio ao horror, que os convertera em homens, e, ao invés de trair o que mais indubitavelmente constituía o seu patrimônio, prefeririam se perder — perder-se para si e para o mundo. Essa atitude, comum aos veteranos de guerra de todos os países, tornou-se uma espécie de clima de opinião ao se revelar que, a eles, sucederam mais duas "gerações perdidas" semelhantes: a primeira, nascida cerca de dez anos depois, na primeira década do século, aprendera, com as lições marcantes da inflação, do desemprego em massa e da inquietação revolucionária, a instabilidade de tudo o que ficara intacto na Europa após mais de quatro anos de morticínio; a seguinte, nascida também cerca de dez anos depois, na segunda década do século, teve a opção de se iniciar no mundo entre os campos de concentração nazistas, a Guerra Civil Espanhola e os Processos de Moscou. Esses três grupos, nascidos *grosso modo* entre 1890 e 1920, tinham idades suficientemente próximas para formar um único grupo durante a Segunda Guerra Mundial, como soldados ou refugiados e exilados, como membros dos movimentos de resistência ou internados em campos de concentração e extermínio, ou como civis sob uma chuva de bombas, sobreviventes de cidades às quais Brecht se referira num poema, décadas antes:

> *Estivemos vivendo, uma leve geração,*
> *Em casas consideradas imunes à destruição.*

(Os esguios edifícios da ilha de Manhattan e as finas antenas
Que entretêm o oceano Atlântico são obras nossas.)

Dessas cidades ficará o que por elas soprou, o vento!
A casa alegra o convidado: ele a consome.
Sabemos que somos transitórios
E depois de nós virá: nada digno de comentário.

"Sobre o pobre B. B.", do *Manual de devoção*, é o único poema de Brecht dedicado ao tema das gerações perdidas. O título, evidentemente, é irônico; ele diz nos últimos versos que, "nos terremotos que virão, espero não deixar que meu charuto se consuma de amargura", e de certa forma, característica de toda sua atitude, ele vira por assim dizer a mesa: o que está perdido não é simplesmente essa raça de homens sem peso, mas o mundo que supostamente a abrigava. Como Brecht nunca pensou em termos de autopiedade — nem mesmo em seu mais alto nível —, recortava-se como uma figura antes solitária entre todos os seus contemporâneos. Quando eles se diziam perdidos, estavam vendo a si e a sua época com os olhos do século XIX; era-lhes negado o que Friedrich Hebbel uma vez chamara *"die ruhige reine Entwicklung"* — o desenvolvimento puro e tranqüilo de todas as suas faculdades — e reagiam com amargura. Ressentiam-se com o fato de que o mundo não lhes oferecia abrigo e segurança para se desenvolverem como indivíduos e começaram a produzir seu curioso tipo de literatura, em sua maioria romances onde as únicas coisas que parecem interessar são a deformação psicológica, a tortura social, a frustração pessoal e a desilusão geral. Isso não é niilismo; na verdade, chamar esses autores de niilistas é fazer-lhes um elogio inteiramente imerecido. Não faziam cortes profundos o suficiente — estavam demasiado preocupados consigo mesmos — para ver as questões reais; lembravam tudo e esqueciam o importante. Há dois versos quase casuais em outro poema do *Manual de devoção* onde Brecht disse o que pensava sobre essa questão de chegar a um acordo com sua própria juventude:

Hat er sein ganze Jugend, nur nicht ihre Träume vergessen
Lange das Dach, nie den Himmel, der drüber war.[17]

Que Brecht nunca tenha sentido pena de si mesmo — quase nunca sequer se interessava por si — foi uma de suas grandes virtudes, mas a virtude estava enraizada em algo mais, um dom, que, como todos os dons, em parte era uma bênção e em parte uma maldição. Ele o comenta no único poema estritamente pessoal que escreveu e, embora pertença ao período do *Manual de devoção*, nunca o publicou; ele não queria se dar a conhecer. O poema, que está entre suas melhores obras, chama-se "Der Herr der Fische"[18] — isto é, o senhor e mestre da terra dos peixes, a terra do silêncio. Conta como esse senhor vem à terra dos homens, dos pescadores, subindo e mergulhando com a regularidade da lua, um estranho e amigo de todos (*allen unbekannt und allen nah*), que se senta com eles, não consegue lembrar os seus nomes, mas se interessa pelos seus negócios, pelo preço das redes e pelo lucro do peixe, pelas suas mulheres e suas artimanhas para trapacear o coletor de impostos.

Sprach er so von ihren Angelegenheiten
Fragten sie ihn auch: Wie stehn denn deine?
Und er blickte lächelnd um nach allen Seiten
Sagte zögernd: Habe keine.

Por um tempo, tudo vai bem. "Quando eles lhe perguntam: 'E os seus assuntos?', ele sorri hesitante: 'Não tenho nenhum'." Até que chega o dia em que eles insistem.

---

[17] "Esquecida toda a sua juventude, mas não os seus sonhos, esquecido há muito o telhado, mas nunca o céu sobre ele". Ver "Ballade von den Abenteuern", *Gedichte*, vol. I, p. 79.

[18] Ibid., p. 42.

> *Eines Tages wird ihn einer fragen:*
> *Sag, was ist es, was dich zu uns führt?*
> *Eilig wird er aufstehn; denn er spürt:*
> *Jetzt ist ihre Stimmung umgeschlagen.*[19]

E ele sabe por que a disposição deles mudou; ele nada tinha a oferecer e, embora fosse bem recebido quando aparecia, nunca era convidado, pois tudo o que fazia era enriquecer sua conversa cotidiana.

> *So, auf Hin- und Widerreden*
> *Hat mit ihnen er verkehrt*
> *Immer kam er ungebeten*
> *Doch sein Essen war er wert.*

Quando querem saber mais sobre ele, "ele se despedirá educadamente, como um empregado dispensado. Nada restará dele, nem sombra, nem traço. Mas é com seu consentimento e permissão que outro, mais rico que ele, toma seu lugar. Na verdade, ele não impede que alguém fale enquanto mantém silêncio".

> *Höflich wird, der nichts zu bieten hatte*
> *Aus der Tür gehn: ein entlassner Knecht.*
> *Und es bleibt von ihm kein kleinster Schatte*
> *Keine Höhlung in des Stuhls Geflecht.*
>
> *Sondern es gestattet, dass auf seinem*
> *Platz ein anderer sich reicher zeigt.*
> *Wirklich er verwehrt es keinem*
> *Dort zu reden, wo er schweigt.*

---

[19] "Um dia, um deles lhe perguntará: 'E por que, por favor, você vem a nós?'. Ele se levantará de um salto, sabendo que o ânimo deles mudou."

Esse auto-retrato, o retrato brechtiano do poeta quando jovem — pois é nisso que realmente consiste o poema —, apresentando o poeta em toda a sua distância, sua mescla de orgulho e humildade, "um estranho e amigo de todos", portanto rejeitado e bem-vindo, bom só para *"Hin- und Widerreden"* ("conversa e réplica"), inútil para a vida cotidiana, silencioso sobre si próprio, como se não tivesse nada a comentar, curioso e com uma desesperada necessidade de qualquer pedacinho de realidade que consiga apreender, oferece-nos ao menos uma sugestão das enormes dificuldades que o jovem Brecht deve ter enfrentado para se pôr à vontade no mundo de seus companheiros humanos. (Existe um outro depoimento pessoal, uma espécie de poema em prosa, de um período posterior: "Cresci como filho de gente próspera. Meus pais colocaram um colar em meu pescoço, educaram-me nos hábitos de ser servido e ensinaram-me a arte de dar ordens. Mas, quando cresci e olhei à minha volta, não gostei da gente da minha classe, nem de dar ordens ou de ser servido. E abandonei minha classe e me juntei à companhia de gente simples".[20] Provavelmente é verdade, embora já soe um pouco programático. Não é um auto-retrato, mas um certo estilo de falar sobre si.) O fato de só podermos adivinhar quem era ele, dessa maneira mais pessoal, através de alguns versos dos seus primeiros poemas é algo que depõe inteiramente a seu favor. E ainda há certos aspectos de seu comportamento posterior, abertamente reconhecido, que podem ser entendidos com o auxílio desses primeiros versos.

Em primeiro lugar, e desde o princípio, havia a estranha inclinação de Brecht para o anonimato e uma extraordinária aversão a qualquer estardalhaço — à pose da torre de marfim, mas também à má fé ainda mais irritante dos "profetas do povo" ou das "vozes" da História, e a tudo o que "a venda de valores" (*"der Ausverkauf der Werte"* era uma espécie de lema da época) oferecia aos seus clientes nos anos 1920. Mas aí havia mais do

---

[20] "Verjagt mit gutem Grund", in *Hundert Gedichte*, Berlim, 1951.

que uma repulsa natural de um homem muito inteligente e altamente cultivado pelos maus modos intelectuais que o cercavam. Brecht desejava ardentemente ser (ou, de qualquer forma, ser tomado por) um homem comum — não ser diferenciado pela posse de dons especiais, mas ser como todo mundo. E é claro que essas duas disposições pessoais intimamente ligadas — o anônimo e o comum — se desenvolveram plenamente muito antes que as adotasse como pose. Elas o predispuseram a duas atitudes aparentemente opostas, que mais tarde desempenharam um grande papel em sua obra: sua perigosa predileção pelo trabalho ilegal, que exige que se eliminem todos os traços, esconda-se o rosto, apague-se a identidade, perca-se o nome, "fale-se mas oculte-se o falante, conquiste-se mas oculte-se o conquistador, morra-se mas oculte-se a morte"[21] — bem jovem, muito antes de pensar em qualquer "Elogio ao trabalho clandestino",[22] escrevera um poema sobre seu irmão falecido, que tinha "morrido secretamente e rapidamente se desintegrou pois pensava que ninguém o via"[23] — e sua singular insistência em reunir em torno de si os chamados "colaboradores", que eram muitas vezes mediocridades indescritíveis, como se alegasse incessantemente: Todos podem fazer o que estou fazendo; é uma questão de se aprender, e não precisa ou nem se exige nenhum dom especial. Numa muito precoce "Epístola sobre o suicídio", publicada postumamente, ele discute as razões que se poderiam dar para tal gesto, as quais não seriam as verdadeiras razões, pois estas pareceriam demasiado "grandiosas": "De qualquer forma, não deve parecer que a pessoa tenha uma opinião muito elevada sobre si mesma".[24] Exatamente, e isso é talvez duplamente verdadeiro para pessoas que, como Brecht, são tentadas, não por fama ou lisonja, mas pela manifestação objetiva de dons que dificilmen-

---

[21] "Aus einem Lesebuch für Städtebewohner" (1930), in *Gedichte*, vol. I.

[22] In *Gedichte 1930-1933*, vol. III.

[23] O poema "Meines Bruders Tod", seguramente escrito antes de 1920, in *Gedichte 1913-1929*, vol. II.

[24] A "Epistel über den Selbstmord", ibid.

te conseguiriam ignorar, a ter uma opinião muito elevada a seu próprio respeito. E se ele levou essa atitude a extremos absurdos — uma superestimação absurda do aparato clandestino do Partido Comunista, exigências absurdas de que seus "colaboradores" aprendessem o que estava além da aprendizagem —, é preciso admitir que o meio literário e intelectual dos anos 1920 na Alemanha representava uma tentação de esvaziar a pomposidade a que, mesmo sem a disposição específica de Brecht, era difícil de resistir. Os versos zombeteiros sobre o comportamento de seus colegas poetas em *A ópera dos três vinténs* acertam bem no alvo:

> *Ich selber könnte mich durchaus begreifen*
> *Wenn ich mich lieber gross und einsam sähe*
> *Doch sah ich solche Leute aus der Nähe*
> *Da sagt ich mir: Das musst du dir verkneifen.*[25]

Há mais um poema onde Brecht fala explicitamente de si, e provavelmente é o mais famoso. Pertence a *Svendborger Gedichte*, uma série de poemas escritos durante o exílio na Dinamarca, durante os anos 1930, e se intitula "Aos nascidos depois de nós".[26] Como no anterior "Sobre o pobre B. B.", a ênfase recai sobre as catástrofes da época pelo mundo e sobre a necessidade de se manter um estoicismo em relação a tudo o que ocorre à pessoa. Mas agora que os "terremotos vindouros" chegaram, desapareceram todas as alusões estritamente biográficas. ("Sobre o pobre B. B." começa e termina com a história real de sua origem: "Eu, Bertolt Brecht, vim das florestas negras. Minha mãe me levou para as cidades quando estava dentro dela. E o frio das florestas ficará comigo até o dia de minha morte". Sua mãe vinha da Floresta Negra, e sabemos, a partir de poemas sobre sua morte pu-

---

[25] "Também poderia me entender muito bem se preferisse parecer grande e solitário; mas vi essa gente por perto e disse a mim: Isso não é para você."

[26] Todo o ciclo, inclusive "An die Nachgeborenen", in *Gedichte 1934-1941*, vol. IV.

blicados postumamente, que ela era muito próxima a ele.[27]) É um poema sobre os que "vivem em tempos sombrios" e seus versos principais dizem:

> Às cidades cheguei em tempo de desordem, quando reinava a fome. Entre os homens cheguei em tempo de revolta, e me revoltei com eles. Assim passou o tempo que me foi dado na terra.
>
> Comi entre batalhas, dormi entre assassinos, era descuidado no amor e olhava impaciente a natureza. Assim passou o tempo que me foi dado na terra.
>
> Quando vivi, a rua levava ao pântano. A fala me denunciou ao carniceiro. Pouco poderia fazer. Mas, esperava, os governantes ficavam mais seguros sem mim. Assim passou o tempo que me foi dado na terra.
>
> [...] Vocês que emergirão da torrente em que nos afogamos, lembrem-se, ao falar de nossa fraqueza, do tempo sombrio a que escaparam.
>
> [...] Ai, nós que queríamos preparar o terreno para a bondade não podíamos ser bons.
>
> [...] Lembrem-se de nós com indulgência.

Sim, realmente, façamos isso, lembremo-nos dele com indulgência, quando menos por ter sido muito mais marcado pelas catástrofes da época pelo mundo do que por qualquer outra coisa que lhe dissesse respeito. E não esqueçamos que o sucesso nunca virou sua cabeça. Ele sabia que *"wenn mein Glück aussetzt, bin ich verloren"* ("quando minha sorte me deixar, estarei perdido"). E seu orgulho era confiar antes em sua sorte do que em seus dons, crer-se antes afortunado do que extraordinário. Num poema escrito poucos anos depois, durante a guerra, onde contava suas perdas em termos de amigos mortos — para mencio-

---

[27] Ver os dois poemas "Von meiner Mutter" e "Meiner Mutter", in *Gedichte*, vol. II.

nar apenas os que ele mesmo mencionou, Margarete Steffin, "professorinha da classe operária", a quem amou e que se unira a ele na Dinamarca; Walter Benjamin, o crítico literário mais importante da Alemanha entre as duas guerras, que, "cansado de ser perseguido", tirou a vida, e Karl Koch[28] —, anunciava para si próprio o que estava implícito num poema anterior: "Eu sei, é claro: Apenas por sorte sobrevivi a tantos amigos. Mas hoje à noite, num sonho, ouvi esses amigos dizerem de mim, 'Os que são mais fortes sobrevivem'. E eu me odiei".[29] Parece ter sido a única época em que sua autoconfiança ficou abalada; ele se comparou aos outros, e a autoconfiança sempre reside numa recusa em se conceder a tais comparações, sejam para melhor ou para pior. Mas era apenas um sonho.

Assim, num certo sentido, Brecht também se sentia perdido — não porque seus talentos individuais não puderam amadurecer como deveriam ou poderiam, nem porque o mundo o ferira, como realmente o feriu, mas porque a tarefa era excessiva. Portanto, quando ele sente a torrente a se alçar, não espreita longinquamente para trás, como Rilke, mais belamente do que qualquer outro, fez em suas últimas obras, mas apela aos que dela emergirão, e esse apelo ao futuro — à posteridade — nada tem a ver com o "progresso". O que o destacava era compreender quão fatalmente ridículo seria avaliar o fluxo dos acontecimentos com a medida das aspirações individuais — por exemplo, encarar a catástrofe internacional do desemprego com o desejo de fazer carreira e com reflexões sobre seus êxitos e fracassos pessoais, ou confrontar a catástrofe da guerra com o ideal de uma personalidade rodeada por boa companhia, ou seguir para o exílio, como fizeram tantos colegas seus, lamentando a fama perdida ou a vida destruída. Não há nenhuma partícula de sentimentalismo na definição, bela e belamente precisa, de Brecht sobre o refugiado: "*Ein Bote des Unglücks*" ("um mensageiro de más

---

[28] "Die Verlustliste", in *Gedichte*, vol. VI.
[29] "Ich, der Überlebende", ibid.

notícias").[30] A mensagem de um mensageiro, evidentemente, não lhe diz respeito. Não eram apenas seus infortúnios pessoais que os refugiados levavam consigo de país para país, de continente para continente — "mudando de países mais vezes do que de sapatos" —, mas o grande infortúnio de todo o mundo. Se a maioria tendia a esquecer sua mensagem, antes mesmo de perceber que ninguém gosta do portador de más notícias — bem, não foi sempre esse o problema com os mensageiros?

Essa expressão engenhosa, mais que engenhosa, "mensageiros de más notícias", para os refugiados e exilados, pode ilustrar a grande inteligência poética de Brecht, esse supremo dom de condensação que é o pré-requisito de toda a poesia. Eis mais uns poucos exemplos desse modo de pensar extraordinariamente denso e, portanto, muito complexo. Num poema sobre a vergonha de ser alemão, escrito em 1933:

Hörend die Reden, die aus deinem Hause dringen, lacht man.
Aber wer dich sieht, der greift nach dem Messer.[31]

Ou num manifesto contra a guerra, dirigido a todos os artistas e escritores alemães ocidentais e orientais, no inicio dos anos 1950: "A grande Cartago empreendeu três guerras. Após a primeira guerra ainda era uma grande potência, depois da segunda ainda era habitável. Depois da terceira não restou nenhum traço dela".[32] Em duas simples declarações está contida com grande precisão toda a atmosfera, respectivamente, dos anos 1930 e 1950. E a mesma complexidade iluminadora se mostra, talvez ainda mais vigorosamente, na seguinte história, que apareceu anos atrás num número de uma revista nova-iorquina. Brecht estava nos Estados Unidos na época dos Processos de Moscou e, é-nos relatado, foi visitar um homem que ainda era da esquerda, mas vio-

---

[30] In "Die Landschaft des Exils", in *Gedichte*, vol. VI.
[31] De "Deutschland", *Gedichte*, vol. III. "Ouvindo as falas que soam de sua casa, todo mundo ri. Mas quem lhe vê, busca pela faca."
[32] Ver M. Kesting, op. cit., p. 139.

lentamente anti-stalinista, e se envolvera profundamente nos contraprocessos sob os auspícios de Trotski. A conversa girou sobre a evidente inocência dos réus de Moscou, e Brecht, após manter um longo silêncio, finalmente disse: "Quanto mais inocentes são, mais merecem morrer". A frase soa terrível. Mas o que quis realmente dizer? Os mais inocentes de quê? Do que eram acusados, é claro. E do que tinham sido acusados? De conspirar contra Stálin. Portanto, exatamente porque não conspiraram contra Stálin, e estavam inocentes desse "crime", havia uma certa justiça na injustiça. Não era um total dever da "velha guarda" impedir que um homem, Stálin, convertesse a revolução num gigantesco crime? É desnecessário dizer que o anfitrião de Brecht não entendeu; sentiu-se ultrajado e pediu ao convidado que deixasse a casa. Assim perdeu-se uma das poucas ocasiões em que Brecht realmente se pronunciou contra Stálin, mesmo à sua maneira provocativamente prudente. Temo que Brecht tenha suspirado de alívio ao se ver na rua: sua sorte ainda não o abandonara.[33]

III

Este, então, era o homem: dotado de uma inteligência penetrante, não teórica, não contemplativa, que ia ao centro do assunto, silencioso e relutante em se revelar, distante e provavel-

---

[33] Ver Sidney Hook, "A recollection of Bertolt Brecht", in *The New Legder*, 10 de outubro de 1960. — Segundo Benjamin (op. cit., p. 131), Brecht estava bem informado de tudo o que Trotski escreveu nos anos 1930; disse que esses textos demonstravam a existência de uma suspeita justificada que exigia uma visão cética a respeito dos desenvolvimentos russos. Se a suspeita se mostrasse verdadeira, seria preciso se voltar novamente, de forma pública, contra o regime russo; mas, "feliz ou infelizmente, como você preferir", a suspeita ainda não constituía uma certeza. Pode-se encontrar agora um interessante registro dos esforços desesperados de Brecht em chegar a um acordo com o governo de Stálin num curioso livrinho de aforismos, escritos principalmente nos anos 1930 e encontrados entre seus papéis após a sua morte. Foi editado por Uwe Johnson e publicado em 1965 sob o título *Me-ti, Buch der Wendungen*, que M. Esslin corretamente traduz por "Book of twists and turns" [Livro de contorções e volteios].

mente também tímido, de qualquer forma não muito interessado em si mesmo, mas incrivelmente curioso (de fato "o Brecht sedento de conhecimento", como se referiu a si mesmo na "Canção de Salomão", em *A ópera dos três vinténs*) e, primeiro e acima de tudo, poeta — isto é, alguém que tem de dizer o indizível, que não consegue ficar quieto nas ocasiões em que todos estão quietos, e portanto deve ter cuidado em não falar demais sobre coisas de que todos falam. Ele tinha dezesseis anos quando eclodiu a Primeira Guerra Mundial, e foi recrutado como ordenança médico no último ano da guerra, de modo que o mundo lhe apareceu primeiramente como cena de uma carnificina insensata, e a fala surgiu sob o disfarce de declamações vociferantes. (Sua precoce "Lenda do soldado morto" — um soldado que uma comissão militar de médicos retira de sua tumba e declara apto para o serviço ativo — foi inspirada por uma observação popular sobre as políticas de recrutamento no final da guerra, *"Man gräbt die Toten aus"* ["desenterram os mortos"], e ficou como o único poema alemão da Primeira Guerra Mundial digno de ser lembrado.)[34] Mas o que se tornou decisivo para sua poética inicial foi menos a guerra em si e mais o mundo tal como surgia depois que as "tempestades de aço", a *Stahlgewitter* de Ernst Jünger, executaram seu trabalho. Esse mundo possuía uma propriedade raramente levada em consideração, mas que Sartre, após a Segunda Guerra Mundial, descreveu com grande precisão: "Quando os instrumentos estão quebrados e são inutilizáveis, quando os planos voam pelos ares e o esforço não tem sentido, o mundo aparece com um frescor infantil e terrível, suspenso sem rumo num vazio". (Os anos 1920 na Alemanha tinham muito em comum com os anos 1940 e 1950 na França. O que se deu na Alemanha após a Primeira Guerra Mundial foi a ruptura da tradição — uma ruptura que teve de ser reconhecida como fato consumado, realidade política, ponto sem retorno —, e é o que ocorreu na França 25 anos depois. Politicamente fa-

---

[34] "Die Legende vom Toten Soldaten", in *Gedichte*, vol. I.

lando, foi o declínio e queda do Estado-nação; socialmente, foi a transformação de um sistema de classes numa sociedade de massas; espiritualmente, foi a ascensão do niilismo, que por longo tempo fora preocupação de poucos mas então, subitamente, se convertia em fenômeno de massas.) Tal como parecia a Brecht, quatro anos de destruição tinham limpado o mundo, e as tempestades varreram consigo todos os traços humanos, tudo a que alguém poderia se agarrar, inclusive objetos culturais e valores morais — os caminhos batidos do pensamento e também os padrões sólidos de avaliação e as referências firmes de conduta moral. Era como se, provisoriamente, o mundo tivesse se tornado tão inocente e cândido como no dia da criação. Parecia não restar nada além da pureza dos elementos, a simplicidade do céu e da terra, do homem e dos animais, da vida em si. Portanto, foi pela vida que o jovem poeta se apaixonou — tudo o que a terra, em sua límpida presença, tinha a oferecer. E esse frescor infantil e terrível do mundo pós-guerra se reflete na horrível inocência dos primeiros heróis de Brecht — os piratas, aventureiros e infanticidas, o "porco enamorado Malchus" e Jakob Apfleböck, que encontrou seus pais mortos e então foi viver como "o lírio no campo".[35]

Nesse mundo varrido, limpo e fresco, Brecht estava à vontade para começar. Se se quisesse classificá-lo, poder-se-ia dizer que era um anarquista por disposição e tendência, mas seria totalmente errôneo ver nele um outro membro daquela escola de decadência e fascínio mórbido pela morte que, em sua geração, foi talvez melhor representada por Gottfried Benn na Alemanha e Louis-Ferdinand Céline na França. Os personagens de Brecht — mesmo suas moças náufragas que lentamente descem os rios até serem devolvidas para a grande vastidão da natureza em paz absoluta; mesmo Mazeppa, amarrado ao seu cavalo e arrastado à morte — amam a vida e o que a terra e o céu têm a oferecer, a ponto de aceitarem de boa vontade a *morte* e a destruição. As

---

[35] Todos em *Hauspostille*, agora vol. I de *Gedichte*.

duas últimas estrofes da "Balada de Mazeppa"[36] estão entre os versos realmente imortais da poesia alemã:

> *Drei Tage, dann musste alles sich zeigen:*
> *Erde gibt Schweigen und Himmel gibt Ruh.*
> *Einer ritt aus mit dem, was ihm zu eigen:*
> *Mit Erde und Pferd, mit langmut und Schweigen*
> *Dann kamen noch Himmel und Geier dazu.*
>
> *Drei Tage lang ritt er durch Abend und Morgen*
> *Bis er alt genug war, dass er nicht mehr litt*
> *Als er gerettet ins grosse Geborgen*
> *Todmüd in die ewige Ruhe einritt.*

A tradução de Bentley desses versos parece-me inadequada, e por certo não consigo traduzi-los apropriadamente. Falam do término da viagem de três dias para a morte: para o silêncio, dom da terra; para o descanso, dom do céu. "Um homem viajou com as coisas que eram mais suas: com terra e cavalo, com firmeza e silêncio, então se reuniram a ele abutres e céu. Por três dias viajou, de noite e de manhã, até envelhecer o suficiente para não mais sofrer, quando amparado e esgotado até a morte, viajou para o grande abrigo, para o descanso eterno." Há uma vitalidade gloriosa, triunfante nessa canção fúnebre, e é a mesma vitalidade — o sentimento de que é divertido viver e que se divertir com tudo é um sinal de vida — que nos deleita no cinismo e sarcasmo lírico das canções de *A ópera dos três vinténs*. Não foi à toa que Brecht se serviu tão generosamente de uma tradução alemã de Villon — coisa que a justiça alemã, infelizmente, chamava de plágio. Ele celebra o mesmo amor pelo mundo, a mesma gratidão para com o céu e a terra, para com o simples fato de ter nascido e estar vivo, e tenho certeza de que Villon não se importaria.

---

[36] Ibid.

Segundo nossa tradição, o deus desse amor arrojado, despreocupado, feliz pelo céu e pela terra é o grande ídolo fenício Baal, o deus dos bêbados, glutões, fornicadores. "Sim, esse planeta agrada a Baal, quando menos por não existir nenhum outro", diz o jovem Brecht no "Coral do homem Baal", cujas primeira e última estrofes são excelente poesia, principalmente quando reunidas:

> *Als im weissen Mutterschosse aufwuchs Baal*
> *War der Himmel schon so gross und still und fahl*
> *Jung und nackt und ungeheuer wundersam*
> *Wie ihn Baal dann liebte, als Baal kam.*
>
> *Als im dunklen Erdenschosse faulte Baal*
> *War der Himmel noch so gross und still und fahl*
> *Jung und nackt und ungeheuer wunderbar*
> *Wie ihn Baal einst liebte, als Baal war.*[37]

O que importa, uma vez mais, é o céu, o céu que lá estava antes que existisse o homem e lá estará depois que ele se for, de modo que a melhor coisa que pode fazer o homem é amar aquilo que por um breve tempo é seu. Se eu fosse crítica literária, continuaria a comentar o papel absolutamente importante desempenhado pelo céu nos poemas de Brecht, em especial em seus poucos e lindíssimos poemas de amor. O amor, em "Recordação de Marie A.",[38] é o pequeno e puro branco de uma nuvem contra o azul cerúleo ainda mais puro do céu de verão, aí florescen-

---

[37] "Der Choral vom Grossen Baal", ibid. Tradução da primeira e última estrofes: "Quando Baal foi deixado a apodrecer dentro do negro ventre da terra, ainda existia o céu, grande e sereno e pálido, novo e desnudo e imensamente maravilhoso, como então Baal o amou quando chegou Baal.

"Quando Baal foi deixado a apodrecer dentro do negro ventre da terra, ainda existia o céu, grande e sereno e pálido, novo e desnudo e imensamente maravilhoso, como então Baal amou quando existia Baal."

[38] "Erinnerung an die Marie A.", in *Gedichte*, vol. I.

do por alguns instantes e desvanecendo-se com o vento. Ou, em *A ascensão e queda da cidade de Mahagonny*, o amor é o vôo das garças cruzando o céu, ao lado da nuvem, garça e nuvem partilhando o belo céu por poucos momentos de vôo.[39] Certamente neste mundo não existe o amor eterno, nem mesmo uma fidelidade comum. Não há nada além da intensidade do momento; isto é, a paixão, que é até um pouco mais perecível que o próprio homem.

Baal possivelmente não poderia ser a divindade de nenhuma ordem social, e o reino por ele governado é povoado pelos marginais da sociedade — os párias que, por viverem fora da civilização, mantêm uma relação mais intensa, e portanto mais autêntica, com o sol, que se levanta e se põe com uma indiferença majestosa e brilha sobre todas as criaturas vivas. Há, por exemplo, a "Balada dos piratas", com seu navio carregado de homens rudes, bêbados, pecadores, blasfemos, resolutos na destruição.[40] Lá estão eles no navio condenado, enlouquecidos pela bebida, pela escuridão, com chuvas inauditas, adoentados pelo sol e pelo frio, à mercê de todos os elementos, caminhando celeremente para a sua ruína. E então vem o refrão: "Ó Céu, radiante e límpido azul! Formidável vento em nossas velas! Voem o céu e o vento, desde que o mar fique em torno do [navio] Santa Maria".

> *Von Branntwein toll und Finsternissen!*
> *Von unerhörten Güssen nass!*
> *Vom Frost eisweisser Nacht zerrissen!*
> *Im Mastkorb, von Gesichten blass!*
> *Von Sonne nackt gebrannt und krank!*
> *(Die hatten sie im Winter lieb)*
> *Aus Hunger, Fieber und Gestank*
> *Sang alles, was noch übrig blieb*:
> > *Himmel, strahlender Azur!*
> > *Enormer Wind, die Segel bläh!*

---

[39] "Die Liebenden", in *Gedichte*, vol. II.
[40] "Ballade von den Seeräubern", de *Hauspostille*, in *Gedichte*, vol. I.

Lasst Wind und Himmel fahren! Nur
Lasst uns Sankt Marie die See!

Escolhi a primeira estrofe dessa balada — a ser recitada como uma espécie de melopéia, com melodia composta por Brecht —, pois ilustra um outro elemento muito evidente nesses hinos à vida, a saber, o elemento de orgulho diabólico caro a todos os aventureiros e marginais de Brecht, o orgulho dos homens absolutamente descuidados, que só se renderão às forças catastróficas da natureza, e nunca às preocupações cotidianas de uma vida respeitável, e muito menos às preocupações mais elevadas de uma alma respeitável. Qualquer que seja a filosofia que tenha formado Brecht — em oposição à doutrinas que posteriormente emprestou de Marx e Lênin —, está expressa no *Manual de devoção*, nitidamente articulada em dois poemas perfeitos, o "Grande hino de ação de graças" e "Contra a tentação", mais tarde incorporada a *A ascensão e queda da cidade de Mahagonny*. O "Grande hino" é uma imitação exata do grande hino religioso barroco de Joachim Neander, *Lobe den Herren*, que todas as crianças alemãs conhecem de cor. A quinta e última estrofe de Brecht diz:

> *Lobet die Kälte, die Finsternis und das Verderben!*
> *Schuet hinan*:
> *Es kommet nicht auf euch an*
> *Und ihr Könnt unbesorgt sterben.*[41]

"Contra a tentação" consiste em quatro estrofes de cinco versos, louvando a vida, não apesar da, mas graças à morte:

---

[41] "Grosser Dankchoral", ibid. "Louve o frio, a escuridão e a ruína. Olhe para os céus: você não importa e pode morrer sem medo." Segundo as notas de Hugo Schmidt para a tradução de Eric Bentley de *Hauspostille*, sob o título de *Manual of piety*, sua versão em inglês, "Louva o Senhor Todo-Poderoso, o Rei da criação", é conhecida a partir do Hinário Presbiteriano.

Lasst euch nicht verführen!
Es gibt keine Wiederkehr.
Der Tag steht in den Türen;
Ihr könnt schon Nachtwind spüren:
Es kommt kein morgen mehr.
[...]
Was Kann euch Angst noch rühren?
Ihr sterbt mit allen Tieren
Und es kommt nichts nachher.[42]

Parece-me que em nenhuma outra parte da literatura moderna encontra-se uma compreensão tão clara de que aquilo que Nietzsche chamou de "a morte de Deus" não leva necessariamente ao desespero mas, pelo contrário, ao eliminar o medo do Inferno, pode desembocar em puro júbilo, num novo "sim" à vida. Vêm à mente duas outras passagens um tanto semelhantes. Numa delas, de Dostoiévski, o Demônio fala a Ivan Karamazov em termos quase idênticos: "Todo homem saberá que é totalmente mortal, sem ressurreição, e receberá a morte com orgulho e serenidade, como um deus". A outra é o agradecimento de Swinburne a:

> *O que possam ser os deuses,*
> *Que nenhuma vida dura sempre;*
> *Que os mortos nunca se levantam;*
> *Que mesmo o rio mais exausto*
> *Serpenteia seguro até o mar.*

Mas em Dostoiévski esse pensamento é uma inspiração do Demônio, e em Swinburne do cansaço, uma rejeição da vida como algo que nenhum ser humano desejaria viver duas vezes. Em

---

[42] "Gegen Verführung", ibid. "Não deixe que o tentem! Não existe repetição da vida. O dia se detém nas portas; o vento da noite sopra por elas: não haverá amanhã. [...] Como pode o medo ainda tocá-lo? Você morrerá junto com todos os animais, e não haverá nada depois."

Brecht, o pensamento de nenhum-Deus e nenhum-além não exprime ansiedade mas libertação do medo. E Brecht deve ter captado esse aspecto da questão com tanta presteza por ter sido criado em ambiente católico; obviamente julgava que qualquer coisa seria preferível a se sentar na terra esperando o Paraíso e temendo o Inferno. O que nele se rebelou contra a religião não foi a dúvida nem o desejo; foi o orgulho. Em sua recusa entusiástica da religião e em seu louvor a Baal, o deus da terra, há uma gratidão quase que explosiva. Nada, diz ele, é maior que a vida, e nada mais nos foi dado — e tal gratidão dificilmente se encontrará na tradicional corrente do niilismo ou na reação a ela.

Mas há elementos niilistas na poesia inicial de Brecht, e provavelmente ninguém teve maior consciência deles do que o próprio Brecht. Entre os poemas póstumos, existem uns poucos versos chamados "Der Nachgeborene", ou "Os retardatários", que resumem o niilismo melhor do que poderiam fazê-lo volumes inteiros de argumentos: "Admito que não tenho esperança. Os cegos falam de uma saída. Eu vejo. Quando se consumirem todos os erros, ficaremos com uma última companhia à mesa — o nada".[43] *A ascensão e queda da cidade de Mahagonny*, que é a única peça estritamente niilista de Brecht, trata do último erro, o seu próprio, o erro de que o que a vida tem a dar — os grandes prazeres do comer, beber, fornicar e brigar — seria suficiente. A cidade é uma espécie de devoradora de ouro, construída com o único propósito de proporcionar divertimento, de fornecer felicidade aos homens. Seu lema é *"Vor allem aber achtet scharf/ Dass man hier alles dürfen darf"* ("Primeiro de tudo, entendam que aqui tudo é permitido"). Há duas razões para a queda da cidade, sendo a mais óbvia que, mesmo na cidade onde tudo é permitido, não é permitido não ter dinheiro para pagar as dívidas; sob essa trivialidade, encontra-se a segunda razão — a percepção de que a cidade do prazer terminaria por criar o maior tédio mortal imaginável, pois seria o lugar onde "nunca acontece nada" e

---

[43] In *Gedichte*, vol. II.

onde um homem poderia cantar: "Por que eu não deveria comer meu chapéu se não há nada mais a fazer?".[44]

O tédio, então, foi o fim do primeiro encontro do poeta com o mundo, o fim da época maravilhosa, jubilosa, de louvor à vida quando vagueava leve e sem peso pela selva do que outrora fora uma das maiores cidades da Europa, sonhando com as selvas de todas as cidades, sonhando com todos os continentes e os sete mares, amando apenas a terra, o céu e as árvores. Quando a década de 1920 chega ao fim, ele deve ter começado a entender que, falando não poética, mas humanamente, essa ausência de peso o condenava à irrelevância — que o mundo era uma selva apenas em termos metafóricos, sendo na realidade um campo de batalha.

IV

O que trouxe Brecht de volta à realidade, e quase matou sua poesia, foi a compaixão. Quando imperava a fome, ele se rebelou junto com os famintos: "Disseram-me: você come e bebe — feliz é você! Mas como posso comer e beber quando roubo meu alimento do homem que tem fome, e quando meu copo de água é necessário para alguém que morre de sede?".[45] A compaixão foi sem dúvida a paixão mais ardente e fundamental de Brecht, e daí o fato de ser a que ele mais tentava ocultar e menos conseguia esconder; ela transparece em quase todas as peças que escreveu. Mesmo na alegria cínica de *A ópera dos três vinténs* soam os versos poderosos e acusadores:

> *Erst muss es möglich sein auch armen Leuten*
> *Vom grossen Brotlaib sich ihr Teil zu schneiden.*[46]

---

[44] "Aufstieg und Fall der Stadt Mahagonny", agora in *Stücke* (1927-1933), vol. III.
[45] In "An die Nachgeborenen", op. cit.
[46] "Primeiro deve ser possível mesmo que os pobres cortem sua fatia do grande pão da vida." Da canção "Denn wovon lebt der Mensch?", in *Gedichte*, vol. II.

E o que aí se cantava zombeteiramente mantinha-se como seu *leitmotiv* até o final:

> *Ein guter Mensch sein! Ja, wer wär's nicht gern?*
> *Sein Gut den Armen geben, warum nicht?*
> *Wenn alle gut sind, ist Sein Reich nicht fern*
> *Wer sässe nicht sehr gern in Seinem Licht?*[47]

O *leitmotiv* era a tentação impetuosa de ser bom num mundo e em circunstâncias que tornam a bondade impossível e autodestrutiva. O conflito dramático nas peças de Brecht é quase sempre o mesmo: os que, movidos pela compaixão, decidem mudar o mundo não se podem dar ao luxo de serem bons. Brecht descobriu instintivamente o que os historiadores da revolução nunca conseguiam ver: a saber, que os revolucionários modernos, de Robespierre a Lênin, eram movidos pela paixão da compaixão — *le zèle compatissant* de Robespierre, ainda inocente o suficiente para admitir abertamente essa poderosa atração por "*les hommes faibles*" e "*les malhereux*". "Os clássicos", Marx, Engels e Lênin, na linguagem cifrada de Brecht, "foram os mais compassivos entre todos os homens", e o que os distinguia dos "ignorantes" era saberem "transformar" a emoção compassiva na emoção da "cólera". Eles entenderam que "a piedade é aquilo que não se nega àqueles a quem se recusa auxílio".[48] Assim Brecht se convenceu, provavelmente sem se dar conta, da sabedoria do preceito de Maquiavel para os príncipes e estadistas, que devem aprender "como não serem bons", e partilha com Maquiavel da atitude sofisticada e aparentemente ambígua em relação à bondade, que deu origem a tantos mal-entendidos simplistas ou eruditos — tanto em seu caso como no de seu predecessor.

---

[47] "Ser bom! Sim, quem não o desejaria? Dar seus bens aos pobres, por que não? Quando todos são bons, seu reino não está distante. Quem não se sentaria com prazer à sua luz?" De "Über die Unsicherheit menschlicher Verhältnisse", ibid.

[48] As citações são de *Me-ti, Buch der Wendungen*.

"Como não ser bom" é o tema de *Santa Joana dos matadouros*, a maravilhosa peça de juventude sobre a moça do Exército de Salvação de Chicago que aprenderia que, no dia em que teremos de deixar o mundo, será mais importante ter deixado atrás de nós um mundo melhor do que termos sido bons. A pureza, o arrojo e a inocência de Joana encontram um paralelo nas peças de Brecht em Simone, em *As visões de Simone Machard*, a menina que sonha com Joana D'Arc sob a ocupação alemã, e na garota Grusche em *O círculo de giz caucasiano*, onde pelo menos uma vez se expressa todo o problema da bondade: "Terrível é a tentação de ser bom" ("*Schrecklich ist die Verführung zur Güte*") — se irresistível nessa sua atração, perigosa e suspeita em suas conseqüências (Quem sabe a cadeia de acontecimentos resultante do que se fez impulsivamente? O gesto simples não o distrairá de tarefas mais importantes?), mas também irrevogavelmente terrível para quem, ocupado demais com sua própria sobrevivência ou com a salvação do mundo, resiste à tentação: "Ela que não ouve o grito por socorro, mas passa com ouvidos desatentos: nunca mais ouvirá o chamado suave do amado ou do melro na aurora, ou o suspiro feliz do vindimador fatigado ao repicarem os sinos do Angelus".[49] Render-se ou não à tentação, resolver os conflitos a que a bondade inevitavelmente conduz são os temas sempre recorrentes das peças de Brecht. Em *O círculo de giz caucasiano*, a garota Grusche cede à tentação e tudo termina bem. Em *A boa mulher de Se-Tsuan*, o problema se resolve com a criação de um duplo papel: a mulher, que é pobre demais para ser boa, e literalmente não se pode dar ao luxo da piedade, converte-se num intrépido homem de negócios durante o dia, faz fortuna enganando e explorando as pessoas, e à noite distribui os ganhos do dia entre as mesmas pessoas. Era uma solução prática, e Brecht era um homem muito prático. O tema também está presente em *Mãe Coragem* (não obstante a interpretação pessoal de Brecht) e mesmo em *Galileu*. E quaisquer dúvidas restantes

---

[49] *Der Kaukasische Kreisekreis*, escrito em 1944-5, in *Stücke*, vol. x.

sobre a autenticidade dessa compaixão apaixonada se dispersam ao lermos a última estrofe da canção final da versão filmada de *A ópera dos três vinténs*:

Denn die einen sind im Dunkeln
Und die andern sind im Licht.
Und man siehet die im Lichte
Die im Dunkln sieht man nicht.[50]

Desde a Revolução Francesa, quando pela primeira vez o imenso fluxo dos pobres irrompeu como uma torrente nas ruas da Europa, muitos foram os revolucionários que, como Brecht, agiram por compaixão e a ocultaram por vergonha sob a capa de teorias científicas e retórica insensível. Contudo, uns pouquíssimos entre eles entenderam o insulto que se acrescentava às vidas insultadas dos pobres com o fato de seus sofrimentos permanecerem nas sombras e não serem sequer registrados na memória da humanidade.

Mitkämpfend fügen die grossen umstürzenden Lehrer des Volkes
Zu der Geschichte der herrschenden Klassen die der beherrschten.[51]

Eis como Brecht o formulou na sua versão poética curiosamente barroca do "Manifesto Comunista", planejada como parte de um longo poema didático "Sobre a natureza do homem", moldado pelo "Sobre a natureza das coisas" de Lucrécio, e que é um fracasso praticamente total. De qualquer forma, ele entendeu e se sentiu ultrajado não só pelos sofrimentos dos pobres, como também pela sua obscuridade; como John Adams, considerava o pobre como o homem invisível. E foi por esse sentimento de

---

[50] "Pois alguns estão na escuridão, e outros estão na luz. E vêem-se aqueles na luz, aqueles na escuridão não se vêem." *Gedichte*, vol. II.

[51] "Os grandes professores subversivos do povo, participando de sua luta, somam a história da classe dominada à das classes dominantes." In "Das Manifest", *Gedichte*, vol. VI.

ultraje, talvez ainda mais do que por piedade e vergonha, que começou a esperar pelo dia em que se inverteria a situação, quando as palavras de Saint-Just — "*Les malhereux sont la puissance de la terre*" — se converteriam em realidade.

Além disso, foi por um sentimento de solidariedade para com os oprimidos e esmagados que Brecht escreveu boa parte de sua poesia em forma de balada. (Como outros mestres do século — W. H. Auden, por exemplo —, ele contava com a vantagem do retardatário em relação aos gêneros do passado e portanto tinha liberdade de escolha.) Pois a balada, gerada a partir de canções do povo e das ruas, e, como os *spirituals* negros, com estrofes intermináveis onde as criadas na cozinha lamentavam os amantes infiéis e os infanticidas inocentes — "*Die Mörder, denen viel Leides geschah*" ("Os assassinos dolorosamente atormentados pelo desgosto") — sempre constituiu o veio da poesia não escrita, a forma de arte, se é que foi, em que as pessoas condenadas à obscuridade e ao esquecimento tentaram registrar suas histórias pessoais e criar sua imortalidade poética própria. É desnecessário dizer que a canção popular inspirou uma grandiosa poética em língua alemã antes de Brecht. As vozes das criadas soam em algumas das mais belas canções alemãs, desde Mörike ao jovem Hofmannsthal, e o diretor do *Moritat*, antes de Brecht, foi Frank Wedekind. E ainda a balada onde o poeta se torna um contador de histórias tinha grandes antecedentes, incluindo Schiller e poetas antes e depois dele, graças a quem perdeu, além de sua crueza original, boa parte de sua popularidade. Mas nenhum poeta antes de Brecht aderira com tal coerência a essas formas populares e fora tão bem-sucedido em obter para elas a categoria de grande poesia.

Se somamos todas essas coisas — a ausência de peso e o anelo antes pela gravitação do que pela força da gravidade, por um ponto central que seria relevante no cenário do mundo moderno; a compaixão, a incapacidade quase natural ou, como Brecht diria, animal, de suportar a visão do sofrimento de outras pessoas —, torna-se fácil entender, sob as circunstâncias da época, a sua decisão de se alinhar ao Partido Comunista. No que se referia a Brecht, o principal fator dessa decisão foi que o Partido não só assumiu como sua a causa dos infelizes, como também contava com um conjunto de textos que podiam servir a todas as circunstâncias e ser citados tão interminavelmente como as Sagradas Escrituras. Esse era o maior deleite de Brecht. Muito antes de ter lido todos os livros — na verdade, logo após se unir a seus novos camaradas —, começou a se referir a Marx, Engels e Lênin como os "clássicos".[52] Mas o principal foi que o Partido o levou a um contato diário com aquilo que sua compaixão já lhe dissera ser a realidade: a obscuridade e o grande frio nesse vale de lágrimas.

> *Bedenkt das Dunkel und die grosse Kälte*
> *In diesem Tale, das von Jammer schallt.*[53]

Doravante não teria de comer seu chapéu; havia algo mais a fazer.

E é aí, claro, que seus problemas, e nossos problemas com ele, começaram. Tão logo se uniu aos comunistas, descobriu que, para transformar um mau mundo num mundo bom, não bastava "não ser bom", mas era preciso que a própria pessoa se tornasse má, e para exterminar a mesquinharia não devia haver nada mesquinho que a pessoa não se dispusesse prontamente a fazer. Pois "Quem é você? Afunde na lama, beije o carniceiro, mas mude o mundo, o mundo precisa mudar". Mesmo no exílio, Trotski proclamava: "Só podemos estar certos com e pelo Partido, pois a história não providenciou nenhuma outra forma de se estar certo". E Brecht elaborou: "Um homem tem

---

[52] In Benjamin, op. cit., lê-se com prazer que Brecht tinha suas dúvidas. Ele compara os teóricos marxistas aos padres (*Pfaffen*) a quem odeia com um ódio profundamente arraigado, herdado de sua avó. Como os padres, os marxistas sempre formam uma camarilha; "o marxismo oferece excessivas oportunidades de interpretação".

[53] "Pense na escuridão e no grande frio nesse vale que ressoa de gemidos." De "Schlusschoral", *Dreigroschenoper*. In *Gedichte*, vol. II.

dois olhos, o Partido tem mil olhos, o Partido vê sete países, um homem vê uma cidade. [...] Um homem pode ser destruído, mas o Partido não pode ser destruído. Pois [...] ele conduz sua luta com os métodos dos clássicos, que foram extraídos do conhecimento da realidade".[54] A conversão de Brecht não foi absolutamente tão simples quanto parece retrospectivamente. Contradições e heresias se insinuavam mesmo em seus versos mais militantes: "Não deixe ninguém lhe falar das coisas, olhe por você mesmo; o que você próprio não sabe, você não sabe; examine a conta, você terá de pagá-la".[55] (O Partido não tem mil olhos para ver o que não posso ver? O Partido não conhece sete países, ao passo que só conheço a cidade onde moro?) No entanto, eram apenas deslizes ocasionais, e, quando o Partido — em 1929, no XVI Congresso, depois de Stálin anunciar a liquidação da Oposição de esquerda e de direita — começou a exterminar seus próprios membros, Brecht sentiu que o necessário para o Partido naquele momento era uma defesa da matança dos próprios camaradas e pessoas inocentes. Em *Medida adotada*, ele mostra como e por que os inocentes, os bons, os humanitários, os que se sentem ultrajados pela injustiça e correm para prestar auxílio estão sendo mortos. Pois a medida adotada é a morte de um membro do Partido pelos seus camaradas, e a peça não deixa dúvidas sobre o fato de que ele, humanamente falando, era o melhor deles. Precisamente devido à sua bondade, revela-se que se convertera num obstáculo à revolução.

Quando a peça foi encenada pela primeira vez em Berlim, no início dos anos 1930, suscitou muita indignação. Hoje compreendemos que o que Brecht dizia em sua peça era apenas a menor parte da terrível verdade, mas na época — anos antes dos Processos de Moscou — não era conhecida. Os que,

---

[54] Cito a partir das canções de *Die Massnahme*, a única peça estritamente comunista escrita por Brecht. Ver "Ändere die Welt: sie braucht es" e "Lob der Partei", in *Gedichte*, vol. III.
[55] "Lob des Lernens", ibid.

mesmo então, eram ásperos opositores de Stálin, dentro e fora do Partido, ficaram indignados que Brecht tivesse escrito uma peça em defesa de Moscou, ao passo que os stalinistas negavam com toda a veemência que qualquer coisa vista por esse "intelectual" correspondesse a alguma realidade do comunismo na Rússia. Deus sabe que Brecht nunca teve menos receptividade entre amigos e camaradas do que com essa peça. A razão é evidente. Ele fizera o que os poetas sempre fazem quando a sós: anunciara a verdade ao ponto de então se tornar visível. Pois a simples verdade da questão era que pessoas inocentes *eram* mortas e que os comunistas, embora não tivessem deixado de lutar contra seus inimigos (isso veio depois), tinham começado a matar seus amigos. Era apenas um começo, e a maioria das pessoas o justificava como um excesso de zelo revolucionário, mas Brecht era suficientemente inteligente para ver o método implícito na loucura, embora certamente não previsse que os que pretendiam trabalhar pelo Paraíso tinham precisamente começado a estabelecer o Inferno na terra, e que não havia nenhuma mesquinharia, nenhuma traição que não estivessem preparados para executar. Brecht mostrara as regras com que se jogava o jogo infernal e, evidentemente, esperava aplausos. Infelizmente passou por cima de um pequeno detalhe: o Partido não tinha absolutamente a mínima intenção, nem o menor interesse, em que se revelasse a verdade, e muito menos por alguém que se proclamava em alto e bom tom como simpatizante. Pelo contrário, o que interessava, no que se refere ao Partido, era iludir o mundo.

Ao reler essa peça que outrora suscitou tanto alvoroço, a pessoa toma consciência dos anos terríveis que nos separam da época em que foi escrita e encenada pela primeira vez. (Brecht não a encenou posteriormente em Berlim Oriental e, ao que sei, não a apresentou em outros teatros; no entanto, há poucos anos atrás a peça desfrutou de uma estranha popularidade nos *campi* universitários americanos.) Quando Stálin se aprestou para liquidar a velha guarda do Partido Bolchevique, pode ter sido necessária a antevisão de um poeta para saber que os melhores elementos do movimento iam ser assassinados na década seguinte. Mas o que então efetivamente ocorreu — e hoje já está parcialmente esquecido, obscurecido por horrores ainda mais sombrios —, comparado à visão de Brecht, é como uma tempestade real comparada a uma tempestade num copo d'água.

V

Para a minha finalidade, que é apresentar minha tese de que os pecados reais de um poeta são vingados pelos deuses da poesia, *Medida adotada* é uma peça importante. Pois, de um ponto de vista artístico, não é de modo algum uma peça ruim. Tem letras excelentes, entre as quais a "Canção do arroz", de justa fama, cujas rimas concisas e insistentes soam bastante bem, mesmo atualmente:

> *Weiss ich, was ein Reis ist?*
> *Weiss ich, wer das weiss!*
> *Ich weiss nicht, was ein Reis ist*
> *Ich kenne nur seinen Preis.*
>
> *Weiss ich, was ein Mensch ist?*
> *Weiss ich, wer das weiss!*
> *Ich weiss nicht, was ein Mensch ist*
> *Ich kenne nur seinen Preis.*[56]

Não há dúvida de que a peça defende com toda seriedade — não só por diversão ou com uma seriedade sarcástica swiftiana —

---

[56] "Sei o que é o arroz? Sei quem sabe! Não sei o que é o arroz, só sei seu preço.
"Sei o que é o homem? Sei quem sabe! Não sei o que é o homem, só sei seu preço."
De "Song von der Ware", ibid.

coisas que são, mais que moralmente erradas, indizivelmente medonhas. E no entanto a sorte poética de Brecht não o abandonou naquele momento, pois ainda falava a verdade — uma verdade medonha, com que erradamente tentou entrar em acordo.

Os pecados de Brecht se revelaram pela primeira vez depois que os nazistas tomaram o poder e ele teve de enfrentar de fora as realidades do Terceiro Reich. Seguiu para o exílio em 28 de fevereiro de 1933, no dia seguinte ao incêndio do Reichstag. Os "clássicos" com que obstinadamente tentava determinar suas posições não lhe permitiram reconhecer o que Hitler efetivamente fazia. Ele começou a mentir e escreveu o inexpressivo diálogo em prosa de *Terror e miséria do Terceiro Reich*, que antecipa pseudopoemas posteriores, que não passam de jornalismo distribuído em versos. Em 1935 ou 1936, Hitler acabara com a fome e o desemprego; assim, para Brecht, escolado nos "clássicos", não havia mais nenhum pretexto para não louvar Hitler. Ao buscar um, simplesmente se recusou a reconhecer o que estava patente para todos — que os realmente perseguidos não eram trabalhadores e sim judeus, que o que importava era a raça, e não a classe. Não havia nenhuma linha em Marx, Engels ou Lênin que tratasse da questão, e os comunistas a negavam — não era senão uma simulação das classes dominantes, diziam eles — e Brecht, impassivelmente recusando-se a "olhar por si mesmo", aderiu. Escreveu alguns poemas sobre as condições na Alemanha nazista, todos eles absolutamente ruins, e um exemplo ilustrativo desses poemas é o que se chamava "Enterro do agitador no caixão de zinco".[57] Trata do hábito nazista de devolver às suas casas, em caixões lacrados, os restos de pessoas espancadas até a morte nos campos de concentração. O agitador de Brecht sofrera tal destino por ter reivindicado "comer à vontade, um teto para se abrigar, alimentar os filhos"; em suma, era um louco, pois ninguém na Alemanha passava fome na época, e o lema nazista da *Volksgemeinschaft* (comunidade popular) não era de for-

---

[57] "Begräbnis des Hetzers im Zinksarg", in *Gedichte*, vol. III.

ma alguma simples propaganda. Quem se incomodaria em eliminá-lo? O horror real, o único ponto a se ressaltar, era o modo como morrera e tivera de ser escondido no caixão de zinco. O caixão de zinco era realmente importante, mas Brecht não seguiu a indicação do título; em sua versão, o destino do agitador não era propriamente nada pior que o destino que provavelmente sofreria um opositor de qualquer espécie de governo capitalista. E isso era uma mentira. O que Brecht queria dizer era que havia apenas uma diferença de grau entre os países de regime capitalista. E essa era uma dupla mentira, pois nos países capitalistas os opositores não eram espancados até a morte e enviados às casas em caixões lacrados, e a Alemanha não era mais um país capitalista, como aprenderiam, para seu desgosto, os srs. Schacht e Thyssen. E Brecht? Fugira de um país onde todos podiam comer à vontade, ter um teto para se abrigar e alimentar seus filhos. Eis como era, e isso ele não ousou encarar. Mesmo os poemas contra a guerra daqueles anos eram medíocres.[58]

Contudo, por ruim que fosse a obra de todo esse período, não era o fim. Os anos de exílio, à medida que se passavam e o levavam cada vez mais longe do turbilhão em que consistia a Alemanha do pós-guerra, tiveram um efeito muito salutar sobre sua produção. O que seria mais pacífico nos anos 1930 do que os países escandinavos? E o que quer que ele possa ter dito, com ou sem razão, contra Los Angeles, não era um lugar famoso por trabalhadores desempregados e crianças famintas. Embora o negasse até seu últi-

---

[58] Ao que parece, Brecht tinha outros pensamentos sobre o assunto. Num artigo intitulado "A outra Alemanha: 1943", publicado pela CAW (uma publicação da SDS) em fevereiro de 1968, sem indicação das fontes, ele tentou explicar por que o proletariado alemão apoiou Hitler. A razão é que "o desemprego fora eliminado rapidamente [pelo Terceiro Reich]. De fato a velocidade e a amplitude dessa eliminação foram tão extraordinárias que pareciam ser uma revolução". A explicação, segundo Brecht, era a indústria bélica, e "a verdade é que a guerra é do interesse [dos operários] na medida em que não podem ou não querem abalar o sistema em que vivem". "O regime teve de optar pela guerra porque todo o povo só precisava da guerra sob tal regime e portanto tem de procurar outra forma de vida."

mo dia, a evidência poética é a de que lentamente principiava a esquecer os "clássicos" e sua mente começava a se voltar para temas que nada tinham a ver com o capitalismo ou a luta de classes. De Svendborg saíram poemas como a "Lenda sobre a origem do livro Tao-Tê-Ching durante a viagem de Lao-Tsé para o exílio", o qual, com sua forma narrativa e nenhuma tentativa experimental em relação à linguagem ou ao pensamento, encontra-se entre os poemas mais serenos e — estranho dizer — confortantes escritos no século XX.[59] Como tantos poemas de Brecht, ele quer ensinar (em seu mundo, poetas e professores viviam juntos), mas dessa vez a lição versa sobre a não-violência e a sabedoria:

> *Dass das weiche Wasser in Bewegung*
> *Mit der Zeit den mächtigen Stein besiegt.*
> *Du verstehst, das Harte unterliegt.*

"Que a suave água em movimento com o tempo vence a pedra poderosa. Você compreende, os duros são derrotados." Como na verdade foram. Esse poema ainda não fora publicado quando, no começo da guerra, o governo francês decidiu colocar seus refugiados alemães em campos de concentração, mas na primavera de 1939 Walter Benjamin o trouxe para Paris, depois de uma visita a Brecht na Dinamarca, e rapidamente, como um boato de boas-novas, passou de boca em boca — fonte de consolo, paciência e resistência — onde mais se precisava de tal sabedoria. Pode ter alguma relevância o fato de que, no conjunto dos poemas de Svendborg, ao poema sobre Lao-Tsé tenha se seguido "Visita aos poetas exilados". Como Dante, o poeta desce ao mundo subterrâneo e lá encontra seus colegas mortos que outrora tiveram problemas com os poderes do mundo terreno. Ovídio e Villon, Dante e Voltaire, Heine, Shakespeare e Eurípides sentam-se alegremente juntos e dão conselhos zombeteiros, mas então "veio

---

[59] "Legende von der Entstehung des Buches Taoteking auf dem Weg des Laotse in die Emigration", in *Gedichte*, vol. IV.

um chamado do canto mais escuro: 'Ei, você, eles sabem seus versos de cor? E os que sabem, sobreviverão à perseguição?'. E Dante explicou mansamente: 'Estes são os poetas esquecidos; não só seus corpos, mas até suas obras foram destruídas'. O riso cessou abruptamente. Ninguém ousou olhar para o visitante. Ele empalidecera".[60] Bem, Brecht não precisava se inquietar.

Ainda mais notáveis que os poemas foram as peças que escreveu durante esses anos de exílio. Depois da guerra, o que quer que fizesse o Berliner Ensemble, sempre que *Galileu* era encenada em Berlim Oriental, cada verso seu soava como uma declaração aberta de hostilidade ao regime, e era entendida como tal. Até esse período, Brecht conscientemente evitara — por meio do chamado teatro épico — criar personagens dotadas de qualquer individualidade, mas agora, subitamente, suas peças eram povoadas de pessoas reais que, se não eram personagens na antiga acepção, eram figuras nitidamente únicas e individuais, tais como Simone Machard, a Boa Mulher de Se-Tsuan, Mãe Coragem, a garota Grusche e o Juiz Azdak no *Círculo de giz caucasiano*, Galileu, Puntila e seu criado Matti. Atualmente, todo esse conjunto de peças faz parte do repertório dos bons teatros dentro e fora da Alemanha, embora tivessem passado despercebidas quando Brecht as escreveu. Sem dúvida, essa fama tardia é um tributo aos méritos próprios de Brecht, e não só aos méritos do poeta e dramaturgo, mas também aos do diretor teatral extraordinariamente dotado, que tinha à sua disposição uma das maiores atrizes alemãs, Helene Weigel, sua esposa. Mas isso não altera o fato de que tudo o que encenou em Berlim Oriental foi escrito fora da Alemanha. Uma vez de volta, sua faculdade poética exauriu-se da noite para o dia. Deve ter finalmente compreendido que estava frente a circunstâncias que nenhuma citação dos "clássicos" poderia explicar ou justificar. Esbarrara numa situação em que seu próprio silêncio — para não falar de seu elogio ocasional aos carniceiros — constituía um crime.

---

[60] "Besuch bei den verbannten Dichtern", ibid.

Os problemas de Brecht começaram quando se tornou *engagé* (como diríamos hoje, pois na época esse conceito não existia), quando tentou ser mais que uma voz, como fora de início. Uma voz de quê? Não de si mesmo, certamente, mas do mundo e de tudo o que era real. Mas isso não bastava. Ser uma voz daquilo que julgava ser a realidade afastou-o do real; não estava em vias de se tornar o que menos desejava, mais um grande poeta solitário na tradição alemã, ao invés do que mais queria ser, um bardo do povo? E no entanto, quando se pôs no centro das coisas, o que trouxe a contragosto para a realidade recém-descoberta foi o seu distanciamento como poeta, não obstante sua aguda e complexa inteligência. Não foi tanto falta de coragem, e sim esse distanciamento em relação ao real que o fez não romper com um partido que matava seus amigos e se aliava ao seu pior inimigo, e recusar-se a ver, por amor aos "clássicos", o que realmente ocorria em sua terra natal — algo que, em seus momentos mais prosaicos, entendia muito bem. Nas notas finais de *A resistível ascensão do homem Arturo Ui* — uma sátira à "irresistível" ascensão de Hitler ao poder, e não uma grande peça —, ele observou: "Os grandes criminosos políticos devem ser expostos por todos os meios, especialmente pelo ridículo. Pois são sobretudo não grandes criminosos políticos, mas os perpetradores de grandes crimes políticos, o que não é de modo algum a mesma coisa. [...] O fracasso dos empreendimentos de Hitler não significa que este fosse um idiota, e a amplitude de seus empreendimentos não significa que fosse um grande homem".[61] Era bem mais do que a maioria dos intelectuais entendeu em 1941, e é precisamente essa inteligência extraordinária, irrompendo como um raio entre os ribombos das banalidades marxistas, que dificultou tanto que os homens bons lhe perdoassem os pecados, ou se reconciliassem com o fato de que ele podia pecar *e* escrever boa poesia. Mas, finalmente, quando retornou à Alemanha Oriental, essencialmente por razões artísticas, pois

---

[61] Notas "*Zu Der Aufhaltsame Aufstieg des Arturo Ui*", in *Stücke*, vol. IX.

o governo lhe ofereceria um teatro — isto é, por aquela "arte pela arte" que denunciara veementemente durante quase trinta anos —, sua punição o alcançou. Agora a realidade o esmagava a ponto de não mais conseguir ser sua voz; conseguiu se manter no centro dela — e provou que não é um bom lugar para um poeta.

Isso é o que o caso de Bertolt Brecht pode nos ensinar e o que devemos levar em consideração quando hoje o julgamos, como é preciso, e lhe rendemos nosso respeito por tudo que devemos a ele. A relação dos poetas com a realidade é de fato o que Goethe dizia ser: eles não podem arcar com o mesmo peso de responsabilidade dos mortais comuns; precisam de uma dose de distanciamento e no entanto não mereceriam o pão que comem se nunca fossem tentados a trocar esse distanciamento por uma vida como a dos outros. Nessa tentativa Brecht marcou sua vida e sua arte como poucos poetas jamais fizeram; ela o levou ao triunfo e à catástrofe.

Desde o início dessas reflexões, afirmei que concedemos uma certa amplitude aos grandes poetas, que dificilmente nos disporíamos a nos conceder reciprocamente no curso comum dos acontecimentos. Não nego que isso possa ofender o senso de justiça de muitos; de fato, se Brecht ainda estivesse entre nós, certamente seria o primeiro a protestar violentamente contra tal exceção. (Em *Me-ti*, livro publicado postumamente, acima mencionado, ele sugere uma sentença para o "homem bom" que errou. "Ouça", diz após o término do interrogatório, "sabemos que você é nosso inimigo. Portanto, agora encostaremos você à parede. Mas em consideração pelos seus méritos e virtudes, será uma boa parede, e dispararemos contra você com boas balas de boas armas, e o enterraremos com boas pás num bom solo.") Entretanto, a igualdade perante a lei, que geralmente adotamos como padrão também para nossos juízos morais, não é absoluta. Todo julgamento está aberto ao perdão, todo ato de julgar pode se converter num ato de perdão; julgar e perdoar são apenas os dois lados de uma mesma moeda. Mas os dois lados seguem regras diversas. A majestade das leis exige que sejamos iguais — que apenas contem nossos atos, e não a pessoa que os cometeu. O ato de perdoar, pelo contrário, leva a pessoa em consideração; nenhum perdão perdoa o assassinato ou o roubo, mas somente o assassino ou o ladrão. Sempre perdoamos *alguém*, nunca *algo*, e é por isso que as pessoas acham que só o amor pode perdoar. Mas, com ou sem amor, perdoamos em favor da pessoa e, enquanto a justiça exige que todos sejam iguais, a clemência insiste na desigualdade — uma desigualdade que implica que cada homem é, ou deveria ser, mais do que quer que tenha feito ou executado. Em sua juventude, antes de adotar a "utilidade" como o padrão último para o julgamento das pessoas, Brecht sabia disso melhor do que ninguém. Há uma "Balada sobre os segredos de todo e cada homem", no *Manual de devoção*, cuja primeira estrofe, na tradução de Bentley, diz o seguinte:

Todos sabem o que é um homem. Ele tem um nome.
Ele anda na rua. Ele se senta no bar.
Todos vocês podem ver seu rosto. Todos vocês podem ouvir sua voz
E uma mulher lavou sua camisa e uma mulher penteia seu cabelo.
Mas matem-no! Por que não, se de fato
Ele nunca foi senão
O agente de suas más ações ou
O agente de suas boas ações.

O padrão que rege nesse domínio da desigualdade encontra-se ainda no velho dito romano *Quod licet Iovi non licet bovi*, o que é permitido a Júpiter não é permitido a um boi. Mas, para nosso consolo, essa desigualdade opera nos dois sentidos. Um dos sinais de que um poeta tem direito a privilégios tais como os que aqui reivindico para ele é que existem certas coisas que ele não pode fazer e, ainda assim, continua a ser o que é. A tarefa do poeta é cunhar as palavras pelas quais vivemos, e certamente ninguém vai viver pelas palavras que Brecht escreveu em louvor a Stálin. O simples fato de ter sido capaz de escrever versos tão indizivelmente ruins, muito piores do que faria um versejador de garatujas de quinta categoria culpado dos mesmos pecados, mostra que *quod licet bovi non licet Iovi*, o que é permitido a um boi não é permitido a Júpiter. Pois, possa-se ou não louvar a tirania com "vozes primorosas", é certo que os meros intelectuais ou literatos não são punidos pelos seus pecados com a perda do talento. Nenhum deus se reclinou sobre seu berço; nenhum deus se vingará. Há muitíssimas coisas permitidas a um boi e não a Júpiter; isto é, não àqueles que têm algo de Júpiter — ou melhor, são abençoados por Apolo. Assim o fio do velho dito corta pelos dois gumes, e o exemplo do "pobre B. B.", que nunca desperdiçou nenhuma partícula de piedade consigo mesmo, pode nos ensinar quão difícil é ser poeta no século XX ou em qualquer outra época.

RANDALL JARRELL: 1914-1965

Encontrei-o logo depois do final da guerra, quando veio para Nova York, para editar a seção de livro do *The Nation* durante a ausência de Margaret Marshall, e eu trabalhava para a Schocken Books. O que nos reuniu foram os "negócios" — eu ficara muito impressionada com alguns de seus poemas de guerra e lhe pedi que traduzisse alguns poemas alemães para a editora, e ele publicou (devo dizer que traduzidos para o inglês) algumas resenhas minhas sobre livros para *The Nation*. Assim, como pessoas em negócios, adquirimos o hábito de almoçar juntos, e esses almoços, suspeito mas não lembro com certeza, eram pagos alternadamente pelos nossos patrões; pois ainda era uma época em que éramos todos pobres. O primeiro livro que ele me deu foi *Losses*, e escreveu "Para Hannah (Arendt), de seu tradutor Randall (Jarrell)", lembrando-me de brincadeira o seu primeiro nome, que demorei a empregar, mas não, conforme ele julgava, por qualquer aversão européia ao primeiro nome de batismo; para meu ouvido não inglês, Randall não parecia nem um pouco mais íntimo que Jarrell, e de fato ambos soavam muito semelhantes.

Não sei quanto tempo se passou até que eu o convidasse à nossa casa; suas cartas não ajudam muito, pois são todas sem data. Mas durante alguns anos ele veio a intervalos regulares e, para anunciar sua próxima visita, escrevia, por exemplo: "Você podia marcar em sua agenda sáb. 6 out., dom. 7 out. — Fim de Semana da Poesia Americana". E era exatamente isso que sempre acontecia. Lia para mim poesias em inglês durante horas, antigas e novas, raramente de sua autoria, as quais, no entanto, durante uma época, costumava enviar pelo correio tão logo saíam da máquina de escrever. Abriu-me um mundo totalmente novo de sons e métrica, e ensinou-me o peso específico das palavras em inglês, cujo peso relativo, como em todas as línguas, é determinado em última instância pelo uso e padrões poéticos. O que conheço da poesia em inglês, e talvez do gênio da língua, é a ele que devo.

O que originalmente o atraiu não só a mim ou a nós, mas à casa, foi o simples fato de ser um lugar onde se falava alemão. Pois

> *Eu creio —*
> *realmente creio e creio —*
> *O país que mais aprecio é o alemão.*

O "país", evidentemente, não era a Alemanha, mas o alemão, língua que mal conhecia e obstinadamente se recusava a aprender — "Ai, meu alemão não está um *pouco* melhor: se traduzo, como posso ter tempo para aprender alemão? Se não traduzo, esqueço o alemão", foi o que escreveu após minha última tentativa não muito convicta de fazê-lo usar uma gramática e um dicionário.

> *É com Confiança e Amor e lendo Rilke,*
> *Sem* ein Wörterbuch, *que se aprende alemão.*

Para ele, afinal de contas, isso era bastante verdade, pois lera dessa forma os contos de Grimm e *Des Knaben Wunderhorn*, como se estivesse totalmente à vontade na estranha e intensa poesia dos contos e canções populares alemães, que estão num alemão tão intraduzível quanto, digamos, o intraduzível inglês de *Alice no País das Maravilhas*. De qualquer modo, foi esse elemento popular na poesia alemã que ele amou e reconheceu em Goethe e até em Hölderlin e Rilke. Muitas vezes achei que o país para ele representado pela língua alemã era o lugar de onde realmente proviera, até nos detalhes da aparência física, como uma figura de um país de fadas; era como se tivesse sido trazido por algum vento encantado até as cidades dos homens, ou surgido das florestas enfeitiçadas onde passamos nossa infância, trazendo consigo a flauta mágica, e agora não só querendo, mas *esperando* que tudo e todos viessem se unir à dança da meia-noite. O que quero dizer é que Randall Jarrell teria sido um poeta mesmo que nunca tivesse escrito um único poema — assim como aquele proverbial Rafael, se nascesse sem mãos, ainda teria sido um grande pintor.

Conheci-o melhor durante alguns meses de inverno no início dos anos 1950, quando ficou em Princeton, que lhe parecia *"muito* mais princetoniano que — que Princeton mesmo". Ele vinha a Nova York nos finais de semana, deixando atrás, como dizia, uma casa inteira de pratos e quartos desarrumados e sabe Deus quantos cachorros de rua com quem fizera amizade. No momento em que entrava no apartamento, eu tinha a sensação de que a casa ficava enfeitiçada. Nunca descobri como ele realmente fazia isso, mas não havia um objeto sólido, um utensílio ou uma peça de mobília que não sofresse uma sutil transformação, perdendo nesse processo sua prosaica função cotidiana. Essa transformação poética podia se tornar irritantemente real quando ele decidia, como muitas vezes acontecia, me acompanhar até a cozinha para me entreter enquanto eu preparava nosso jantar. Ou ele podia decidir visitar meu marido e empenhá-lo em algum longo e ardoroso debate sobre os méritos e categorias de escritores e poetas, e suas vozes ressoavam fortes quando tentavam se sobrepujar ou um falar mais alto que o outro — quem sabia melhor apreciar *Kim*, quem era maior poeta, Yeats ou Rilke? (Randall, evidentemente, votava por Rilke, e meu marido por Yeats), e assim por diante, durante horas. Como escreveu Randall, depois de uma dessas disputas aos gritos, "é sempre espantoso (para um entusiasta) ver alguém mais entusiástico que você — como o segundo homem mais gordo do mundo ao encontrar o mais gordo".

Em seu poema sobre os contos de Grimm, "Os *Märchen*", descreveu a terra de onde viera:

> *Ouvindo, ouvindo; nunca está quieto.*
> *É a floresta [...]*

onde

A luz do sol veio a eles, conforme nosso desejo,
E nós acreditamos, até o anoitecer, naquele desejo;
E nós acreditamos, até o anoitecer, em nossas vidas.

O seu caso não era absolutamente o do homem que foge ao mundo e constrói um castelo de sonhos; pelo contrário, ele encarava o mundo de frente. E o mundo, para sua perpétua surpresa, era como era — não povoado de poetas e leitores de poesia, que para ele pertenciam à mesma raça, mas por telespectadores e leitores de *Seleções do Reader's Digest*, e, pior de tudo, por essa nova espécie, o "crítico moderno", que existe não mais "em consideração das peças e histórias e poemas que critica", mas em sua própria consideração, que sabe "como são montados os poemas e os romances", ao passo que o pobre escritor "tinha apenas de montá-los. Da mesma forma, se um porco passeasse à sua frente durante um concurso de toucinhos, você diria impaciente: 'Sai, porco! O que você entende de toucinhos?'". O mundo, em outras palavras, não recebia bem o poeta, não lhe era grato pelo esplendor que trouxera, parecia dispensar seu "poder imemorial de converter as coisas desse mundo vistas e sentidas e vivas em palavras", e portanto condenava-o à obscuridade, então lamentando que ele era "obscuro" demais e não podia ser compreendido, até que finalmente "o poeta dizia: 'Já que vocês não me lerão, garanto que não conseguirão'". Todas essas queixas eram bastante comuns, de fato tão comuns que, de início, eu não conseguia entender por que afinal ele se incomodava com elas. Apenas aos poucos descobri que ele não queria pertencer aos "poucos felizes que, dia a dia, são cada vez mais poucos e mais infelizes", pela simples razão de ser um democrata sincero, com "uma educação científica e uma juventude radical", "antiquado o suficiente para acreditar, como Goethe, no Progresso". E devo confessar que demorei ainda mais para perceber sua maravilhosa presença de espírito, como entendo a precisão de seu riso, não era a simples conseqüência de sua descrença em qualquer tipo de facilidade e vulgaridade, ou de sua crença no fato de que qualquer pessoa com quem entrasse em contato tinha o seu próprio sentimento absoluto (como a absoluta intensidade) pela qualidade, esse juízo infalível em assuntos artístico, e em todos os assuntos humanos, mas que existia também, como ele mesmo indicou em "A obscuridade do poeta", o irônico e auto-irônico "tom de alguém acostumado à impotência". Confiei na própria exuberância de sua cordialidade, julguei ou esperei que seria suficiente para aparar todos os perigos a que ele estava tão evidentemente exposto, pois eu achava que seu riso tinha essa exatidão tão perfeita. Como, afinal, alguma das asneiras eruditas ou sofisticadas sobre a "adaptação" poderia esperar sobreviver a essa sua única frase (em *Pictures from an Institution* [Retratos de uma instituição]): "O presidente Robbins estava tão bem adaptado ao seu ambiente que às vezes você não conseguiria dizer o que era o ambiente e o que era o presidente Robbins"? E se você não consegue esquecer a asneira com o riso, qual o remédio? Refutar ponto a ponto todos os absurdos produzidos pelo século XX exigiria o prazo de dez vidas, e ao final os refutadores se distinguiram tão pouco de suas vítimas quanto o presidente da Instituição em relação ao seu ambiente. Randall, de qualquer forma, nada tinha a protegê-lo contra o mundo além do seu esplêndido riso, e a imensa coragem nua por trás dele.

Quando o vi pela última vez, não muito antes de sua morte, o riso quase se fora, e ele estava quase prestes a admitir a derrota. Era a mesma derrota que ele previra mais de dez anos antes, no poema intitulado "A Conversation with the Devil" [Uma conversa com o demônio]:

Indulgente, ou cândido, ou incomum leitor
— Tenho alguns: uma esposa, uma freira, um fantasma ou dois —
Se escrevo para alguém, escrevi para você;
Então sussurre, quando eu morrer, Éramos muito poucos;
Escreva sobre mim (se puder; eu mal soube)
Que eu — que eu — mas qualquer coisa servirá,
Estou satisfeito... E no entanto —
                         e no entanto vocês eram *muito poucos:*
Deveria talvez ter escrito para seus irmãos,
Aqueles outros manhosos, comuns, não indulgentes?

MARTIN HEIDEGGER FAZ OITENTA ANOS

Juntamente com seu octogésimo aniversário, Martin Heidegger festeja o cinqüentenário de sua atividade pública como professor. Platão disse um dia: "Pois o começo é também um deus que, enquanto permanece entre os homens, tudo salva" (*Leis*, 775e).

Que então me seja permitido principiar por esse começo na vida pública, não no ano de 1889 em Messkirch, mas no ano de 1919, iniciação do professor na vida pública acadêmica alemã na Universidade de Friburgo. Pois o renome de Heidegger é mais antigo que a publicação de *Sein und Zeit* [O ser e o tempo] em 1927, e pode-se até perguntar se o insólito êxito desse livro — não apenas a impressão que imediatamente provocou, mas sobretudo seu extraordinário efeito a longo prazo, medida pela qual podem se medir pouquíssimas publicações no século XX — teria sido possível sem, como se diz, o êxito professoral que o precedeu e foi por ele apenas confirmado, pelo menos no espírito dos estudantes da época.

Havia algo de estranho nessa primeira glória, talvez ainda mais do que na de Kafka no início dos anos 1920, ou na de Braque e de Picasso ao longo da década anterior. Estes eram igualmente desconhecidos do público, no sentido corrente do termo, e no entanto exerciam uma influência extraordinária. Mas, no caso de Heidegger, não existia nada em que sua fama pudesse se apoiar, nenhum texto e apenas notas de cursos, que circulavam de mão em mão; e os cursos tratavam de textos universalmente conhecidos, sem conter nenhuma doutrina a ser tomada e transmitida. Não havia senão um nome, mas o nome viajava por toda a Alemanha como a novidade do rei secreto. Tratava-se de algo totalmente diferente dos "círculos" centrados em torno de um "mestre" e por ele dirigidos (como, por exemplo, o círculo George). Estes, bastante conhecidos do público, dele se ocultavam por trás da aura de um mistério que pretensamente apenas os membros do círculo conheceriam. No caso em questão, não havia mistério nem iniciados. Os alcançados pela novidade sem dúvida se conheciam entre si, pois eram todos estudantes; por vezes houve amizade entre eles e mesmo depois assistiu-se, aqui ou ali, à formação de grupos, mas jamais existiu um círculo e nada houve de esotérico.

Quem então alcançava a novidade, e o que dizia ela? Desde a Primeira Guerra Mundial havia nas universidades alemãs certamente não uma revolta, mas uma grande insatisfação na atividade acadêmica docente e discente, espalhando-se por todas as faculdades que fossem algo além de simples escolas profissionais e todos os estudantes para quem o estudo significava mais que uma preparação para seus ofícios. A filosofia não era um ganha-pão; era antes a disciplina dos famintos resolutos e, por isso mesmo, muito exigentes. Não aspiravam absolutamente à sabedoria: quem se interessava pela solução de todos os enigmas tinha à sua disposição um vasto sortimento no mercado das concepções de mundo e respectivos partidos; para fazer sua escolha, não havia nenhuma necessidade de um ensino filosófico. Mas o que eles queriam, tampouco o sabiam. A Universidade em geral lhes oferecia as escolas — os neokantianos, os neo-hegelianos, os neoplatônicos etc. — ou a velha disciplina escolar, convenientemente dividida em compartimentos, como a teoria do conhecimento, a estética, a ética, a lógica etc., que não era verdadeiramente transmitida, mas antes esvaziada de sua substância por um tédio sem fim. Contra essa atividade em suma confortável e, à sua maneira, também totalmente sólida, havia então, mesmo antes do aparecimento de Heidegger, um pequeno número de rebeldes. Cronologicamente falando, houve Husserl e seu apelo para ir "às coisas mesmas"; isso significava: "Deixemos as teorias, deixemos os livros" e estabeleçamos a filosofia como uma ciência rigorosa que consiga ser admitida ao lado das outras disciplinas acadêmicas. Era algo naturalmente muito ingênuo e desprovido de qualquer intenção rebelde, mas foi algo que primeiro Scheler e, um pouco depois, Heidegger puderam reivindicar. A seguir houve também em Heidelberg, conscientemente rebelde e oriundo de uma outra tradição, Karl Jaspers, que, como se sabe, por longo tempo manteve laços de amizade com Heidegger, exatamente porque o que havia de rebelde no desígnio de Heidegger lhe interessava como algo radicalmente filosófico em meio ao falatório acadêmico *sobre* a filosofia.

O que esse pequeno número de pessoas tinha em comum era — para usar as palavras de Heidegger — o fato de saber distinguir "entre um objeto de erudição e uma coisa pensada",[1] e o objeto de erudição lhes era praticamente indiferente. A novidade então alcançava os que estavam a par, de modo mais ou menos expresso, da ruptura da tradição e dos "tempos sombrios" que acabavam de despontar: os que, por conseguinte, consideravam a erudição nas coisas da filosofia como um jogo ocioso e só se dispunham a se dobrar à disciplina acadêmica porque por aí passava, para eles, a "coisa pensada" ou, como Heidegger diria hoje, "a coisa do pensar" (*Zur Sache des Denkens*, 1969). A novidade que os atraía a Friburgo com o *Privatdozent*, e um pouco depois em Marburgo, dizia: há alguém que efetivamente atinge as coisas que Husserl proclamou; sabe que elas não são um assunto acadêmico, mas a preocupação do homem pensante e isso, de fato, não só desde ontem ou hoje, mas desde sempre; e, exatamente porque para ele o fio da tradição se rompeu, redescobre o passado. O decisivo no método era que, por exemplo, não se falava *sobre* Platão e não se expunha sua doutrina das idéias, mas seguia-se e se sustentava um diálogo durante um semestre inteiro, até não ser mais uma doutrina milenar, mas apenas uma problemática altamente contemporânea. Hoje em dia, isso sem dúvida nos parece totalmente familiar: agora muitos procedem assim; antes de Heidegger, ninguém o fazia. A novidade simplesmente dizia: o pensamento tornou a ser vivo, ele faz com que falem tesouros

---

[1] *Aus der Erfahrung des Denkens* (1947), Pfullingen, 1954.

culturais do passado considerados mortos e eis que eles propõem coisas totalmente diferentes do que desconfiadamente se julgava. Há um mestre; talvez se possa aprender a pensar.

Assim, o rei secreto no reino do pensar, inteiramente pertencente a esse mundo, está porém de tal modo nele oculto que não se pode saber com certeza se existe ou não, mas os habitantes são contudo mais numerosos do que se imagina. Pois como se poderia explicar de outra forma a influência única, muitas vezes subterrânea, do pensar e ler pensante heideggerianos, que ultrapassa tão amplamente o círculo dos alunos e o que geralmente se entende por filosofia?

Pois não foi a filosofia de Heidegger, e pode-se com justiça indagar se ela existe (como o faz Jean Beaufret), mas sim o pensar de Heidegger que contribuiu para determinar tão decisivamente a fisionomia espiritual do século XX. Este pensar tem uma qualidade de abertura que lhe é exclusiva e, para apreendê-la e indicá-la em palavras, reside no uso transitivo do verbo "pensar". Heidegger jamais pensa "sobre" alguma coisa; ele pensa alguma coisa. Nessa atividade absolutamente não contemplativa, mergulha nas profundezas, mas não se trata, nessa dimensão — da qual se poderia dizer que antes permanecia, dessa maneira e com essa precisão, pura e simplesmente não descoberta —, de descobrir ou revelar um solo último e seguro, mas, mantendo-se nas profundezas, de abrir caminhos e colocar "pontos de referência" (*Wegmarken* é o título de uma coletânea de textos dos anos 1929-1962). Este pensar pode se propor tarefas, pode se atrelar a "problemas", e mesmo naturalmente tem sempre algo de específico com que se ocupa ou, mais precisamente, com que se estimula; mas não se pode dizer que há um fim. Está permanentemente em atuação, e mesmo a formação dos caminhos serve antes à abertura de uma dimensão do que à realização de um fim previamente estabelecido. Os caminhos podem ser pacíficos "caminhos florestais" (*Holzwege* é o título de uma coletânea de ensaios dos anos 1936-1946) que, por não conduzirem a um fim estabelecido fora da floresta e "se perdem de repente no não-aberto", são incomparavelmente mais adequados para quem ama a floresta e nela se sente à vontade do que as rotas de problemas cuidadosamente traçadas onde se acotovelam as pesquisas dos especialistas em filosofia e ciências humanas. Em alemão, a metáfora dos "caminhos florestais" exprime algo muito essencial, não só que, como sugere o termo alemão, a pessoa está engajada num "caminho que não leva a lugar nenhum", do qual ela não se afasta, mas também que, como o lenhador, cujo assunto é a floresta, segue caminhos que ela mesma desbravou, e esse desbravamento faz parte do ofício tanto quanto a derrubada das árvores.

Heidegger, nessa dimensão de profundidade aberta apenas pelo seu pensar ativo, estabeleceu uma grande rede dessas trilhas do pensamento; certamente, o único resultado imediato levado em consideração, e que formou escola, foi o de ter derrubado o edifício da metafísica existente, onde, em todo caso, ninguém mais, há muito tempo, se sentia realmente à vontade, como as galerias e sapas subterrâneas fazem desmoronar aquilo cujos alicerces não têm profundidade suficiente. Esse é um assunto histórico, talvez até de primeira ordem, mas nós que nos mantemos no exterior de todos os corpos de ofícios, inclusive o dos historiadores, não precisamos nos preocupar com isso. O fato de se poder, numa perspectiva específica, chamar com justiça Kant de "demolidor" pouco importa, senão em relação ao seu papel histórico e ao menos *quem* ele foi. No que concerne ao papel desempenhado por Heidegger na demolição da metafísica, que, de qualquer modo, era iminente, é a ele, e apenas a ele, que se deve agradecer que tal desmoronamento tenha ocorrido de maneira digna do que o precedeu; que a metafísica tenha sido *pensada* em todas as suas conseqüências e não apenas repassada e ultrapassada pelo que veio a seguir. "O fim da filosofia", como diz Heidegger em *Zur Sache des Denkens*, mas um fim que honra a filosofia e mantém sua honra, preparado por aquele que lhe era mais profundamente apegado. Por toda a vida tomou os textos dos filósofos como base de seus seminários e cursos, e é só na velhice que avança e se arrisca a realizar um seminário sobre um texto seu. *Zur Sache des Denkens* contém o "Protocolo para um seminário sobre a conferência *Tempo e ser*",[2] que constitui a primeira parte do livro.

Eu dizia que se seguia a novidade para aprender o pensar e o que então se experimentava era que o pensar como pura atividade, isto é, algo que não se põe em movimento nem pela sede de saber, nem pela necessidade de conhecer, pode se tornar uma paixão que não sufoca as outras capacidades e dons, mas ordena-os e governa-os. Estamos tão habituados às velhas oposições entre a razão e a paixão, entre o espírito e a vida, que a idéia de um pensar *apaixonado*, onde o Pensar e o Estar-Vivo se tornam um, espanta-nos um pouco. O próprio Heidegger uma vez exprimiu essa fusão — segundo uma anedota comprovada — numa fórmula lapidar, quando, no início de um curso sobre Aristóteles, em lugar da introdução biográfica costumeira, disse: "Aristóteles nasceu, trabalhou e morreu". Que exista algo assim é, na verdade, como podemos reconhecer logo a seguir, a condição de possibilidade da filosofia. Mas é mais que duvidoso que tivéssemos jamais experimentado tal coisa no século XX sem a existência pensante de Heidegger. Esse pensar que toma seu desenvolvimento como paixão a partir do simples fato do ter-nascido-no-mundo, e desde então "pensa sobre o traço do sentido que reina em tudo o que é",[3] pode também não ter nenhum objetivo final — o conhecimento ou o saber — além da própria vida. O fim da vida é a morte, e no entanto o homem não vive pelo desígnio da morte, mas por ser um ser vivo; ele não pensa em vista de qualquer resultado que seja, mas por ser um "ser pensante, isto é, meditativo".[4]

Isso tem por conseqüência o fato de que o pensar se comporta em relação aos seus próprios resultados de forma destrutiva, isto é, crítica. Os filósofos certamente têm demonstrado, desde as escolas filosóficas da Antiguidade, uma tendência fatal

---

[2] Conferência publicada em *L'endurance de la pensée*, em homenagem a Jean Beaufret, Paris, Plon, 1968.

[3] *Gelassenheit*, Pfullingen, 1959.

[4] Ibid., p. 16.

à construção de sistemas, e atualmente sentimos muitas vezes dificuldades em desmontar os edifícios fabricados para descobrir o que foi propriamente pensado. Entretanto, essa tendência não se origina do pensar, mas de necessidades totalmente diversas e em si perfeitamente legítimas. Se se quiser medir o pensar em seu ardor imediato e apaixonado pelos seus resultados, acontecerá o mesmo que ocorreu com o manto de Penélope — o que se fiou durante o dia a cada vez é inexoravelmente desfeito à noite, para poder ser novamente recomeçado no dia seguinte. Cada texto de Heidegger se lê, apesar das referências ocasionais à obra já publicada, como se recomeçasse tudo e retomasse apenas a língua já forjada por ele, a sua terminologia; mas aí os conceitos são apenas "pontos de referência", graças aos quais se orienta um novo curso do pensar. Heidegger alude a essa propriedade do pensar quando ressalta "em que medida a questão *crítica*: em que consiste a atividade do pensar? pertence necessária e constantemente ao pensar"; quando fala, a propósito de Nietzsche, da "ausência de consideração com a qual a cada vez recomeça o pensar"; quando diz que o pensar tem "o caráter de um retrocesso". E ele pratica esse retrocesso quando submete *Sein und Zeit* a uma "crítica imanente" ou afirma que uma interpretação determinada da verdade platônica "não é sustentável" ou fala muito genericamente do "olhar para trás" sobre sua obra, "que se torna sempre retratação", o que não significa revogação, mas pensar de novo o já pensado.[5]

Todo pensador, se se torna muito velho, deve assim aspirar a dissolver o que há de resultado propriamente dito em seu pensar, e simplesmente porque ele o medita novamente. Ele dirá com Jaspers: "E agora, que se desejaria pela primeira vez realmente começar, é preciso partir!". O eu pensante não tem idade, e, na medida em que os pensadores não existem efetivamente senão no pensar, sua felicidade e infelicidade é o se tornarem velhos sem envelhecer. Com a paixão do pensar ocorre o mes-

[5] *Zur Sache des Denkens*, Tübingen, 1969, pp. 61, 30, 78.

mo que acontece com as outras paixões: o que habitualmente conhecemos como particularidades próprias da pessoa, cuja totalidade ordenada pela vontade produz então algo como um caráter, não resiste ao assalto da paixão que toma e, de certa forma, se apodera do homem e da pessoa. O eu que, pensando, "se sustém em si mesmo" na tempestade desencadeada, como diz Heidegger, e para quem o tempo literalmente pára, não só não tem idade, como também, ainda que sempre um eu especificamente diferente, não tem particularidade. O eu pensante é totalmente diferente do si da consciência.

Além disso, o pensar, como Hegel uma vez observou a propósito da filosofia (em 1807, numa carta a Zellmann), é "algo solitário"; e isso não só porque estou só, no que Platão chama de "o diálogo áfono comigo mesmo" (*Sofista*, 263e), mas porque nesse diálogo sempre entra algo "indizível" que não pode ser totalmente trazido à voz pela linguagem, e tampouco propriamente à palavra, pois não se comunica nem aos outros nem mesmo ao interessado. É sem dúvida esse "indizível", de que Platão fala na Sétima Carta, que transforma a tal ponto o pensar em algo solitário e constitui, porém, o solo nutriz sempre diverso de onde se eleva e se renova constantemente. Poder-se-ia imaginar — mas não é absolutamente o caso no que concerne a Heidegger — que a paixão do pensar se funda de imprevisto sobre o homem mais sociável e o destrói à força da solidão.

O primeiro e, ao que eu saiba, o único a falar do pensar como *pathos*, como prova que se funda sobre alguém que deve suportá-la, foi Platão, que, no *Teeteto* (155d), cita o espanto como o início da filosofia, certamente sem ter em vista a simples surpresa que nasce em nós quando encontramos algo estranho. Pois o espanto que é o começo da filosofia — tal como a surpresa é o começo das ciências — vale para o cotidiano, o evidente, o perfeitamente conhecido e reconhecido; é também a razão de não ser redutível a nenhum conhecimento. Heidegger fala uma vez, na total acepção de Platão, do "poder de se espantar diante do simples", mas à diferença de Platão acrescenta: "e aceitar esse espanto como morada".⁶ Esse acréscimo me parece decisivo para uma reflexão sobre quem é Martin Heidegger. É permitido esperar que muitos homens talvez conheçam o pensar e a solidão a ele vinculada; mas certamente não têm aí a sua morada, e se os toma o espanto perante o simples e, cedendo ao espanto, deixam-se engajar no pensar, sabem que são arrancados à morada que lhes cabe no *continuum* dos afazeres e atividades onde se realizam as preocupações humanas e que a ela retornam após um breve momento. A morada de que fala Heidegger se encontra então, metaforicamente falando, longe das casas dos homens; e qualquer tempestade que possa aí irromper sempre será um grau mais metafórica do que quando falamos de tempestades da época. Comparada aos outros lugares do mundo, aos lugares dos assuntos humanos, a morada do pensador é um "lugar de calma".⁷

Originalmente é o próprio espanto que engendra e difunde a calma, e é devido a essa calma que o abrigo contra todos os ruídos, inclusive o da própria voz, se torna a condição indispensável para que, a partir do espanto, um pensar possa se desenvolver. Isso implicitamente significa que tudo que entra no círculo desse pensar sofre uma transformação. Em sua separação essencial em relação ao mundo, o pensar sempre se dedica apenas ao ausente, a questões ou coisas subtraídas à percepção imediata. Se, por exemplo, encontra-se um homem face a face, ele é percebido de fato em sua corporeidade, mas não se *pensa* nele. Se se pensa, já se interpõe um muro entre os que se encontram, secretamente se distancia o contato imediato. Para se aproximar pelo pensar de uma coisa ou, antes, de um homem, eles devem se manter distantes da percepção imediata. O pensar, diz Heidegger, é "a aproximação do distante".⁸

Pode-se facilmente compreendê-lo com o auxílio de uma ex-

---

⁶ *Alèthéia*, in *Vorträge und Aufsätze*, Pfullingen, 1954, p. 55.
⁷ *Zur Sache des Denkens*, p. 75.
⁸ *Gelassenheit*, p. 45.

periência bastante conhecida. Partimos de viagem para examinar de perto curiosidades distantes; muitíssimas vezes é só na lembrança retrospectiva, quando a impressão não mais nos pressiona, que as coisas que vimos tornam-se totalmente próximas, como se então revelassem pela primeira vez o seu sentido, pois não estão mais presentes. Essa inversão das relações e ligações — que o pensar distancie o próximo, isto é, se retire do próximo, e aproxime o distante — é decisiva para nos esclarecer sobre a morada do pensar. Se a lembrança que se torna reminiscência no pensar desempenhou um papel tão importante na história do pensar sobre o pensar, como capacidade mental, é por nos garantir que o próximo e o distante, como são dados na sensibilidade, são suscetíveis de uma tal inversão.

Heidegger não se explicou sobre a "morada" que lhe cabia, a morada do pensar, senão de modo ocasional e alusivo, e no mais das vezes negativamente — como quando diz que o questionar do pensar "não se sustém na ordem habitual do cotidiano", não se encontra "no domínio onde, sob pressão, levam-se em consideração e se satisfazem as necessidades imperiosas do dia":[9] "o próprio questionar está fora da ordem". Mas essa relação próximo-distante e sua inversão no pensar atravessam, como um tom fundamental pelo qual tudo se afina, a obra inteira. Presença e ausência, abrigo e desabrigo, proximidade e afastamento — seu encadeamento e as relações que reinam entre eles nada têm a ver, por assim dizer, como lugar comum segundo o qual não poderia haver presença se não se experimentasse a ausência, proximidade sem afastamento, desabrigo sem abrigo. Na perspectiva da morada do pensar, o que de fato reina em torno dela, na "ordem habitual do cotidiano" e dos afazeres humanos, é a "retirada" ou "o esquecimento" do ser: a retirada daquilo que é o assunto do pensar, aquilo que, por sua natureza, se sustém no contato com o ausente. A superação dessa retirada sempre é paga por uma retirada do mundo dos afazeres humanos, mesmo

---

[9] *Einführung in die Metaphysik*, Tübingen, 1952, p. 10.

que o pensar medite justamente esses afazeres em sua calma retirada. Também Aristóteles, tendo ainda em vista o grande exemplo de Platão, já aconselhara insistentemente aos filósofos que não quisessem passar por reis no mundo da política.

"O poder" de "se espantar", pelo menos ocasionalmente, "diante do simples" é sem dúvida próprio a todos os homens, e os pensadores do passado e do presente que nos são familiares podem desde então se distinguir pelo fato de desenvolverem, a partir desse espanto, o poder de pensar, isto é, o pensar que lhes é próprio. Já com o poder de aceitar esse espanto como "morada", as coisas são diversas. Ele é extraordinariamente raro, e só o encontramos quase seguramente atestado em Platão, que muitas vezes se pronunciou contra os perigos dessa morada e, mais radicalmente, no *Teeteto* (173-6). Aí também apresenta, e é visivelmente o primeiro a fazê-lo, a história de Tales e da jovem camponesa trácia que viu como o "sábio", alçando o olhar para contemplar as estrelas, caiu dentro do poço e riu do fato de que um homem que queria conhecer o céu não soubesse mais o que se encontrava aos seus pés. Tales, a crermos em Aristóteles, ficou tanto mais ofendido porque seus concidadãos tinham o costume de ridicularizar sua pobreza; e, elaborando uma especulação sobre as prensas a óleo, quis demonstrar que seria fácil para os "sábios" enriquecerem se isso lhes parecesse sério (*Política*, 1259 e ss.). E como os livros, como se sabe, não são escritos para as camponesas, a risonha trácia ainda teve que ouvir Hegel dizer que ela realmente não tinha nenhum senso de elevação.

Platão, que na *República* queria não só proibir aos poetas o seu ofício, mas também o riso aos cidadãos, pelo menos da classe dos guardiães, temia mais as zombarias de seus concidadãos do que a hostilidade das opiniões contra a exigência do caráter absoluto da verdade. Talvez soubesse precisamente que a morada do pensador, vista de fora, é facilmente comparável à Cidade-dos-Cucos-nas-Nuvens de Aristófanes. Em todo caso, ele sabia que o pensar, quando quer negociar seu pensamento, é incapaz de se defender contra o riso dos outros; e este pode ter sido um motivo para partir para a Sicília, por três vezes, em idade já avançada, a fim de ajudar o tirano de Siracusa a tomar o bom caminho, ensinando-lhe as matemáticas, que lhe pareciam uma introdução indispensável à filosofia. Ele não notou que essa empresa fantástica, da perspectiva da camponesa, parece muito mais cômica do que a desventura de Tales. E de certa forma com razão: pois, pelo que sei, ninguém riu, e não conheço nenhum relato desse episódio onde se permita rir. Os homens evidentemente ainda não descobriram para que serve o riso — talvez porque seus pensadores, que desde sempre foram levados a falar mal do riso, abandonaram a questão, se bem que por vezes, aqui e ali, um deles gastou os miolos sobre suas manifestações imediatas.

Ora, sabemos todos que Heidegger também cedeu uma vez à tentação de mudar de "morada" e de se "inserir", como então se dizia, no mundo dos afazeres humanos. E, no que concerne ao mundo, mostrou-se ainda um pouco pior para Heidegger do que para Platão, pois o tirano e suas vítimas não estavam além-mar, mas em seu próprio país.[10] No que concerne a ele mesmo, creio que as coisas são outras. Ele era ainda bastante jovem para — a partir do choque resultante da colisão que o lançou, há 35 anos

---

[10] Essa fuga, que hoje — depois de dissipada a amargura e sobretudo depois que, em certa medida, se fez justiça a inumeráveis falsas informações — é mais usualmente chamada de "erro", tem múltiplos aspectos, entre eles o da época da República de Weimar, que não se mostrava de forma alguma aos que nela viviam sob essa luz rósea com que se a vê atualmente, por oposição ao aterrorizante pano de fundo do que se seguiu. O conteúdo do erro se distingue consideravelmente do que então foi a execução de "erros". Quem, além de Heidegger, chegou à idéia de ver no nacional-socialismo "o encontro da técnica planetariamente determinada com o homem dos Tempos Modernos" — a menos que se leiam, em lugar de *Mein Kampf* de Hitler, alguns textos dos futuristas italianos onde, aqui e ali, reivindica-se o fascismo ao invés do nacional-socialismo? Não há dúvida de que esses textos são mais interessantes de ler, mas o que importa é que Heidegger, como tantos outros intelectuais alemães nazistas e antinazistas de sua geração, jamais leu *Mein Kampf*.

Esse erro perde importância quando comparado ao erro muito mais decisivo, que consistiu em se esquivar à realidade dos porões da Gestapo e dos infernos de torturas dos campos de concentração que surgiram imediatamente depois do incêndio de Reichstag, refugiando-se em regiões pretensamente mais signie depois de dez curtos meses de febre, de volta para a morada que lhe cabia — extrair uma lição, em seu pensar, do que experimentara. O que se seguiu para ele foi a descoberta da vontade como vontade de vontade, sob as espécies da vontade de poder. Sobre o querer muito se escreveu nos tempos modernos e sobretudo na época contemporânea: mas sobre sua essência, apesar de Kant, apesar de Nietzsche, pouco se meditou. De qualquer forma, ninguém antes de Heidegger viu o quanto essa essência é contrária ao pensar e exerce sobre ele uma ação destrutiva. Ao pensar pertence a "aquiescência", e no horizonte do querer o homem que pensa deve dizer de uma maneira apenas aparentemente paradoxal: "Eu quero o não-querer"; pois é apenas "ao atravessá-lo", apenas se "nos desabituamos do querer", que podemos "nos deixar abrir à essência buscada do pensar que não é um querer".[11]

---

ficativas. O poeta popular alemão Roben Gilbert exprimiu inesquecivelmente em quatro versos o que realmente se deu nessa primavera de 1933:

> *Ninguém mais precisa derrubar*
> *Cada porta a machado*
> *A nação explodiu*
> *Como um abscesso pestilento.*

Na verdade, Heidegger se deu conta desse "erro" após um breve lapso de tempo e a seguir assumiu mais riscos do que até então correra na universidade alemã. Mas não se pode afirmar o mesmo de inúmeros intelectuais e autoproclamados sábios que, não só na Alemanha, ainda e sempre preferem, ao invés de falar sobre Hitler, Auschwitz, genocídio e a "eliminação" como política permanente de despovoamento, ater-se, cada um conforme sua fantasia e gosto, a Platão, Lutero, Hegel, Nietzsche ou mesmo a Heidegger, Jünger ou Stefan George, para disfarçar sob forma adequada às ciências humanas ou à história das idéias o terrível fenômeno surgido da sarjeta. Pode-se bem dizer que a fuga da realidade tornou-se, nesse ínterim, uma profissão, fuga não para uma espiritualidade com a qual a sarjeta nunca teve nada a ver, mas para um reino fantasmático de representações e "idéias", que deslizou para a pura abstração tão distante de qualquer realidade experimentada e experimentável que, nele, os grandes pensamentos dos pensadores perderam toda e qualquer consistência e se confundem como formações de nuvens, onde uma passa constantemente para a outra.

[11] *Gelassenheit*, p. 32 e ss.

Nós, que queremos homenagear os pensadores, ainda que nossa morada se encontre no meio do mundo, não podemos sequer nos impedir de achar chocante, e talvez escandaloso, que tanto Platão como Heidegger, quando se engajaram nos afazeres humanos, tenham recorrido aos tiranos e ditadores. Talvez a causa não se encontre apenas a cada vez nas circunstâncias da época, e menos ainda numa pré-formação do caráter, mas antes no que os franceses chamam de *deformação profissional*. Pois a tendência ao tirânico pode se constatar nas teorias de quase todos os grandes pensadores (Kant é a grande exceção). E se essa tendência não é constatável no que fizeram, é apenas porque muito poucos, mesmo entre eles, estavam dispostos, além "do poder de se espantar diante do simples", a "aceitar esse espanto como morada".

Para esse pequeno número, pouco importa ao final onde podem lançá-los as tempestades de seu século. Pois a tempestade que o pensamento de Heidegger levanta — como a que ainda sopra contra nós da obra de Platão, há milênios — não se origina no século XX. Ela vem do imemorial e o que deixa atrás de si é uma realização que, como toda realização, retorna ao imemorial.

Posfácio
HANNAH ARENDT: VIDA E OBRA

Celso Lafer

I

Men in dark times (1968), que em francês foi publicado com o título *Vies politiques* (1974), é um livro com características muito próprias no conjunto da obra de Hannah Arendt. De fato, esta tem, como nota básica, a preocupação com temas — como por exemplo o totalitarismo, a revolução, a condição humana, a violência — que ela examinou com muita originalidade, reelaborando conceitos e criando categorias, graças a uma excepcional capacidade de reflexão abstrata a partir de fatos e situações concretas. *Men in dark times*, que ora se publica em português pela iniciativa oportuna da Companhia das Letras, ao contrário, é uma coletânea de ensaios sobre pessoas. Lida com vidas tão díspares como foram as de Lessing e João XXIII, Rosa Luxemburgo e Karl Jaspers, Isak Dinesen e Bertolt Brecht, Randall Jarrell e Walter Benjamin.

Alguns dos ensaios que integram *Homens em tempos sombrios*, como os sobre Jaspers e Heidegger, são evocações e depoimentos. Outros têm a dimensão de uma visão de conjunto de trajetórias. É o caso dos estudos sobre Walter Benjamin e Hermann Broch. Muitos são artigos que, partindo de biografias que Hannah Arendt resenhou, deram-lhe a oportunidade de escrever sobre figuras que a fascinaram, como Rosa Luxemburgo e Isak Dinesen. Está, portanto, dentro do espírito de seu livro traçar um perfil da própria Hannah Arendt a partir de uma biografia. É o que, tendo em vista o convite da Companhia das Letras para escrever o posfácio à edição brasileira de *Homens em tempos sombrios*, proponho-me a fazer, retomando com ligeiras modificações o ensaio que elaborei sobre o belo livro de Elisabeth Young-Bruehl, *Hannah Arendt: for love of the world* (New Haven, Yale

University Press, 1982), que foi publicado no "Caderno de Programas e Leituras" do *Jornal da Tarde* de 28/8/1982, na *Revista Brasileira de Filosofia*, vol. XXXII, fasc. 128 (out.-dez. 1982), e que também saiu em espanhol na revista *Vuelta*, dirigida por Octavio Paz (nº 73, dezembro de 1982).

II

Hannah Arendt gostava de contar histórias e eventos para, a partir deles, esclarecer conceitos e categorias. Não é fácil, no entanto, contar a história de Hannah Arendt e, a partir dela, iluminar a sua obra, respeitando o ponto de vista que ela consistentemente manifestou a respeito de biografias.

Na introdução a *Homens em tempos sombrios* ela sublinha que suas análises — sobre como as vidas das pessoas a respeito das quais escreveu foram afetadas pela História — não obedecem à idéia de relatos sobre figuras que encarnam uma época, que são porta-vozes do *Zeitgeist* ou expoentes da História. Os relatos de Hannah Arendt não são também uma busca de mundos interiores. A introspecção, como ela diz no capítulo I de sua biografia de Rahel Varnhagen — importante personalidade do romantismo alemão — dissolve situações em estados de espírito e tende a conferir uma aura de objetividade ao subjetivo que confunde as fronteiras entre o íntimo e o público. A discussão do íntimo, transposto para o domínio público, normalmente se transforma, de acordo com Hannah Arendt, na trivialidade do mexerico. É por isso que os relatos arendtianos falam das pessoas no mundo, e não — como observa Elisabeth Young-Bruehl em trabalho anterior a esta biografia — dos mundos nas pessoas, buscando, através dessa fórmula, realçar a distinção entre o público e o privado, e sobretudo o predomínio e a importância do público, que é uma das notas importantes da reflexão política de Hannah Arendt.

Os perfis biográficos elaborados por Hannah Arendt não são, por outro lado, abstrações, mas sim relatos exemplares. Isto é perfeitamente compreensível numa intelectual que sempre teve o gosto pelo concreto. Numa pensadora que não só admirava Duns Scotus — porque este insistia na importância do singular e aceitava a contingência enquanto o preço da liberdade —, como também via, na *Crítica do juízo*, de Kant, uma obra fundamental para a compreensão da política, pois esta exige, na lição arendtiana, a faculdade mental do juízo, entendido como a capacidade de julgar o particular sem dissolvê-lo no geral.

Qual seria então, na linha arendtiana, a razão pela qual alguém se dispõe a escrever uma biografia, ou seja, para começar etimologicamente, a propor por escrito uma vida? A ação e o discurso são, de acordo com Hannah Arendt, os modos pelos quais os seres humanos se revelam uns aos outros na teia das relações intersubjetivas. Explica ela, no capítulo V de *A condição humana*, como as histórias, resultando da ação e do discurso, desvendam um sujeito. Ninguém é o autor de sua própria vida, mas sim seu sujeito — na dupla acepção da palavra. Toda vida humana, compreendida entre o nascimento e a morte, constitui uma história, que se insere na História — livro de muitos atores e narradores, mas sem autores tangíveis.

A realidade, aponta Hannah Arendt no seu ensaio sobre verdade e política que integra *Entre o passado e o futuro*, é diferente de e mais que a totalidade inalcançável dos fatos. Aquele que fala as coisas que são, sempre conta uma história e, nessa história, os fatos particulares perdem a sua contingência ao adquirir significado humano. A função política do que conta a história, na medida em que está preocupado com a verdade factual, é ensinar a aceitação das coisas tais como elas são. É isso que permite o juízo que, no caso de uma biografia, esclarece quem foi e de que foi capaz uma pessoa.

A posteridade pode julgar uma vida; uma biógrafa — explica Elizabeth Young-Bruehl no prefácio de seu livro — precisa apenas julgar se a história de uma vida merece ser contada. Ao recolher e registrar, numa história, a trajetória de uma vida, Elizabeth Young-Bruehl resgatou-a do círculo limitado e privado da memória dos que a conheceram e que com ela conviveram. Ofereceu, desse modo, para os seus leitores, na linha da lição arendtiana, os elementos para o juízo da figura humana de Hannah Arendt.

Qual — para continuar na linha arendtiana — o poder de iluminação de sua vida e qual o seu significado público? Existem personalidades cuja vida da mente nos fascina, mas cuja existência, no mundo intersubjetivo e visível das aparências, no qual vivemos, suscita pouco interesse. É o caso de Kant, que Hannah Arendt tanto admirou. Outras figuras intelectuais chamam a nossa atenção para o que pode haver de fecundo na interação criativa do pensamento com a ação. É o caso de Malraux, cuja vida é tão rica — se não mais — que a sua própria obra.

A vida da mente de Hannah Arendt vem sendo há muito tempo — mais precisamente desde 1951, data da publicação, em inglês, de *As origens do totalitarismo* — tida como original e importante. A leitura de sua biografia mostra que sua vida foi também, em muitos sentidos, interessante. Uma das dimensões desse interesse reside na maneira pela qual, na condição de judia-alemã, um ser humano atravessou e interagiu com as catástrofes políticas, os desastres morais e os surpreendentes desenvolvimentos das artes e das ciências no século XX. Ao elaborar, em termos pessoais, um "modo de ver" e um "modo de ser" como resposta ao fenômeno da ruptura — aquilo que articulou intelectualmente como a lacuna entre o passado e o futuro que assinala o mundo contemporâneo — Hannah Arendt colocou não só a vida de sua mente, como também a sua vida acima da trivialidade banal do cotidiano, que se esgota no metabolismo do processo biológico. Daí o interesse de sua vida, que é, além do mais, uma vida ligada a uma geração das mais importantes no cenário cultural do mundo ocidental. É por isso que o livro de Young-Bruehl é, ao modo arendtiano, um relato exemplar.

Ter escrito a biografia de Hannah Arendt, na linha da lição arendtiana, é, no meu entender, o primeiro grande mérito do livro de Elisabeth Young-Bruehl. É certo que a leitura da biógrafa sobre sua biografada reveste-se da afetuosa admiração que converte *Hannah Arendt: for the love of the world* em algo como *ein lebensbild*, uma construção de vida. Entretanto, como compartilho com Young-Bruehl o seu entusiasmo por Hannah Arendt — e lamento, num certo sentido, não ter escrito a sua biografia —, só posso aplaudir o tato e o discernimento com os quais meticulosamente elaborou, nas quinhentas e tantas páginas de seu livro, o significativo relato de uma vida e de uma geração no turbulento mundo do século XX.

III

Hannah Arendt nasceu em 1906, em Hanover, na Alemanha, e foi criada em Königsberg, de onde era sua família — uma família de judeus abonados e integrados na vida e na cultura da Alemanha daquela época. O pai de Hannah Arendt, Paul Arendt, morreu em 1913, quando ela tinha sete anos, e foi sua mãe, Martha Cohn Arendt, a figura importante na sua educação. Martha Arendt foi uma personalidade forte, ligada aos socialdemocratas, admiradora de Rosa Luxemburgo, e que se empenhou em patrocinar a independência intelectual de sua filha.

A ligação de Hannah Arendt com sua mãe foi intensa. Eu mesmo a ouvi dizer, nos Estados Unidos, quando fui seu aluno na Universidade de Cornell, a expressão que Young-Bruehl registra e que Hannah Arendt usava, quando não gostava ou não queria uma coisa: "Isto não é para a filha de minha mãe". Uma ligação intensa nunca é simples. Martha Arendt foi também uma mãe possessiva, sobretudo no final de sua vida. Exigia mais do que sua filha podia dar, como Hannah Arendt, apesar de sempre discreta em assuntos pessoais, confessou com franqueza para seu marido, Heinrich Blücher, quando da morte de Martha Arendt.

Há uma história que esclarece algo de Martha Arendt, registrada por Young-Bruehl e que, quando ouvi da própria Hannah Arendt, pareceu-me paradigmática. Ao chegar aos Estados Unidos, em 1941, pouco depois de Hannah Arendt e também com grandes dificuldades, em plena época de guerra e perseguições, Martha Arendt logo relembrou à sua filha, com humor mas pertinentemente, a recomendação e a discussão que tiveram em Königsberg: Hannah Arendt insistindo, como jovem estudante, em aprender grego e latim e recusando-se a estudar inglês, língua que lhe seria necessária e que já estaria ao seu alcance, caso tivesse seguido a orientação materna.

A jovem Hannah Arendt foi uma inteligência precoce e independente. Leu Kant com dezesseis anos e conhecia muito bem grego e latim. Freqüentou em Berlim, antes de ingressar na universidade, os cursos de Romano Guardini sobre teologia e, aos dezessete anos, escrevia poemas — só agora tornados públicos — que combinavam imagens românticas com angústias kierkegaardianas.

Ingressou na universidade em 1924, doutorando-se em 1929. Os anos de universidade de Hannah Arendt — os de estabilidade da República de Weimar — foram decisivos na sua formação. Foram os anos do seu primeiro amor: a filosofia, que no seu caso também se encarnou na figura de Martin Heidegger. Em 1969, ao celebrar os oitenta anos de Martin Heidegger — em artigo incluído neste livro —, Hannah Arendt rememorou o impacto de suas aulas e o descobrimento que foi para ela e seus colegas participarem da revolução filosófica heideggeriana. Esse belo texto de Hannah Arendt não entreabre, no entanto, o que é uma das revelações do livro de Young-Bruehl: a colisão decisiva que foi o seu encontro amoroso com o jovem Heidegger na Universidade de Marburg e o que significou, para ambos, no plano pessoal, a união de vida e pensamento.

Hannah Arendt tinha pouco mais de dezoito anos quando conheceu Heidegger. A ele se devotou com paixão, numa relação amorosa que durou, embora mais amainadamente, até o final da década de 1920. No início de 1930 a simpatia de Heidegger pelo nazismo os afastou. Reencontraram-se em 1949, na primeira viagem de Hannah Arendt à Europa depois da guerra. Nesse encontro Heidegger confessou que ela tinha sido a paixão de sua vida, a fonte inspiradora de seu trabalho e o ímpeto que o tinha levado a preparar *O ser e o tempo* e *Kant e o problema da metafísica*. Daí a sua vergonha. Esta não era apenas política — como pensei, quando perguntei a Hannah Arendt, em Cornell, qual tinha sido a atitude de Heidegger quando eles se reviram depois da guerra, tendo ela então me respondido que ele estava envergonhado. Vejo agora, pelos dados apresentados no livro, que havia outro componente, de natureza pessoal, nesse estado de espírito, e que levava em conta o que representara, para a jovem Hannah, as dificuldades de uma relação amorosa secreta com o seu professor casado e pai de família.

"As grandes paixões, como as obras-primas, são raras", escreveu Balzac numa frase que Hannah Arendt usou como epígrafe em seu ensaio sobre a escritora dinamarquesa Isak Dinesen, também incluído neste livro. Daí a sua lealdade a Heidegger, a quem, depois desse primeiro reencontro, visitou intermitentemente nas suas muitas viagens à Europa, apesar das decisivas diferenças pessoais, políticas e filosóficas que os separavam.

Intelectualmente, Hannah Arendt coincide com Martin Heidegger quanto ao entendimento da função da linguagem como preservação e revelação. Daí o seu permanente interesse pela literatura e o seu encanto com a poesia e com os poetas. A Heidegger Hannah Arendt deve a sua visão da relação entre o ser e a temporalidade, que é o que explica o seu entusiasmo por *O ser e o tempo*. Não aceitava, no entanto, a preocupação exclusiva de Heidegger com a história do ser, que o obnubilava para a história humana e, portanto, para um existencialismo aberto, como o de Hannah Arendt em relação a temas como os da comunidade, do diálogo, da amizade, da pluralidade, da natalidade e da ação. Entretanto, só se dispôs efetivamente a fazer uma crítica profunda a Heidegger — sobretudo ao segundo Heidegger, cuja rejeição da vontade, no entender de Hannah Arendt, o impedia de perceber as possibilidades da política e da ação — naquilo que veio a ser *The life of the mind*, mais precisamente em 1974, quando reviu os textos de suas "Gifford lectures" e estava certa de que Heidegger, aos 85 anos, velho e próximo da morte, não mais a leria.

Os anos de vida universitária de Hannah Arendt foram igualmente os que ensejaram o início de seu contato com Karl Jaspers, a quem foi encaminhada por Heidegger, depois de ter seguido os cursos de Husserl em Freiburg. Em Jaspers, Hannah Arendt encontrou uma personalidade de excepcional estatura moral, em plena maturidade intelectual e que não foi apenas o diretor de sua tese de doutorado sobre Santo Agostinho, defendida e apresentada em Heidelberg. Foi também, e sobretudo, a pessoa que, através de sua atitude exemplar nos tempos obscuros dos desastres morais do nazismo, permitiu a Hannah Arendt, posteriormente, reconciliar-se com aquela dimensão da tradição germânica que era legitimamente sua. Daí o papel que Hannah Arendt sempre lhe atribuiu, com filial reverência, gratidão e amizade, de esclarecedor das coisas e de orientador em matéria de discussão racional. Colaboraram intelectualmente de maneira intensa e permanente, depois da Segunda Guerra Mundial, e Hannah Arendt sentiu a morte de seu mestre em 1969, como Jaspers também sentira a de Max Weber em 1920. Jaspers, por seu lado, viu na pessoa e na obra de Hannah Arendt a confirmação de sua longa vida de professor.

A efervescência e a criatividade intelectual da cultura da República de Weimar são, hoje, ponto pacífico. Essa efervescência não escapou, na época, a um arguto observador brasileiro — Horácio Lafer — que, no seu livro de 1929, *Tendências filosóficas contemporâneas*, publicado em São Paulo, considerou o momento filosófico alemão interessantíssimo, julgando que ele encobria, numa espécie de caos, um dinamismo intelectual de riqueza admirável, e vaticinando, por isso mesmo, o aparecimento de uma nova seara de grandes pensadores. Na 2ª edição de seu livro, em 1950, Horácio Lafer considerava confirmada a sua previsão com a presença filosófica de Hartmann, Husserl, Cassirer e Heidegger. Hannah Arendt é, sem dúvida nenhuma, produto e confirmação dessa efervescência e criatividade. Ela deve à universidade alemã de seu tempo de estudante o seu método: uma espécie de fenomenologia, que assume a palavra como ponto de partida, ao detectar na historicidade dos seus significados o repertório das percepções passadas — verdadeiras ou falsas, reveladoras ou dissimuladoras — que esclareçam elementos-chave de fenômenos políticos como, por exemplo, autoridade, revolução, violência, força, liberdade. Essa hermenêutica não se perde, no entanto, em abstrações conceituais, por força do gosto arendtiano pelo concreto. Ela se vê complementada pela análise dos fatos. Estes, na metodologia de Hannah Arendt, iluminam o passado e esclarecem o presente sem a camisa-de-força de rígidos determinismos. São estudados como cristalizações percebidas como uma organização de relações inteligíveis, próprias a um conjunto histórico e a uma sucessão de acontecimentos. É o caso, por exemplo, na lição arendtiana, do anti-semitismo moderno ou do imperialismo, que antecipam, pelas suas características, mas não explicam por força de nexos de causalidade, o totalitarismo do século XX.

Se Hannah Arendt deve seu método à tradição filosófica alemã, na qual se formou e da qual se origina, como ela mesma afirmou numa conhecida carta de 1963 a Gershom Scholem, essa tradição não explica o objeto de suas análises e reflexões, a sua indagação básica e permanente sobre o significado da ação humana.

IV

Com efeito, a tradição da vida contemplativa, na qual Hannah Arendt se formou, é a do distanciamento das coisas como condição de reflexão. Esse distanciamento, no entanto, afasta o filósofo da experiência do mundo e tende a nele provocar uma visão de cima e de fora da política, que distorce a realidade. Hannah Arendt não incidiu nesse equívoco porque se viu confrontada com o mundo por força da questão judaica — tema sobre o qual começou a pensar, efetivamente, desde 1926, quando conheceu Kurt Blumenfeld numa conferência sobre sionismo em Heidelberg, promovida pelo seu amigo e colega Hans Jonas.

Kurt Blumenfeld (1884-1963) foi uma eminente figura do sionismo alemão, cuja análise sobre as dimensões psicológicas e sociológicas da resposta judaica ao anti-semitismo marcaram Hannah Arendt e aguçaram seu senso de identidade. Converteu-se, a partir desse encontro em 1926, num grande amigo e interlocutor, a quem Hannah Arendt muito deve em matéria de análise política. Esse débito foi sempre reconhecido, inclusive publicamente, quando ela dedicou à sua memória a edição francesa, que é de 1973, de seu livro *Sobre o anti-semitismo* — que constitui, como se sabe, a primeira parte de *As origens do totalitarismo*.

Hannah Arendt nunca se sentiu talhada, por temperamento e inclinação, para a vida pública. Experimentou, no entanto, a ação graças à sua militância na política judaica, sobre a qual largamente refletiu. Testemunham sua militância as atividades que exerceu na França, na década de 1930, como uma das responsáveis pela imigração de jovens judeus para a Palestina (Youth Aliyah) e nos Estados Unidos, na década de 1940 e início dos anos 1950, nas suas funções como diretora da Conference on Jewish Relations e diretora executiva da Jewish Cultural Reconstruction, além de suas responsabilidades intelectuais na Schocken Books, importante editora nova-iorquina, especializada em temas judaicos. Testemunham a sua reflexão não apenas as discussões sobre a questão judaica e o anti-semitismo que permeiam *As origens do totalitarismo*, ou o polêmico livro sobre o processo Eichmann e a banalidade burocrática do mal no regime nazista, como também a biografia de Rahel Varnhagen e muitos artigos esparsos sobre política e identidade judaicas, hoje em parte recolhidos no livro postumamente editado em 1978 por Ron A. Feldmann intitulado *The Jew as Pariah*.

Uma das importantes revelações do livro de Young-Bruehl sobre a relação entre a obra de Hannah Arendt e a sua militância na política judaica é o exame de um texto de 1942, intitulado "Questões teológicas básicas da política". Esse texto teve como destinatário um grupo do qual participava Hannah Arendt e que visava definir uma posição quanto ao tema de um exército judeu, no contexto do movimento sionista americano na época da Segunda Guerra Mundial.

Nesse documento de ação política, Hannah Arendt suscitou, como mostra Young-Bruehl, as perguntas básicas, informadoras dos seus livros posteriores, em particular *As origens do to-*

talitarismo, *Entre o passado e o futuro* e *A condição humana*. Essas perguntas levaram Hannah Arendt a ir definindo uma atitude de vigorosa contestação aos revisionistas de Beguin e de independência crítica em relação ao sionismo oficial de linha herzliana, com muita abertura para o problema dos árabes, naquilo que se poderia denominar, na terminologia arendtiana, como a posição do pária consciente.

É a posição arendtiana do pária consciente que explica a intensidade da controvérsia suscitada pelo seu livro sobre Eichmann, no qual insistiu não apenas na banalidade do personagem — as pessoas que cometeram grandes crimes não são necessariamente grandes criminosos —, como também no impacto corruptor do totalitarismo nazista, que marcou os algozes mas também a sociedade e suas vítimas. A crítica de Hannah Arendt à conduta das lideranças judaicas na Europa da época do holocausto isolou-a da comunidade judaica, que se ressentiu — para usar a expressão de Gershom Scholem, em carta a ela dirigida — de sua falta, no trato do assunto, de *Ahabath Israel* (amor pelo povo judeu).

Essa crítica, no entanto, apesar de compreensível, é injusta. A posição de marginalidade e independência de Hannah Arendt nunca significou uma rejeição ou um afastamento seja de Israel — cujos destinos ela sempre acompanhou com vivo interesse —, seja da tradição judaica. Quando morreu de um ataque cardíaco, em 4 de dezembro de 1975, os seus convivas para o jantar eram o seu velho amigo, o historiador Salo W. Baron, e sua mulher Jeanette. Como se lê no depoimento de Jeanette Baron, o tema do jantar foi a situação de Israel e o projeto de publicação, a ser patrocinado pela Jewish Social Studies, de uma coletânea de ensaios do historiador judeu Phillip Friedmann, falecido em 1960 e que Hannah Arendt considerava "o pai da historiografia do holocausto".

O livro de Young-Bruehl também confirma que o holocausto e o genocídio dos judeus pelos nazistas determinaram a visão de vocação universal de Hannah Arendt sobre o mal e a sua pesquisa do vínculo entre o bom homem e o bom cidadão. Daí a pergunta que informa a sua reflexão: como construir uma *polis* em que o homem — qualquer homem — não seja visto como supérfluo?

A liberdade e a justiça, dizia Hannah Arendt no seu documento de 1942, são os princípios da política. Esta, como condição de dignidade, exige a pluralidade e requer a rejeição da ação vista apenas como um processo de meios e fins. Com efeito, o entendimento da ação como um jogo de meios e fins estrutura uma relação manipulativa, que aguça interações do tipo dominantes-dominados e provoca nas lideranças, mesmo nas melhores, uma perda do senso comum. O senso comum só pode subsistir, na lição arendtiana, num compartilhado em comum, pela livre discussão.

Young-Bruehl também esclarece como a vida de Hannah Arendt determinou a sua atitude básica em prol dos "humilhados e ofendidos". É, sem dúvida, a experiência pessoal da jovem Hannah: que enfrentou sérias dificuldades econômicas nos anos 1930 e 1940; que converteu, em 1933, o seu apartamento em Berlim num ponto de apoio para a fuga de opositores, em grande parte comunistas, do regime nazista; que foi presa pela polícia alemã em 1933 por suas atividades ilegais na coleta, para o movimento sionista, de informações sobre o anti-semitismo na sociedade alemã; que se tornou uma refugiada sem trabalho e sem documentos, uma interna no Campo de Gurs, na França, do qual fugiu para afinal escapar clandestinamente e chegar aos EUA via Lisboa — o que sustenta a autenticidade da seguinte afirmação da pensadora: "Como o que escrevi pode chocar pessoas boas e ser distorcido pelas más, quero tornar claro que, como judia, a minha simpatia está não só com a causa dos negros, mas também com a causa de todos os oprimidos e não privilegiados e apreciaria que o leitor disso tomasse conhecimento".

Essa afirmação de Hannah Arendt é a nota que abre seu artigo de 1957, "Reflexões sobre Little Rock", antecipando a controvérsia que o artigo gerou e que foi provocada pelo fato de ter ela argumentado que não deveria ser a escola, mas sim as leis contra a miscigenação e a integração no transporte público, os itens prioritários da batalha pela incorporação igualitária dos negros do Sul dos EUA. Essa nota — uma rara revelação pública de experiência pessoal — ajusta-se perfeitamente, no meu entender, a toda a obra de Hannah Arendt: uma obra polêmica, excepcionalmente criativa, não convencional, de difícil classificação mas de perspectivas generosas.

V

Hannah Arendt, como ela mesma disse, na já mencionada carta de 1963 a Gershom Scholem, a propósito da polêmica em torno de seu livro sobre Eichmann, não foi uma intelectual que teve a sua origem na esquerda alemã. Teve, no entanto, acesso privilegiado às experiências e às pessoas da esquerda alemã.

O primeiro marido de Hannah Arendt foi Günther Anders, com quem casou em 1929 e de quem se separou em 1936. Günther Anders — um intelectual de talento que se doutorou com Husserl e cujos projetos de carreira universitária, em Frankfurt, esbarraram na má vontade de Adorno — acabou se convertendo em jornalista incumbido da seção cultural do *Börsen-Courrier*, de Berlim, graças ao apoio inicial de Brecht. O círculo de amigos de Günther Anders em Berlim era integrado por artistas, jornalistas e intelectuais que gravitavam em torno do Partido Comunista. Esse círculo complementava os contatos de Hannah Arendt, que na época freqüentava os círculos sionistas onde era conhecida pela pouco sionista alcunha de Palas Atenas. Datam de 1931 as primeiras leituras de Hannah Arendt de Marx e Trotski e o seu interesse pela cena contemporânea.

Anders era primo distante de Walter Benjamin e o casal intensificou relações quando já tinham saído da Alemanha e viviam todos em Paris. Anders apresentou Hannah Arendt a Brecht e a Arnold Zweig, e o casal, graças à amizade com Raymond Aron, freqüentou os célebres seminários de Alexandre Kojève sobre Hegel na École de Hautes Études, onde conheceram Sartre, de quem nunca foram próximos, e Alexandre Koyré, que posteriormente tornou-se grande amigo de Hannah Arendt.

Em 1936 Hannah Arendt começou a participar de um grupo de estudos de pessoas formadas na escola marxista da teoria e da práxis. Esse grupo, que geralmente se reunia no apartamento de Walter Benjamin, 10 Rue Dombasle, incluía, além do próprio Benjamin e ocasionalmente seus colegas, membros do Institut für Sozialforschung, de Frankfurt: Erich Cohn-Bendit, advogado e pai do famoso Daniel Cohn-Bendit da revolução estudantil francesa de maio de 1968; o psicanalista Fritz Fränkel; o pintor Karl Hendenreich; Chanan Kienbort, o único judeu da Europa oriental entre esses berlinenses, e Heinrich Blücher.

É de 1936, depois da partida de Günther Anders para os EUA, o início do romance de Hannah Arendt com Heinrich Blücher, que veio a ser o seu segundo marido e de quem enviuvou em 1970.

Heinrich Blücher, ao contrário de Anders, não era escritor. Vinha de família proletária, tinha sido spartaquista e membro do Partido Comunista alemão e era, naquela época, um refugiado político sem trabalho e documentos. Blücher — um autodidata de forte personalidade, sedutor nas suas relações com as mulheres, grande orador e conversador e que nos EUA virou professor do Bard College — marcou decisivamente a vida e a obra de Hannah Arendt. Intelectualmente, ela deve ao pensamento político e à observação histórica de Heinrich Blücher a sua visão cosmopolita, pois, antes do seu encontro com ele, a sua preocupação política concentrava-se na questão judaica. Essa afirmação, que é da própria Hannah Arendt numa carta a Jaspers, dez anos depois de seu encontro com Blücher, Young-Bruehl ilustra amplamente no seu livro.

As origens do totalitarismo revela, nas entrelinhas, não apenas as experiências da vida do casal, mas também as idéias de Blücher, a quem o livro é dedicado. Hannah Arendt e Heinrich Blücher consideravam esse livro como o filho que as dificuldades da vida e a condição de refugiados os impediram de ter quando mais jovens.

Hannah Arendt deve também às histórias de Blücher, sobre o seu passado de militante político da esquerda, muito de seu entendimento, tanto crítico quanto criativo, sobre vários assuntos, particularmente sobre resistência e revolução, os *räte* (conselhos populares) e o valor da espontaneidade, as inoperâncias do sistema partidário e as virtudes da democracia participativa, a relevância do republicanismo democrático de Rosa Luxemburgo e a importância do empenho moral em qualquer processo revolucionário.

Hannah Arendt seguramente também deve às suas discussões com Heinrich Blücher uma parte de seu entendimento e entusiasmo pela tradição revolucionária. Young-Bruehl registra, no livro, o interesse com o qual Hannah Arendt acompanhou a rebelião húngara, a revolução cubana, a revolução portuguesa, os *sit-ins* em favor dos direitos civis no Sul dos EUA, o movimento estudantil americano da década de 1960 e os *evénements* de maio de 1968 na França. Escreveu, em 27 de junho de 1968, uma carta de apoio a Daniel Cohn-Bendit, dizendo-lhe que seu pai — o companheiro e amigo do casal, Erich Cohn-Bendit — teria visto com satisfação as atividades do filho, não se esquecendo de oferecer ao jovem revolucionário perseguido, caso necessitasse, auxílio e dinheiro.

Esse gosto pela tradição revolucionária é responsável pela meditação arendtiana sobre o tema dos descaminhos revolucionários e, conseqüentemente, sobre a necessidade de diferenciar a liberação das necessidades materiais da liberdade. A liberdade exige instituições jurídicas e políticas apropriadas, inclusive um judiciário independente e uma universidade livre, que não são produto da violência. Uma revolução não é uma omelete para a qual se quebram ovos impunemente. Daí a brilhante crítica arendtiana, no seu estudo sobre a violência, a Marx, Sorel e Sartre, e a ênfase que dá à efetividade da ação não violenta e ao poder visto não como força, mas sim como um recurso que deriva da criatividade da ação conjunta de homens livres.

O primeiro curso de Hannah Arendt como professora na New School for Social Research, de Nova York, em 1967, intitulava-se "Experiências políticas do século XX". Esse curso, que seguramente é o aperfeiçoamento daquele a que assisti em Cornell, no semestre acadêmico de outubro de 1965 — e que já descrevi em outra oportunidade —, tinha como objetivo reconstituir a experiência hipotética de um indivíduo, nascido na virada do século, e as suas relações com as esperanças da tradição revolucionária e desilusões dos "tempos sombrios" do mundo contemporâneo. Esse indivíduo hipotético, Hannah Arendt insinuara, quando fui seu aluno, poderia ser Malraux. Vejo agora, pela leitura da biografia de Young-Bruehl, que o modelo era Blücher e que o curso tinha sido concebido como uma homenagem às suas vivências e reflexões.

Em síntese: o acesso privilegiado a pessoas e experiências da esquerda alemã, particularmente Blücher; a militância na política judaica e a análise das relações entre os judeus e o mundo; o método elaborado a partir da participação na efervescência intelectual da universidade alemã da época da República de Weimar, são elementos que o livro de Young-Bruehl oferece e que ajudam a explicar o modo de ver as coisas de Hannah Arendt. O que é que essa magnífica biografia explicita sobre o modo de ser de Hannah Arendt?

VI

Durante dezoito anos — de 1933, data da fuga da Alemanha nazista, a 1951, ocasião em que se converteu em cidadã americana — Hannah Arendt foi, juridicamente, uma apátrida. A experiência da privação da cidadania — que significa a perda do direito a um espaço público em virtude da inexistência do vínculo jurídico com um Estado — marcou muito o modo de ser de Hannah Arendt. Quando as pessoas não pertencem a uma comunidade política, não têm mais direitos humanos. Na inexistência da tutela jurídica organizada, são os acidentes da simpatia, a força da amizade ou a graça do amor os únicos elementos que oferecem a um refugiado a base precária que confirma a sua dignidade humana.

Essa reflexão de Hannah Arendt coloca no contexto apropriado o significado de seu casamento com Blücher. Numa carta a Kurt Blumenfeld, logo após a publicação de *As origens do totalitarismo*, Hannah Arendt dizia: "É raro as pessoas serem capazes de se ajudar mutuamente; no caso, penso que é efetivamente verdade que nós dois dificilmente teríamos sobrevivido, um sem o outro".

O casamento de Hannah Arendt — retratado como uma "monarquia dual" no romance de 1954 *Pictures of an institution*, de Randall Jarrell, uma das pessoas sobre as quais ela escreve neste livro — sustentava-se na igualdade e na independência. Viveram a troca de idéias em intensos e permanentes seminários contubernais, descritos nas memórias de Alfred Kazin: *New York Jew*. Respeitaram os respectivos espaços numa relação forte, que os anos tornaram serena. A morte de Heinrich Blücher em 1970 foi um duríssimo golpe — um enorme vazio — que a sempre discreta Hannah confidenciou apenas para sua grande amiga Mary McCarthy.

Elisabeth Young-Bruehl observa que Hannah Arendt nunca escreveu um perfil de Heinrich Blücher nem descreveu seu casamento. Entretanto, algo disso se encontra, indiretamente, por força dos paralelismos, nas entrelinhas de seu relato sobre a relação entre Rosa Luxemburgo e seu companheiro Leo Jogiches, que integra *Homens em tempos sombrios*: "Ele era, definitivamente, *masculini generis*, o que era de considerável importância para ela [...] Ele era decididamente um homem de ação e de paixão, que sabia agir e sofrer. É tentador compará-lo a Lênin, com quem tem algo de semelhante, exceto pela paixão do anonimato e pelo gosto de atuar atrás das cenas. O seu amor pela conspiração e o perigo deve ter-lhe dado um encanto erótico adicional. Ele foi, na verdade, um Lênin *manqué*, até mesmo na sua inabilidade de escrever, que no seu caso era total [...] Nunca saberemos quanto das idéias políticas de Rosa Luxemburgo derivaram de Jogiches; num casamento não é fácil identificar e isolar as idéias dos parceiros".

Hannah Arendt tinha a vocação da amizade, que a experiência de refugiada, acima mencionada, aguçou e reforçou. O casal

Blüncher organizou e manteve, em torno de si, uma tribo de amigos. Estes incluíam, na condição de predecessores, a amiga de adolescência de Hannah, Anna Mendelsohn Weil — a quem a biografia de Rahel Varnhagen é dedicada — e o companheiro de juventude em Berlim de Heinrich, o compositor e poeta Robert Gilbert; abrangia os amigos da Europa, transplantados para os EUA, como o filósofo Hans Jonas e o eminente especialista de relações internacionais Hans Morgenthau; e incorporava também os que, nos EUA, foram se agregando, por força das afinidades, filosóficas, literárias ou políticas, como Randall Jarrell, Alfred Kazin, Dwight MacDonald, Philip Rahv, Robert Lowell, Harold Rosenberg, J. Glenn Gray e Mary McCarthy. A esta última *Crises da república* é dedicado. Foi a tribo de amigos que ajudou Hannah Arendt a enfrentar a morte de Heinrich, embora não lhe tivesse faltado, já viúva, propostas de casamento. Uma do poeta W. H. Auden, um bom amigo do casal, que Hannah recusou com compreensível constrangimento e certo complexo de culpa, porque não desejou cuidar dele maternalmente, com regularidade. Outra, de Hans Morgenthau, que como ela tinha enviuvado. Hannah achava Morgenthau *masculini generis* — o que ele apreciava —, mas considerava-o incapaz de um verdadeiro entendimento das pessoas, talento que tanto estimara em Blücher. Saíam juntos, no entanto, com freqüência e chegaram mesmo a passar umas férias em Rodes.

É a vocação da amizade que explica a lealdade de Hannah Arendt para com os seus amigos. Depositária dos manuscritos de Walter Benjamin, que os confiou ao casal Blücher em Marselha, levou-os na sua fuga, para entregá-los, de acordo com as instruções de Benjamin, para Adorno no Institute for Social Research, em Nova York. A demora de Adorno em publicar os manuscritos de Benjamin — que só foram reunidos em livro em 1955 — e de quem Hannah Arendt não gostava, desde o tempo em que dificultou a carreira universitária de seu primeiro marido, Günther Anders, em Frankfurt, irritou-a profundamente. Ela também se ressentia do fato de que, em vida de Benjamin, os frankfurtianos o consideravam um mau marxista, não suficientemente dialético, tendo Benjamin revisto alguns de seus textos para apaziguá-los. É esse o contexto, que não discutiu publicamente, a partir do qual, com admiração combinada a lealdade, ela editou, em 1968, um volume em inglês de textos de Benjamin — *Illuminations* — para o qual escreveu um fundamental e inspirado estudo introdutório, também incluído neste livro. Em 1975, ano de sua morte, em plena redação de *The life of the mind*, Hannah Arendt estava trabalhando na edição, em inglês, de um segundo volume de textos de Benjamin — *Reflections*.

É ainda a amizade, sob o signo da lealdade, que fez Hannah Arendt preparar e apresentar, em 1955, com importante estudo introdutório — igualmente presente neste livro —, a edição em alemão, publicada na Suíça, dos ensaios do romancista e pensador austríaco Hermann Broch. Hannah Arendt conheceu Broch em Nova York, em 1946, e ficaram amigos próximos até sua morte, em 1951. Hannah Arendt o admirava sobretudo como romancista, considerando-o uma espécie de elo entre Proust e Kafka.

Foi, sem dúvida, no mesmo espírito de lealdade e amizade que Mary McCarthy editou os manuscritos de Hannah Arendt, preparando a edição póstuma do seu testamento filosófico: *The life of the mind*.

Hannah Arendt foi grata aos EUA, que a receberam como refugiada e cuja cidadania posteriormente assumiu com seriedade, mas sem perda de identidade. A avaliação sobre os *founding fathers* e sobre a Revolução Americana do século XVIII é, também, um ato de gratidão nesta fábula política publicada em 1963 que é *On revolution*, destinada a preservar o significado da tradição revolucionária. Isso não a impediu de manifestar-se, com coragem, em plena época de McCarthy, quando corria o risco de desnaturalização, contra os métodos totalitários utilizados para combater o comunismo. Nem atrapalhou a lucidez com a qual, ao examinar os documentos do Pentágono e a mentira política, criticou os *policy-makers* de Washington, que na época da Guerra do Vietnã, embora livres do pecado da ideologia, tratavam hipóteses como realidades e teorias como fatos estabelecidos, com as lamentáveis conseqüências de todos conhecidas.

Hannah Arendt era, para usar uma frase sua, *feminini generis*, o que marcou a sua reflexão sobre a condição feminina. Já em 1931 havia escrito uma longa resenha do livro de Alice Rühle-Gerstel, "O problema contemporâneo da mulher", na qual questionava a validade de um movimento isolado de mulheres, da mesma forma como duvidava da sabedoria política de um movimento só de jovens. O que Hannah Arendt consistentemente quis, para as mulheres e das mulheres, era uma atenção às discriminações políticas e jurídicas que enfrentavam que fosse suficientemente abrangente, para inserir os problemas políticos e jurídicos de condição feminina no contexto mais amplo dos grupos sociais aos quais a igualdade é denegada.

Enquanto modo de ser, Hannah Arendt sempre se sentiu constrangida em ser tida como uma mulher excepcional. A posição de exceção lembrava-a da situação de alguns judeus na sociedade européia do século XX, que ela estudou em *As origens do totalitarismo*: os *parvenus* do dinheiro ou da cultura, que se valiam da atração exótica que provocavam como meio de mobilidade social. Ao ser convidada para professor-titular em Princeton, em 1959 — a primeira mulher a ser considerada por essa universidade —, quando lhe perguntaram o que sentia, reagiu respondendo: "Não me perturba ser uma mulher professora porque estou bem acostumada a ser mulher". No caso, ser mulher também significava um grande talento culinário e o gosto de cozinhar.

Hannah Arendt tinha, no campo dos *mores*, a abertura de quem viveu em Berlim na época da República de Weimar. Sempre discreta nesses assuntos, revelou, privadamente, uma simpatia e uma boa vontade não convencional para com a vida e os amores mais complexos do seu círculo de amigos e até mesmo, embora com algumas nuvens, do seu próprio marido.

Os anos, as enfermidades e a morte dos amigos, que ela definiu como uma desfolhação do mundo, levaram Hannah Arendt a refletir sobre o tema da velhice. Irritou-se com os escritos de Simone de Beauvoir, que apenas lamentavam a decadência física, e pensava escrever um novo *De senectute*, no qual pretendia descrever a harmonia das faculdades mentais na velhice. No entender de Cícero, em quem Hannah Arendt imaginava apoiar-se, os grandes feitos são produto do pensamento, do caráter e do juízo — qualidade que os anos fazem aumentar. Essa ponderação ciceroniana ela viu confirmada na atuação do senador Sam Erwin, por ocasião da crise de Watergate, bem como na independência da Suprema Corte norte-americana durante o episódio.

Para Hannah Arendt a velhice é o tempo da meditação. Não é acidental, por isso mesmo, que seu último livro tivesse sido uma volta à vida contemplativa e um ajuste com a tradição filosófica da qual se originou. *The life of the mind*, que cuida do pensar e do querer, é um livro incompleto, pois Hannah Arendt não chegou a redigir o volume sobre o julgar. Ao realçar, no entanto, a independência e a liberdade das três faculdades, o que comporta analogia com os poderes nos regimes políticos descritos por Montesquieu, estava sem dúvida na busca das precondições para o equilíbrio da mente. É uma pena que não tivesse elaborado toda a constituição da República do Espírito, mas hoje temos também o anteprojeto da parte referente ao juízo, graças à publicação, em 1982, editada por Ronald Beiner, das suas *Lectures on Kant's political philosophy*, dadas na Universidade de Chicago e na New School for Social Research, em 1964, 1965, 1966 e 1970.

Hannah Arendt sempre viu o reconhecimento público como uma tentação que dificulta o juízo. Lembrava-se das elites intelectuais européias da década de 1930 — "a sociedade das celebridades" — que, ao viverem embebidas no "irradiante poder da fama" — como dizia Stephan Zweig na sua autobiografia, que ela resenhou com dureza —, acabaram por perder a capacidade de entender as catástrofes políticas do mundo que as cercava. Hannah Arendt, por isso mesmo, recebeu as honrarias do reconhecimento com um esforço de distanciamento. O seu desejo de independência também explica porque nunca quis ser uma professora de tempo integral, permanecendo, no contexto do meio universitário norte-americano, um corpo estranho no ninho das claques e facções.

Hannah Arendt não era, evidentemente, uma pessoa fácil,

mas foi sem dúvida uma personalidade fascinante. Sempre teve a capacidade de maravilhar-se diante do espetáculo do mundo — o que os gregos que ela tanto admirava e conhecia chamavam de *thaumadzein*. A sua obra e a sua vida revelam, em meio a todas as catástrofes do século XX, um *amor mundi* e uma extraordinária capacidade de detectar o que há de beleza e de significado nos assuntos humanos. Daí não apenas a importância de sua obra como também o seu deslumbrante poder pessoal de iluminação, que como seu aluno posso testemunhar e que a biografia de Elisabeth Young-Bruehl, em boa hora, resgatou para a posteridade.

São Paulo, julho de 1982 — janeiro de 1987

INDICAÇÕES BIBLIOGRÁFICAS

"Sobre a humanidade em tempos sombrios: reflexões sobre Lessing", um discurso por ocasião da aceitação do Prêmio Lessing da Cidade Livre de Hamburgo em 1959, publicado por R. Piper, Munique, 1960.

"Rosa Luxemburgo: 1871-1919", uma resenha de *Rosa Luxemburg*, de J. P. Nettl, *The New York Review of Books*, 1966.

"Um cristão no trono de São Pedro de 1958 a 1963", uma resenha de *Journal of a Soul*, do papa João XXIII, *The New York Review of Books*, 1965.

"Karl Jaspers: a *laudatio*", discurso pronunciado em 1958, quando da concessão do prêmio Alemão da Paz a Karl Jaspers, publicado por R. Piper, Munique, 1958.

"Karl Jaspers: cidadão do mundo?" apareceu em *The philosophy of Karl Jaspers*, editada por P. A. Schilpp, 1957, agora publicado por Open Court Publishing Company, La Salle, Ill., para The Library of Living Philosophers, Inc.

"Isak Dinesen: 1885-1963", uma resenha de *Titania. The biography of Isak Dinesen*, de Parmenia Migel, *The New Yorker*, 1968.

"Hermann Broch: 1886-1951", introdução aos dois volumes de ensaios, in *Gesammelte Werke*, Rheinverlag, Zurique, 1955 (agora Suhrkamp, Frankfurt a.M.).

"Walter Benjamin: 1892-1940", *The New Yorker*, 1968; introdução à coleção de seus ensaios, *Illuminations*, Harcourt, Brace & World, 1968.

"Bertolt Brecht: 1898-1956" apareceu em *The New Yorker*, 1966.

"Randall Jarrell: 1914-1965" apareceu em *Randall Jarrell, 1914-1965*, Farrar, Straus & Giroux, 1967.

"Martin Heidegger faz oitenta anos" apareceu em *Merkur*, nº 258, outubro de 1969, por ocasião do octogésimo aniversário de Heidegger. Esse texto não faz parte da edição original de *Men in dark times*.

HANNAH ARENDT nasceu em 1906, em Hannover, Alemanha, de família judia culta e abastada. Ingressou na Universidade de Berlim em 1924, época de grande efervescência intelectual na República de Weimar, e lá foi aluna de Heidegger e Jaspers, grandes influências em sua vida e obra. Forçada à emigração pelo nazismo, viveu na França e nos Estados Unidos, onde foi professora da New School for Social Research, em Nova York. Morreu em 1975. De sua autoria, a Companhia das Letras publicou *Origens do totalitarismo*, *Eichmann em Jerusalém*, *Responsabilidade e julgamento*, *Compreender* e *Sobre a revolução*.

COMPANHIA DE BOLSO

Jorge AMADO
  Capitães da Areia
  Mar morto
Carlos Drummond de ANDRADE
  Sentimento do mundo
Hannah ARENDT
  Homens em tempos sombrios
  Origens do totalitarismo
Philippe ARIÈS, Roger CHARTIER (Orgs.)
  História da vida privada 3 — Da Renascença ao Século das Luzes
Karen ARMSTRONG
  Em nome de Deus
  Uma história de Deus
  Jerusalém
Paul AUSTER
  O caderno vermelho
Ishmael BEAH
  Muito longe de casa
Jurek BECKER
  Jakob, o mentiroso
Marshall BERMAN
  Tudo que é sólido desmancha no ar
Jean-Claude BERNARDET
  Cinema brasileiro: propostas para uma história
Harold BLOOM
  Abaixo as verdades sagradas
David Eliot BRODY, Arnold R. BRODY
  As sete maiores descobertas científicas da história
Bill BUFORD
  Entre os vândalos
Jacob BURCKHARDT
  A cultura do Renascimento na Itália
Peter BURKE
  Cultura popular na Idade Moderna
Italo CALVINO
  Os amores difíceis
  O barão nas árvores
  O cavaleiro inexistente
  Fábulas italianas
  Um general na biblioteca
  Os nossos antepassados
  Por que ler os clássicos
  O visconde partido ao meio
Elias CANETTI
  A consciência das palavras
  O jogo dos olhos
  A língua absolvida
  Uma luz em meu ouvido

Bernardo CARVALHO
  Nove noites
Jorge G. CASTAÑEDA
  Che Guevara: a vida em vermelho
Ruy CASTRO
  Chega de saudade
  Mau humor
Louis-Ferdinand CÉLINE
  Viagem ao fim da noite
Sidney CHALHOUB
  Visões da liberdade
Jung CHANG
  Cisnes selvagens
John CHEEVER
  A crônica dos Wapshot
Catherine CLÉMENT
  A viagem de Théo
J. M. COETZEE
  Infância
  Juventude
Joseph CONRAD
  Coração das trevas
  Nostromo
Mia COUTO
  Terra sonâmbula
Alfred W. CROSBY
  Imperialismo ecológico
Robert DARNTON
  O beijo de Lamourette
Charles DARWIN
  A expressão das emoções no homem e nos animais
Jean DELUMEAU
  História do medo no Ocidente
Georges DUBY
  Damas do século XII
  História da vida privada 2 — Da Europa feudal à Renascença (Org.)
  Idade Média, idade dos homens
Mário FAUSTINO
  O homem e sua hora
Meyer FRIEDMAN, Gerald W. FRIEDLAND
  As dez maiores descobertas da medicina
Jostein GAARDER
  O dia do Curinga
  Maya
  Vita brevis
Jostein GAARDER, Victor HELLERN, Henry NOTAKER
  O livro das religiões

Fernando GABEIRA
O que é isso, companheiro?
Luiz Alfredo GARCIA-ROZA
O silêncio da chuva
Eduardo GIANNETTI
Auto-engano
Vícios privados, benefícios públicos?
Edward GIBBON
Declínio e queda do Império Romano
Carlo GINZBURG
Os andarilhos do bem
História noturna
O queijo e os vermes
Marcelo GLEISER
A dança do Universo
O fim da Terra e do Céu
Tomás Antônio GONZAGA
Cartas chilenas
Philip GOUREVITCH
Gostaríamos de informá-lo que amanhã seremos mortos com nossas famílias
Milton HATOUM
A cidade ilhada
Cinzas do Norte
Dois irmãos
Relato de um certo Oriente
Um solitário à espreita
Patricia HIGHSMITH
Ripley debaixo d'água
O talentoso Ripley
Eric HOBSBAWM
O novo século
Sobre história
Albert HOURANI
Uma história dos povos árabes
Henry JAMES
Os espólios de Poynton
Retrato de uma senhora
P. D. JAMES
Uma certa justiça
Ismail KADARÉ
Abril despedaçado
Franz KAFKA
O castelo
O processo
John KEEGAN
Uma história da guerra
Amyr KLINK
Cem dias entre céu e mar
Jon KRAKAUER
No ar rarefeito

Milan KUNDERA
A arte do romance
A brincadeira
A identidade
A ignorância
A insustentável leveza do ser
A lentidão
O livro do riso e do esquecimento
Risíveis amores
A valsa dos adeuses
A vida está em outro lugar
Danuza LEÃO
Na sala com Danuza
Primo LEVI
A trégua
Alan LIGHTMAN
Sonhos de Einstein
Gilles LIPOVETSKY
O império do efêmero
Claudio MAGRIS
Danúbio
Naguib MAHFOUZ
Noites das mil e uma noites
Norman MAILER (JORNALISMO LITERÁRIO)
A luta
Janet MALCOLM (JORNALISMO LITERÁRIO)
O jornalista e o assassino
A mulher calada
Javier MARÍAS
Coração tão branco
Ian McEWAN
O jardim de cimento
Sábado
Heitor MEGALE (Org.)
A demanda do Santo Graal
Evaldo Cabral de MELLO
O negócio do Brasil
O nome e o sangue
Luiz Alberto MENDES
Memórias de um sobrevivente
Jack MILES
Deus: uma biografia
Vinicius de MORAES
Antologia poética
Livro de sonetos
Nova antologia poética
Orfeu da Conceição
Fernando MORAIS
Olga
Toni MORRISON
Jazz
V. S. NAIPAUL
Uma casa para o sr. Biswas

Friedrich NIETZSCHE
Além do bem e do mal
Ecce homo
A gaia ciência
Genealogia da moral
Humano, demasiado humano
O nascimento da tragédia
Adauto NOVAES (Org.)
Ética
Os sentidos da paixão
Michael ONDAATJE
O paciente inglês
Malika OUFKIR, Michèle FITOUSSI
Eu, Malika Oufkir, prisioneira do rei
Amós OZ
A caixa-preta
O mesmo mar
José Paulo PAES (Org.)
Poesia erótica em tradução
Orhan PAMUK
Meu nome é Vermelho
Georges PEREC
A vida: modo de usar
Michelle PERROT (Org.)
História da vida privada 4 — Da Revolução Francesa à Primeira Guerra
Fernando PESSOA
Livro do desassossego
Poesia completa de Alberto Caeiro
Poesia completa de Álvaro de Campos
Poesia completa de Ricardo Reis
Ricardo PIGLIA
Respiração artificial
Décio PIGNATARI (Org.)
Retrato do amor quando jovem
Edgar Allan POE
Histórias extraordinárias
Antoine PROST, Gérard VINCENT (Orgs.)
História da vida privada 5 — Da Primeira Guerra a nossos dias
David REMNICK (JORNALISMO LITERÁRIO)
O rei do mundo
Darcy RIBEIRO
Confissões
O povo brasileiro
Edward RICE
Sir Richard Francis Burton
João do RIO
A alma encantadora das ruas

Philip ROTH
Adeus, Columbus
O avesso da vida
Casei com um comunista
O complexo de Portnoy
Complô contra a América
A marca humana
Pastoral americana
Elizabeth ROUDINESCO
Jacques Lacan
Arundhati ROY
O deus das pequenas coisas
Murilo RUBIÃO
Murilo Rubião — Obra completa
Salman RUSHDIE
Haroun e o Mar de histórias
Oriente, Ocidente
O último suspiro do mouro
Os versos satânicos
Oliver SACKS
Um antropólogo em Marte
Enxaqueca
Tio Tungstênio
Vendo vozes
Carl SAGAN
Bilhões e bilhões
Contato
O mundo assombrado pelos demônios
Edward W. SAID
Cultura e imperialismo
Orientalismo
José SARAMAGO
O Evangelho segundo Jesus Cristo
História do cerco de Lisboa
O homem duplicado
A jangada de pedra
Arthur SCHNITZLER
Breve romance de sonho
Moacyr SCLIAR
O centauro no jardim
A majestade do Xingu
A mulher que escreveu a Bíblia
Amartya SEN
Desenvolvimento como liberdade
Dava SOBEL
Longitude
Susan SONTAG
Doença como metáfora / AIDS e suas metáforas
A vontade radical
Jean STAROBINSKI
Jean-Jacques Rousseau
I. F. STONE
O julgamento de Sócrates I

Keith THOMAS
O homem e o mundo natural
Drauzio VARELLA
Estação Carandiru
John UPDIKE
As bruxas de Eastwick
Caetano VELOSO
Verdade tropical
Erico VERISSIMO
Caminhos cruzados
Clarissa
Incidente em Antares
Paul VEYNE (Org.)
História da vida privada I — Do Império Romano ao ano mil

XINRAN
As boas mulheres da China
Ian WATT
A ascensão do romance
Raymond WILLIAMS
O campo e a cidade
Edmund WILSON
Os manuscritos do mar Morto
Rumo à estação Finlândia
Edward O. WILSON
Diversidade da vida
Simon WINCHESTER
O professor e o louco

1ª edição Companhia das Letras [1987] 3 reimpressões
1ª edição Companhia de Bolso [2008] 9 reimpressões

Esta obra foi composta pela Verba Editorial
em Janson Text e impressa pela Gráfica Bartira em ofsete
sobre papel Pólen Soft da Suzano S.A.

A marca FSC® é a garantia de que a madeira utilizada na fabricação do papel deste livro provém de florestas que foram gerenciadas de maneira ambientalmente correta, socialmente justa e economicamente viável, além de outras fontes de origem controlada.